Jedes Experiment ist mit einem karierten Grund unterlegt.

Was diese Piktogramme bedeuten:

Blick in die Welt
Diese Seiten sind ein Zusatzangebot und informieren dich über andere Länder.

Experiment: Einen Deich testen
Material: Getränkedose mit Sand gefüllt als Welle, flache Holzplatte als Deich, Holzbrett als Anlauffläche.
Durchführung: Ein Schüler lässt die „Dosenwelle" die Anlauffläche herunterrollen, während ein anderer die Holzplatte flach geneigt in den Weg hält.
Beim nächsten Versuch wird der Deich viel steiler gegen die Rampe gehalten.
Auswertung: Vergleicht die Beobachtungen der Versuche mit unterschiedlichem Neigungswinkel. Überlegt wie der Bau eines idealen Deiches aussehen müsste.

Teste dich selbst
Dieses Piktogramm findest du auf den Abschlussseiten. Lösungen zu den hier genannten Aufgaben stehen im Anhang.

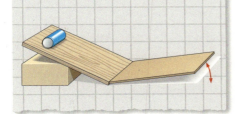

Kaum zu glauben
Hier stehen außergewöhnliche Angaben zum jeweiligen Thema.

→ Dieser Pfeil ist der Hinweis auf andere Seiten, wo du weitere wichtige Informationen zum Thema findest.

**Neu im Medienverbund:
„TERRA Arbeitsheft"**

Mehr rund um TERRA im Internet unter: www.klett-verlag.de/geographie/terra-extra

Und nun viel Spaß und gute Lernerfolge bei der Arbeit mit diesem Buch!

→ Impressum
Erdkunde 5/6

Autoren
Dr. Joachim Bierwirth, Neu-Anspach
Irina Gühl, Weinbach
Günter Sagan, Petersberg

Mit Beiträgen von:
Dr. Egbert Brodengeier, Dresden
Roland Bullinger, Gaildorf
Prof. Dr. Jürgen Bünstorf, Altenberge
Thomas Ehrensperger, Weinsberg
Dr. Friedhelm Frank, München
Prof. Dr. Folkwin Geiger, Merzhausen
Dr. Michael Geiger, Landau

Dr. Thomas Hoffmann, Achern-Sasbachried
Rainer Kalla, Spenge
Peter, Kraus, Wäschenbeuren
Bodo Lehnig, Großdubrau
Jürgen Leicht, Mutlangen
Helmut Obermann, Ettlingen
Paul Palmen, Alsdorf
Herbert Paul, Asperg
Dr. Martin Pries, Buchholz
Prof. Dr. Lothar Rother, Schwäbisch Gmünd
Dr. Andrea Schmidt, Dossenheim
Joachim Schwab, Buchen
Dr. Wilma Ubbens, Lorch
Antje Zang, Mainz

ISBN 3-623-27610-3

1. Auflage
A1 6 5 4 3 | 08 07 06 05

Alle Drucke dieser Auflage können im Unterricht nebeneinander benutzt werden, sie sind untereinander unverändert. Die letzte Zahl bezeichnet das Jahr dieses Druckes.

© Klett-Perthes Verlag GmbH, Gotha 2003. Alle Rechte vorbehalten.

www.klett-verlag.de/klett-perthes

Redaktion und Produktion
Dietmar Wagener, Dagmar Thume
Einband-Design und Layoutkonzept
pandesign, Büro für visuelle Kommunikation, Karlsruhe
Karten
Klett-Perthes Gotha,
Dr. Henry Waldenburger
Zeichnungen
Günter Bosch, Münsingen-Magolsheim
Steffen Butz, Karlsruhe
Otto Götzl, Hannover
Ulf S. Graupner, Berlin
Rudolf Hungreder, Leinfelden-Echterdingen
Wolfgang Schaar, Stuttgart
Ursula Wedde, Waiblingen
Reproduktion
MedienService Gunkel & Creutzburg GmbH, Friedrichroda
Druck
Aprinta, Wemding

Erdkunde 5/6

Gymnasium Hessen

Eigentum des Landes Hessen

Ek   17   /   200

Max-Planck-Schule
Groß-Umstadt

Klasse	Name	Schuljahr

TERRA

Kl.:	Name:	von:	bis:	Zustand:
5L	Gybolovski	1?	2?	kaka
6e	J. Gros	07	08	Alex
6a	A. Trautmann	07	08	Gut
8e	F. Börner	11	12	Gut
8a	Masiekes.	12	13	Najsa
7a	Sebastian Sudan	13	14	Naja
8D	Sebastian S.	14	15	Naja
8c	Michelle H.	14	15	OK
8a	Aurora T.	15	16	Kacke
8a	Yusuf Göker	16-17		
5E	yannis kloss	17-18		
5b	Cesur yildiz	18/19		Naja

KLETT-PERTHES
Gotha und Stuttgart

Inhalt
Erdkunde 5/6

1 Unsere Erde — 6
Planet Erde — 8
Der Globus – ein Modell der Erde — 10
Kontinente und Ozeane — 12
Das Gradnetz — 14
TERRA**Training** — 16

3 Landwirtschaft — 40
Unser tägliches Brot — 42
Computer im Kuhstall — 44
Unser tägliches Fleisch — 46
Da hast du den Salat ... — 48
Trank der Götter — 50
Einen Betrieb erkunden — 52
TERRA**Training** — 54

2 Orientieren — 20
Vom Bild zur Karte — 22
Wie du einen Stadtplan liest — 26
Orientieren im Gelände — 28
Wie sich andere orientieren — 30
Von Höhenlinien und Höhenprofilen — 32
Wie du mit dem Atlas arbeitest — 34
Wie du eine Kartenskizze zeichnest — 36
TERRA**Training** — 38

4 Leben in der Stadt — 56
Wetzlar – Gesichter einer Stadt — 58
Eine Stadt, aber viele Viertel — 60
Gebäudenutzung in der Innenstadt – eine Kartierung — 62
Umland und Stadt — 64
Unter der Stadt ist viel los! — 66
Alles Müll oder was? — 68
Alle Wege führen nach Frankfurt — 70
In anderen Städten der Welt — 72
TERRA**Training** — 74

5 Deutschland im Überblick — 76
- Von der Küste zu den Alpen — 78
- Wir gestalten eine Lern-Wandkarte — 80
- Deutschland und seine Bundesländer — 82
- Aus Zahlen Diagramme zeichnen — 84
- Waldland Hessen — 86
- Bodenschatz Kohle — 88
- Der Rohstoff Kohle und das Ruhrgebiet — 90
- TERRA Training — 92

7 Die Alpen — 118
- Die drei Gesichter der Alpen — 120
- Höhenstufen — 122
- Gletscher – Eis in Strömen — 124
- Spitzenstrom aus den Alpen — 126
- Die weiße Gefahr — 128
- Verkehr durch die Alpen — 130
- Vom Bergdorf zum Ferienzentrum — 134
- Alp(en)traum – ein Rollenspiel — 136
- Vom Nutzen des Bergwaldes — 138
- Berglandwirtschaft – ein mühsames Geschäft — 140
- Gipfel der Erde — 142
- TERRA Training — 144

6 An Nordsee und Ostsee — 94
- Ebbe und Flut — 96
- Eine Lernkartei anfertigen — 98
- Nationalpark Wattenmeer — 100
- Eine Gedankenkarte erstellen — 102
- Von Küste zu Küste — 104
- Landgewinnung und Küstenschutz — 106
- Aus der Nordsee auf den Tisch — 108
- Ferien an der Ostsee — 110
- Ein Poster gestalten — 112
- Welthafen Hamburg — 114
- TERRA Training — 116

Inhalt

Erdkunde 5/6

8 Europa — 146
Europa – ein Kontinent — 148
Europas Landschaften — 150
Klimadiagramme auswerten und zeichnen — 152
Vegetation und Klima in Europa — 154
Warum verlassen Menschen ihre Heimat? — 156
Auf dem Weg zum ... — 158
... Vereinten Europa — 160
TERRA**Training** — 162

10 Im Süden Europas — 188
Landschaften in Südeuropa — 190
Klima und Vegetation am Mittelmeer — 192
Bewässerung macht´s möglich — 194
Der Ätna – Leben mit und auf dem Vulkan — 196
Erdbeben — 198
Urlaub am Mittelmeer — 200
TERRA**Training** — 202

9 Im Westen Europas — 164
Von der Nordsee zu den Pyrenäen — 166
The British Isles — 168
Sommerkühl – wintermild — 170
London: eine Stadt – viele Kulturen — 174
Mutterland der Industrie — 176
Zügig unter dem Meer – der Eurotunnel — 178
Metropole Paris — 180
Agrarriese Frankreich — 182
Paris – Marseille in drei Stunden — 184
TERRA**Training** — 186

11 Im Norden Europas — 204
Polartag – Polarnacht — 206
Vom Eis geformt — 208
Klima und Vegetation — 210
Holzwirtschaft im Nadelwald — 212
IKEA – Standort Europa — 214
Vom Fischfang zur Fischmast — 216
Texte auswerten — 218
TERRA**Training** — 220

12 Im östlichen Mitteleuropa 222
Von der Ostsee ins
Ungarische Tiefland 224
Landwirtschaft in Polen 226
Škoda – Motor für Tschechiens
Wirtschaft 228
Ein Kartogramm erstellen 230
TANAP – Tatranský národný park 232
TERRA**Training** 234

14 Mit der Transsib durch Russland 246
Moskau – das Herz Russlands ... 248
So weit die Schienen führen 250
Mütterchen Wolga 252
Klima und Vegetation Russlands 254
Vom Aralsee zur „Aralsteppe" 256
Aralsee – Informationen
aus dem Internet 258
Rohstoffreichtum –
Menschenarmut 260
Taiga – so weit das Auge reicht 262
Endstation Wladiwostok 264
TERRA**Training** 266

13 Asien 236
Riesiges Asien 238
Die Großlandschaften Asiens 240
Im größten Ballungsraum der Welt 242
TERRA**Training** 244

15 Anhang
Bundesrepublik Deutschland
in Zahlen 268
Europa in Zahlen 270
Klimastationen 272
Vegetation und Klima in Europa 274
Wichtige Internetadressen 276
Testlösungen 278
TERRA**Lexikon** 280
Sachverzeichnis 286
Kartennachweis 288
Bildnachweis 289

Unsere Erde

Raumfahrern erscheint die Erde wie ein freundlicher blauer Himmelskörper im lebensfeindlichen, kalten Weltraum. Nur aus dem Weltraum ist zu erkennen, dass die Erde eine Kugelgestalt hat und dass Wasser fast drei Viertel der Erde bedeckt.
Starte in diesem Kapitel deine Entdeckung der Erde.

Unsere Erde

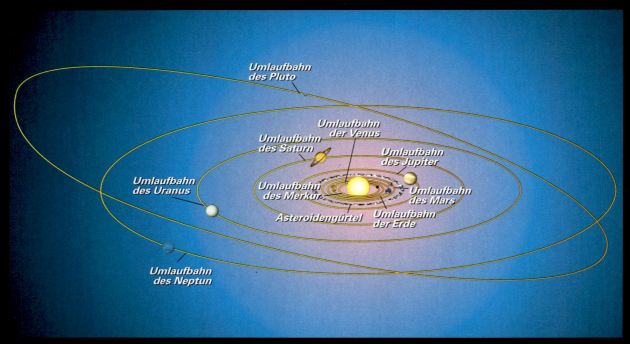

❶ **Das Sonnensystem:** Mit den anderen Planeten unseres Sonnensystems kreist die Erde auf einer Bahn um die Sonne.

Planet Erde

Im unvorstellbar großen Weltall gibt es viele verschiedene Sternensysteme: **Galaxien.** Eine dieser Galaxien mit Milliarden von selbst leuchtenden Sternen ist die Milchstraße. Unsere Sonne gehört dazu. Die Sterne sind so weit von einander entfernt, dass sie uns wie ein milchiger Schleier aus schwachen Lichtpunkten erscheinen.

Alles dreht sich um die Sonne
Am Rand der Milchstraße liegt unser Sonnensystem. Neun Planeten umkreisen die Sonne. Mit ihrer ungeheuren Anziehungskraft bindet die Sonne alle Körper an sich. Sie selbst ist nicht fest, sondern ein glühender Gasball. Die Sonne liefert nicht nur Licht, sondern auch Wärme, ohne die Leben nicht möglich wäre.

Einer der neun Planeten ist unsere Erde. Für einen Umlauf um die Sonne benötigt sie 365 Tage und fast sechs Stunden. Diese Zeitspanne nennen wir ein Jahr. Je nach Abstand von der Sonne dauert der Umlauf bei den anderen Planeten länger oder kürzer als bei der Erde. So hat jeder Planet sein eigenes Jahr.

❷

Um die Erde dreht sich der Mond

Unser Mond benötigt für eine Erdumkreisung etwa 28 Tage. Wie die Erde selbst wird auch der Mond von der Sonne beleuchtet.

Allerdings sehen wir je nach Stellung des Mondes zu Erde und Sonne nur einen Teil der beleuchteten Oberfläche, der Rest bleibt dunkel. Bei Neumond ist der Mond nur als schwarze Scheibe zu sehen. Die Zeitspanne von Vollmond zu Vollmond bezeichnen wir als Monat. Auch andere Planeten haben eigene Monde. Bisher wurden in unserem Sonnensystem 66 Monde entdeckt.

Die Erde dreht sich um ihre Achse

Innerhalb von 24 Stunden dreht sich die Erde einmal um ihre eigene Achse. Diese Drehbewegung heißt Rotation. Die gedachte Linie, um die sich die Erde dreht, ist die **Erdachse.** Sie verläuft vom Nordpol zum Südpol.

Die Erde dreht sich von Westen nach Osten. Diese Drehbewegung bemerken wir aber nicht, weil sich unsere Umgebung mitdreht. Dafür erleben wir die Folgen dieser Drehbewegung jeden Tag, wenn die Sonne im Osten aufgeht und abends im Westen untergeht. Die Rotation der Erde bewirkt den Wechsel von **Tag** und **Nacht.** Denn während der Drehung wird immer nur die der Sonne zugewandte Hälfte der Erde beleuchtet. Hier ist es Tag. Die andere Hälfte liegt dann im Dunkeln. Dort ist es Nacht.

1 Ordne die Planeten den Anfangsbuchstaben der Eselsbrücke zu.

2 In Abbildung 1 sind die Entfernungen der Planeten von der Sonne vergleichsweise richtig gezeichnet, in Abbildung 2 stimmen dagegen nur die Größen der Sonne und der Planeten zueinander. Welche Probleme gäbe es, wenn man beides in einer Zeichnung darstellen wollte?

3 Stimmt es, wenn wir davon reden, dass die Sonne aufgeht und untergeht? Finde eine Erklärung.

4 Spielraum Klassenzimmer:
  a) Wählt aus der Klasse drei Schüler: eine „Sonne", eine „Erde" und einen „Mond". Die drei Schüler sollen die Bewegungen der drei Himmelsgestirne während eines Jahres vorführen.
  b) Erklärt dabei, wie aus den Bewegungen dieser Himmelskörper die Zeitbegriffe ‚Tag', ‚Monat' und ‚Jahr' zustande kommen.

Kaum zu glauben

Die Erde bewegt sich auf ihrer Umlaufbahn um die Sonne mit einer Geschwindigkeit von etwa 30 Kilometern pro Sekunde. Der sonnenfernste Planet Pluto benötigt 248 Jahre für einen Umlauf um die Sonne.

❸ Beobachte den Mond

🌕 Vollmond
🌘 abnehmender Mond
🌑 Neumond
🌒 zunehmender Mond
🌕 Vollmond

Eine gute Eselsbrücke:

*„**M**ein **V**ater **e**rklärt **m**ir **je**den **S**onntag **u**nsere **n**eun **P**laneten"*

❶ *Die Erde als Scheibe*

Der Globus – ein Modell der Erde

Lange bevor Menschen die Erde aus dem Weltall in ihrer wahren Gestalt betrachten konnten, stellte man sich die Erde als eine Scheibe vor. Ein Ozean umschloss wie ein Ring die drei damals bekannten Kontinente Europa, Asien und Afrika. Über Land und Meer spannte sich der Himmel, an dem sich Sonne, Planeten und Sterne um die Erde bewegten. Erst vor 500 Jahren setzte sich die Vorstellung durch, dass die Erde eine Kugel ist und sich um die Sonne dreht. Diese Vorstellung ermutigte die europäischen Seefahrer zu ihren Entdeckungsreisen. Die erste Umrundung der Erde mit Segelschiffen brachte den endgültigen Beweis für die kugelförmige Gestalt der Erde.
Als Martin Behaim im Jahre 1492 in Nürnberg den ersten **Globus** schuf, gab er dem Modell der Erde die lateinische Bezeichnung „globus" für Kugel.
Nur ein Globus ermöglicht den Blick über die Erde mit den richtigen Größenverhältnissen und Entfernungen aller Länder, Kontinente und Ozeane.

❷ *Der älteste erhaltene Globus der Welt:*
Der „Erdapfel" von Martin Behaim aus dem Jahr 1492 hat einen Durchmesser von 51 cm.

1 Erläutere den Unterschied zwischen den Erddarstellungen in Zeichnung 1 und Abbildung 2.
2 Warum hat es so lange gedauert, bis die Menschen wussten, dass die Erde eine Kugel ist?
3 Bastle nach der Anleitung deinen eigenen Globus.

Äquator: teilt die Erde in eine Nordhalbkugel und eine Südhalbkugel

Erdachse: gedachte Linie zwischen Nordpol und Südpol, um die sich die Erde dreht. Der Globus ist schräg gestellt, weil sich die Erde so auf einer Umlaufbahn um die Sonne bewegt.

❸ Der Globus: Die verkleinerte Erdkugel

Wie du einen Globus bastelst:

1. Schritt: Jede Styroporkugel hat oben und unten zwei punktförmige Abdrücke. Diese markierst du als Nordpol und Südpol. Der kreisförmige Abdruck in der Mitte stellt den Äquator dar.

2. Schritt: Mit dem Holzspieß durchstichst du die Styroporkugel vom Nordpol zum Südpol und hast damit die Erdachse.

3. Schritt: Nun bemalst du die ganze Kugel mit blauer Farbe.

4. Schritt: Auf dem vom Lehrer ausgeteilten Arbeitsblatt malst du alle Kontinente mit grüner Farbe an, schneidest sie aus und beschriftest sie mit ihren Namen. Verwende dazu die Weltkarte 2 auf der nächsten Seite.

5. Schritt: Befestige die Kontinente mit Stecknadeln auf dem Globus. Beginne mit Afrika und achte darauf, dass der eingezeichnete Äquator sich mit dem kreisförmigen Abdruck auf der Styroporkugel deckt. Es folgen dann die anderen Kontinente, wobei du ihre Lage am besten mit der Weltkarte 2 auf Seite 12 oder dem Schulglobus vergleichst.

Was du zum Basteln benötigst:

Durchmesser: 12 cm

Unsere Erde

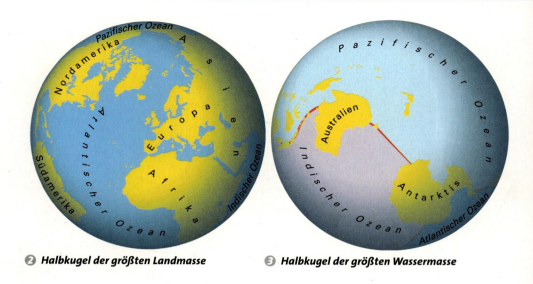

② *Halbkugel der größten Landmasse* ③ *Halbkugel der größten Wassermasse*

Kontinente und Ozeane

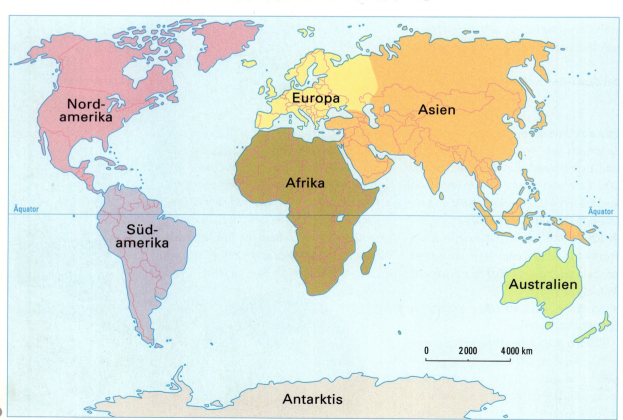

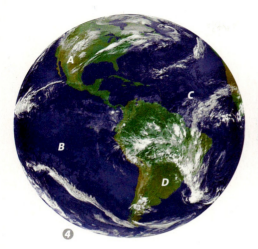

Dreh den Globus einmal langsam gegen den Uhrzeigersinn. Dies entspricht der tatsächlichen Rotation der Erde von West nach Ost. Dabei überblickst du die großen zusammenhängenden Landmassen der Erde. Diese werden auch Erdteile oder Kontinente genannt.
Sieben Erdteile von unterschiedlicher Größe gibt es auf der Erde.
Die Verteilung von Land und Meer auf der Erde ist ungleich. Von der Erdoberfläche ist viel mehr mit Wasser bedeckt als mit Land. Ungleich ist auch die Verteilung des Landes auf der Erde. Doppelt soviel Land liegt nördlich des Äquators als südlich.

1 Die Satellitenbilder 4 und 5 zeigen die Erde in unterschiedlicher Stellung. Benenne die jeweils zu erkennenden Kontinente und Ozeane nach den Buchstaben.

2 a) Vergleiche mit Hilfe des Diagramms 6 die Flächengrößen der Kontinente und Ozeane. Schreibe vier Größenvergleiche auf. Zum Beispiel: „Der Pazifik ist größer als ..."
b) Addiere die Flächengrößen der Kontinente und der Ozeane. Vergleiche die Summen.

3 Nenne vier Meeresstraßen, die Europa von Afrika und Asien trennen.

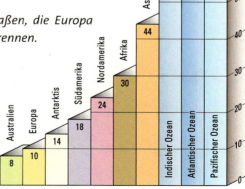

❻ *Die Flächengrößen der Kontinente und Ozeane*

Das Gradnetz

❶

❷ In der Nacht vom 14. zum 15. April 1912 kollidiert das Passagierschiff Titanic auf dem Atlantik mit einem Eisberg. In den aufgeschlitzten Schiffsrumpf dringt sofort Wasser ein. Das Schiff mit 2 206 Menschen an Bord beginnt zu sinken. Um Mitternacht sendet der Funker das Notsignal CQD (= Come Quick, Danger!) und meldet seine Position, um in der Nähe fahrende Schiffe zu Hilfe zu rufen. In die 20 Rettungsboote des Luxusschiffes kann sich nur ein Teil der Passagiere retten. So reißt das Schiff 1 503 Menschen mit in die Tiefe des Ozeans. Kurz nach 4 Uhr erreicht die herbeieilende Carpathia die Unglücksstelle und nimmt die Überlebenden auf. Wie konnte die Carpathia, fern von jeder Küste, die Unglücksstelle finden?

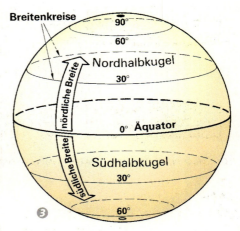

❸

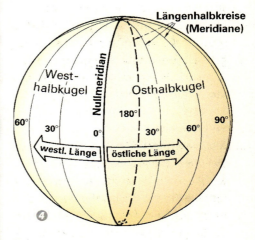

❹

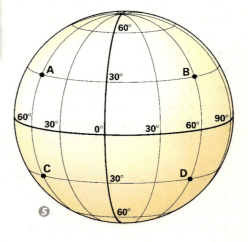

❺

6 *Ortsbestimmung mit Breitengrad und Längengrad*

Warum gibt es ein Gradnetz?
Seit 1911 verwendet man ein Netz gedachter Linien, welche die Erde umspannen. Dieses **Gradnetz** macht es möglich, die genaue Lage eines Ortes oder einer Position auf der Erde anzugeben. Diese Ortsbestimmung ist international anerkannt, das heißt, sie gilt überall auf der Welt.

Breitenkreise
In west-östlicher Richtung umspannen die **Breitenkreise** die Erde. Der größte von ihnen heißt **Äquator** (= Gleicher). Er teilt die Erde in die Nord- und die Südhalbkugel. Vom Äquator aus zählt man 90 Breitenkreise nach Norden (abgekürzt n. Br.) und 90 Breitenkreise nach Süden (abgekürzt s. Br.).

Längenhalbkreise
In nord-südlicher Richtung verlaufen von Pol zu Pol die **Meridiane** oder **Längenhalbkreise.** Sie sind alle gleich groß. Man hat sich darauf geeinigt, einen Längenhalbkreis als Nullmeridian festzulegen. Er verläuft durch die Sternwarte von Greenwich bei London. Von dort aus zählt man 180 Längenkreise nach Osten (abgekürzt ö. L.) und 180 Längenkreise nach Westen (abgekürzt w. L.). Der Nullmeridian und der 180. Meridian teilen die Erde in eine West- und eine Osthalbkugel.

So bestimmst du die Lage eines Ortes
Mit den Breitengraden und Längengraden ist es möglich, die Lage eines jeden Ortes auf der Erde genau anzugeben. Der Ort A liegt zum Beispiel bei 30 Grad nördlicher Breite und 60 Grad westlicher Länge. Oder kürzer: A liegt 30° Nord und 60° West. Oder noch kürzer:
A: 30° N/60° W.

1 *Nenne weitere Beispiele, bei denen es wichtig ist, die Position auf der Erde genau angeben zu können.*

2 *Wie viele Breitenkreise und Meridiane umfasst das Gradnetz? Weshalb ist deren Anzahl verschieden?*

3 *Bestimme in Zeichnung 5 die Lage der Punkte B, C und D im Gradnetz.*

4 *Suche im Atlas folgende Orte und gib ihre genaue Lage in Breite und Länge an: New York, Delhi, Kapstadt und Brasilia.*

5 *Suche im Atlas und notiere die Orte:*
52° n. Br. und 10° ö. L.
52° n. Br. und 13° ö. L.
51° n. Br. und 0°
40° n. Br. und 4° w. L.
34° s. Br. und 152° ö. L.

→ TERRATraining
Unsere Erde

Wichtige Begriffe
Äquator
Breitenkreis
Erdachse
Galaxie
Globus
Gradnetz
Kontinent
Längenhalbkreis
Meridian
Nordpol
Nullmeridian
Ozean
Planet
Rotation
Südpol
Tag / Nacht

❶ WESTHALBKUGEL   OSTHALBKUGEL

1 Das Gradnetz im Griff:
a) Finde die richtigen Grundbegriffe.
A Von Westen nach Osten verlaufende Netzlinien heißen ...
B Von Norden nach Süden verlaufende Netzlinien heißen ... oder ...
C Beide Linienarten zusammen ergeben das ...
D Der längste Breitenkreis heißt ...
E Der durch Greenwich bei London verlaufende Längenhalbkreis heißt ...
F Der nördlichste Punkt der Erde heißt ...
G und der ihm gegenüberliegende Punkt ...
H Die gedachte Drehachse durch den Erdmittelpunkt heißt ...
b) Gib die Lage im Gradnetz für die Städte Oslo, St. Petersburg, Kairo und Durban an.
c) Welche Position haben die Punkte 1 bis 3 und das Schiff X?

2 Kennst du dich aus?
Afrika grenzt im Westen an den Atlantik, im Osten an den Indischen Ozean und im Norden an das Mittelmeer. Schreibe ebenso:
a) Nordamerika grenzt im Westen ...
b) Australien ...
c) Europa ...

3 Kontinente und Himmelsrichtungen
Welche Kontinente verbergen sich hinter den Ziffern 1 bis 6 in Skizze 2?

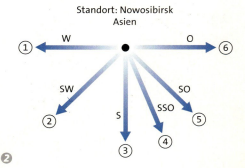

❷

16

4 Wer findet die beste Begriffserklärung für die „Rotation der Erde" heraus?
a) Die Erde dreht sich um sich selbst und zwar von Westen nach Osten.
b) Die Erde dreht sich um ihre eigene Achse und zwar im Gegenzeigersinn.
c) Die Erde dreht sich um eine gedachte Achse zwischen den Polen von Westen nach Osten.

5 Bilderrätsel:
a) Welche vier wichtigen Begriffe sind im Bilderrätsel versteckt?
b) Erkläre den gesuchten Begriff c.

a

b

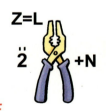

c

d

6 „Rekorde der Erde"
Wie heißt das Lösungswort des Rätsels „Rekorde der Erde"? Beim Lösen des Rätsels helfen die Seiten 18/19 und der Atlas.
a) Größter Kontinent der Erde
_ _ _ ■ _
b) Kältester Kontinent der Erde
_ _ _ _ ■ _ _ _ _
c) Längstes Gebirge der Erde
_ ■ _ _ _
d) Größter Ozean (Kurzform)
_ _ _ _ _ ■
e) Kleinster Kontinent der Erde
■ _ _ _ _ _ _ _ _
f) Längster Fluss der Erde
■ _ _
g) Größte Insel der Erde (ö = oe)
_ _ _ _ _ _ ■ _
h) Höchster Berg der Erde (Mount...)
■ _ _ _ _ _ _
i) Größtes und höchstes Gebirge der Erde
_ ■ _ _ _ _ _ _
j) Tiefster Binnensee der Erde
_ ■ _ _ _ _ _ _
k) Bevölkerungsreichster Staat der Erde
■ _ _ _ _
l) Größte Wüste der Erde
_ ■ _ _ _ _
m) Höchstgelegener schiffbarer See der Erde (in den Anden)
_ ■ _ _ _ _ _ _ _ _
n) Flächengrößter Staat der Erde
_ ■ _ _ _ _ _
o) Größter Binnensee der Erde
_ _ _ ■ _ _ _ _ _ _ _ _
p) Größte Halbinsel der Erde (...Halbinsel)
_ ■ _ _ _ _ _
q) Wasserreichster Fluss der Erde
_ _ _ _ _ _ ■
r) Tiefste Stelle auf dem Meeresboden
_ _ _ _ ■ _ _ _ _

Teste dich selbst
mit den Aufgaben 1b, 2, 5b

TERRATraining
Unsere Erde

Die flächengrößten Staaten der Erde in km²:

Russland: 17 075 000

Kanada: 9 971 000

China: 9 597 000

USA: 9 364 000

Brasilien: 8 547 000

Australien: 7 741 000

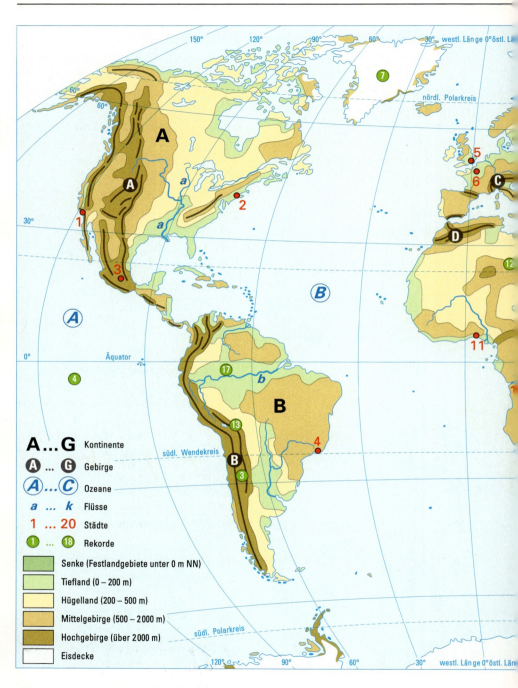

7 Arbeite mit dem Atlas
a) Nenne die Ozeane A bis C und die Kontinente A bis G.
b) Wie heißen die braun eingezeichneten Gebirge A bis G?
c) Suche die Namen der Flüsse a bis k.
d) Bestimme die Namen der 20 Städte. Notiere wie folgt:

Stadt	Staat	Kontinent
z. B.: Berlin	Deutschland	Europa
...	...	...

Die bevölkerungsreichsten Staaten der Erde, Einwohner im Juli 2002

China: 1 285 000 000

Indien: 1 047 000 000

USA: 281 000 000

Indonesien: 232 000 000

Brasilien: 176 000 000

Pakistan: 148 000 000

e) Suche im Atlas die flächengrößten und die bevölkerungsreichsten Staaten der Erde und notiere: Staat/Kontinent.

8 Zum Knobeln

Wir stoßen fast aneinander. Wer sind wir?
EURAUSEUAKIRFADRONENEISAURAUSRO

Die Rekorde der Erde in alphabetischer Reihenfolge:

Amazonas, Anden, Antarktis, Arabische Halbinsel, Asien, Australien, Baikalsee, China, Grönland, Himalaya, Kaspisches Meer, Mount Everest, Nil, Pazifik, Russland, Sahara, Titicacasee, Witjastiefe.

Orientieren

Orientieren bedeutet zunächst, sich nach den Himmelsrichtungen auszurichten. Im allgemeineren Sinn meint Orientieren jedoch, sich in seiner Umgebung oder auf der Erde zurechtzufinden. Dabei helfen der Kompass, Karten und Pläne. Wir lernen aber auch andere Möglichkeiten der Orientierung kennen.

TERRAMethode

Orientieren

① *Schrägluftbild*

Wie weit ist es zur nächsten Stadt? Wie kann ich einen Treffpunkt vereinbaren, den jeder findet? Welcher Weg durch den Wald ist der kürzeste? Können wir mit dem Auto bis zum Burgberg fahren? Geht es bergauf oder bergab? Solche Fragen kann jeder beantworten, der sich mit Karten orientieren kann. Das heißt, die richtige Karte finden und diese lesen können.

② *Schrägluftbild Fulda*

Vom Bild zur Karte

Auf dem Schrägluftbild (2) kannst du den Dom, das Schloss mit dem Schlosspark, Wege und Straßen sowie einzelne Häuser deutlich erkennen. Beim Senkrechtluftbild (3) sieht das schon etwas anders aus. Hier schaust du senkrecht auf den Dom und das Schloss. Du siehst keine Fassade mehr, sondern nur den Grundriss.

Auch in **Karten** werden Stadt und Land so abgebildet, wie man sie senkrecht von oben sehen würde. Es ist aber nicht möglich, jede Einzelheit der Landschaft in der Karte abzubilden. Dazu würde der Platz nicht ausreichen. Die Kartografen, so nennt man die Kartenzeichner, müssen auswählen, vereinfachen, verkleinern und einebnen. So kann zum Beispiel nicht jedes Haus auf der Karte abgebildet werden. Auch mancher Grundriss ist vereinfacht. Andererseits müssen Wege oder Bäche, die oft nur wenige Meter breit sind, sehr viel breiter als in der Wirklichkeit eingezeichnet werden. Dieses „Übertreiben" ist notwendig, damit man sie in der Karte überhaupt erkennen kann. Die exakte Breite von Straßen, Wegen, Eisenbahnlinien und Häusern lässt sich aus der Karte also nicht abmessen. Zur Darstellung der Wirklichkeit benutzen die Kartografen Zeichen, Farben, Schrift und Linien. Diese werden in der **Legende** (Zeichenerklärung) erklärt.

1 Vergleiche Schräg- und Senkrechtluftbild von Fulda: Was kannst du jeweils ganz genau, was weniger deutlich erkennen?

2 Vergleiche nun die im Luftbild 3 festgehaltene Wirklichkeit mit der Karte 4:
a) Welche Vereinfachungen hat der Zeichner für die Karte vorgenommen?
b) Welche Symbole hat er dafür verwendet?
c) Was kann man auf der Karte 4 besser erkennen als im Luftbild?

❸ **Senkrechtluftbild Fulda 1:20 000**

❺ **Senkrechtluftbild**

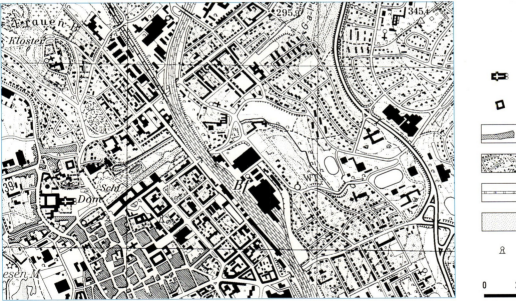

❹ **Topografische Karte Fulda**

⛪	Dom
▫	Wichtiges Gebäude
	Geschlossene Wohnbebauung
	Einzelhausbebauung
	Eisenbahn
	Grünfläche
ⱶ	Denkmal

0　200　400 m

→ TERRAMethode
Orientieren

 Dom
 Wichtiges Gebäude
 Geschlossene Wohnbebauung
 Einzelhausbebauung
 Mauer
 Grünfläche
 Denkmal

0   100   200 m

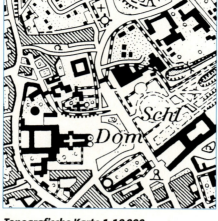
❻ **Topografische Karte 1:10 000**

 Dom
 Mischwald
Grünfläche
 Wiese
 Kirche
Denkmal
 Turm
 Bad

0   500   1000 m

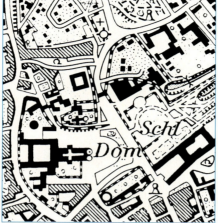
❼ **Topografische Karte 1:50 000**

Kirche
Wald, Grünland
Sehenswürdigkeit
Schloss
Autobahn
Schnellstraße
Bundesstraße
Verbindungsstraße

0   2   4 km

❽ **Straßenkarte 1:200 000**

Jede Karte hat einen Maßstab

Um wievielmal die Wirklichkeit in einer Karte verkleinert ist, gibt der **Maßstab**, genauer die Maßstabszahl an.
Die Abbildung (9) zeigt ein Eurostück auf einem Kachelboden in Originalgröße, also 1:1. Findest du es auch in der Abbildung (10), in der die Wirklichkeit 10 mal verkleinert wurde? Hier entspricht 1 cm in der Zeichnung einer Strecke von 10 cm in der Wirklichkeit. Wir sagen, die Zeichnung hat den Maßstab 1:10.

❾ Maßstab 1 : 1

❿ Maßstab 1 : 10

So sind auf Karten mit dem Maßstab 1:10 000 alle Gegenstände 10 000 mal kleiner als in Wirklichkeit. Beim Maßstab 1:10 000 gilt: 1 cm auf der Karte entspricht 10 000 cm oder 100 m in Wirklichkeit. Je stärker Karten die Wirklichkeit verkleinern, desto mehr muss die Darstellung vereinfacht werden. Dann können zum Beispiel nur die wichtigsten Straßen berücksichtigt werden. Orte erscheinen nur noch in ihrem Umriss oder sogar nur als Kreissymbol. Mit der zunehmenden Verkleinerung nimmt die Größe des dargestellten Gebietes zu.

Verschiedene Karten und Inhalte

Wanderkarten enthalten Orte mit vereinfachtem Grundriss, Straßen- und Wegenetz, Freizeiteinrichtungen, Rad- und Wanderwege, Orientierungshilfen, wie z. B. Türme und einzelne Bäume.

Landschaftskarten enthalten Landschaften, Flüsse, Siedlungen und wichtige Verkehrslinien sowie Angaben zur Bodennutzung (Ackerland, Grünland, Wald).

Straßenkarten bilden kleine Orte nur noch als Kreise oder Vierecke ab. Straßen sind mit Entfernungsangaben hervorgehoben.

Karten lesen

1. Schritt: Suche in der Legende der jeweiligen Karte nach dem Zeichen, das du benötigst um den Sportplatz oder den Fahrradweg zu finden.

2. Schritt: Merke dir das entsprechende Zeichen und suche es auf der Karte. Präge dir den Standort ein.

3. Schritt: Falls du in der Karte auf neue, noch unbekannte Zeichen triffst, suche diese in der Legende und merke dir ihre Bedeutung.

Entfernungen bestimmen

Entfernungen kannst du mit Hilfe der Maßstabsleiste feststellen oder mit der Maßstabszahl berechnen.

1. Schritt: Messe mit einem Lineal die gesuchte Entfernung ab, z. B. 3 cm (Karte 11).

2. Schritt: Stelle die Maßstabszahl der Karte fest, z. B. 1 000 000.

3. Schritt: Multipliziere die gemessene Entfernung mit der Maßstabszahl, z. B. 3 cm × 1 000 000 = 3 000 000 cm.

Rechne das Ergebnis in Kilometer um, z. B. 3 000 000 cm = 30 000 m = 30 km.

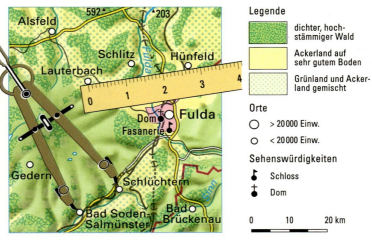

⑪ *Landschaftskarte 1 : 1 000 000*

3 Bestimme den Maßstab:
 a) 1 cm auf der Karte entspricht 250 m in der Wirklichkeit?
 b) 1 cm entspricht 1 km?
 c) 1 cm entspricht 10 km?

4 Ermittle die Entfernungen:
 a) Karte 8: Entfernung vom Dom in Fulda zur Ruine Edelsturm.
 b) Karte 11: Entfernung von Bad Soden-Salmünster nach Schlüchtern.

5 Vergleiche die Darstellung des Fuldaer Doms bei verschiedenen Maßstabszahlen 12. Erkläre die Unterschiede.

6 In Straßenkarten kann man die Wegstrecke auch direkt aus der Karte ablesen:
 a) Wie lang ist die Fahrtstrecke von Fulda Nord bis Fulda Süd auf der Autobahn?
 b) Wie lang ist die Fahrtstrecke von Fulda nach Haimbach (Haimb.)?

⑫ *Kartenzeichen und Maßstab*

Mit dem Maßstab verändert sich auch die Darstellung einzelner Gebäude, hier des Domes in Fulda.

1 : 10 000

1 : 50 000

1 : 200 000

1 : 1 000 000

Orientieren

① *Schulwegskizze von Lisa*

Wie du einen Stadtplan liest

Lisa besucht die Klasse 5f der Winfried-Schule in Fulda. Sie hat ihren Schulweg gezeichnet. Er ist eigentlich ganz einfach. Sie muss fast nur geradeaus gehen. Vielleicht findet sich ein Fremder sogar nach Lisas Skizze zurecht. Damit wir aber sicher sind, muss folgende Übereinkunft beachtet werden: Norden liegt in allen Karten immer „oben".

Stadtplan, Stadtplan, Stadtplan,...
Der Stadtplan ist ein wichtiges Hilfsmittel zur Orientierung. In einem Stadtplan findest du:
– die Namen der Straßen,
– den Verlauf der Straßen,
– den Standort wichtiger Gebäude,
– die Lage von Grünflächen, Parks und Friedhöfen.
Planquadrate können dir bei der Suche helfen. Sie sind auf dem Plan mit dünnen Linien gedruckt. Am Rand der Karte befinden sich Buchstaben und Ziffern, so dass jedes Quadrat genau bezeichnet werden kann.

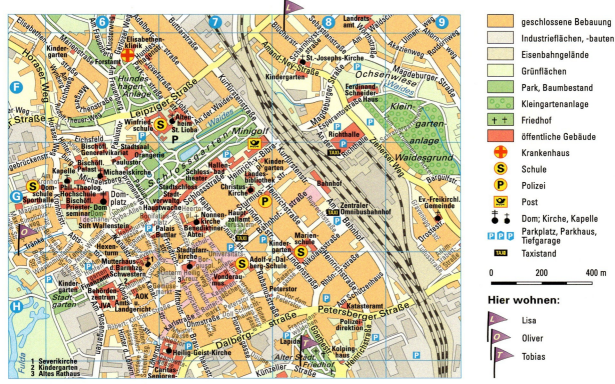

2 *Innenstadtplan von Fulda*

3 *Ausschnitt aus dem Straßenverzeichnis*

Abtstor	G6-H6
Adam-Trabert-Str.	G9-H9
Adalbertstr.	E6-F7
Adolf-Bolte-Str.	H5
Ahornweg	F9
Akazienweg	F9
Amand-Ney-Str.	F7-F8
Am Alten Schlachthof	H6
Am Bahnhof	G8-H9
Am Frauenberg	F6
Am Heertor	G7
Am Hopfengarten	H6
Am Kronhof	G5-G6
Am Rosengarten	H6-I6
Am Schützenhaus	H8
Am Stockhaus	H7
Am Waldschlößchen	E8-F8
Am Wynberg	F6
An der Richthalle	F8-G8
An der Waides	F7

1 a) Beschreibe mit Hilfe der Skizze 1 und des Stadtplans 2 den Schulweg von Lisa.
b) Welche Gefahrenstellen im Verkehr muss Lisa auf ihrem Weg beachten?

2 Beschreibe den Schulweg von Oliver und Tobias mit Hilfe des Stadtplans 2.

3 Zeichne eine Skizze von deinem Schulweg. Trage mit rotem Farbstift die Gefahrenstellen darauf ein.

4 a) Suche auf dem Stadtplan 2 folgende Gebäude und Straßen: Post, Amand-Ney-Straße, Krankenhaus, Alter Städtischer Friedhof, Schlosstheater, Am Bahnhof, Behördenzentrum. Die Zeichenerklärung und das Register 3 helfen dir.
b) In welchem Planquadrat liegen: Bahnhof, Richthalle, Dalbergstraße?

5 In welchem Planquadrat liegt ...? Stellt euch gegenseitig Fragen.

Orientieren im Gelände

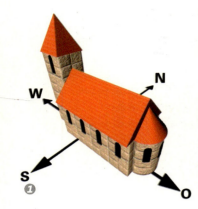
❶

Was heißt orientieren?
Orientieren bedeutet zunächst, sich nach den Himmelsrichtungen auszurichten. Im allgemeineren Sinn meint Orientieren jedoch, sich in seiner Umgebung oder auf der Erde zurechtzufinden.

Orientieren an Kirchengebäuden
Früher orientierte man sich vor allem nach Osten. In Ost-West-Richtung baute man nämlich die christlichen Kirchen, weil dann die Gläubigen zur aufgehenden Sonne blickten, dem Symbol der Hoffnung.

Orientieren mit GPS
Seit 1993 kreisen 24 Satelliten in 20 200 km Höhe um die Erde und bilden zusammen mit Bodenstationen das erdumspannende Navigationssystem GPS (global positioning system), das in Flugzeugen, Schiffen und inzwischen auch in Autos genutzt wird. Das Satellitensystem ist so aufgebaut, dass zu jeder Zeit und an jedem Ort der Erde die Signale von mindestens vier Satelliten empfangen werden können. Ein Empfänger, zum Beispiel in einem Auto, kann aus der Laufzeit von mindestens drei Signalen seine momentane Position und seine Höhe genau bestimmen.

❷ *Kompass*

Der Magnetische Pol liegt fast 1 000 km vom Nordpol entfernt. Deshalb zeigt die Magnetnadel nicht genau nach Norden.

Orientieren mit dem Kompass
Im alten China hatte man entdeckt, dass ein länglicher „Magnetitstein", auf einem Brettchen befestigt und in einer Wasserschale schwimmend, immer in die gleiche Richtung zeigt. Mit diesem Kompass konnten chinesische Seeleute auf See ihren Kurs halten.

Ein **Kompass** ist also ein Instrument zur Bestimmung der Himmelsrichtungen. Er hat eine drehbar gelagerte magnetische Nadel, die sich im magnetischen Feld der Erde ausrichtet. Wenn die Nadel zum Stillstand kommt, zeigt sie zum Nordpol. Wenn die Kompassrose so lange gedreht wird, bis die Nadel auf den Punkt etwas links vom Buchstaben N zeigt, dann können alle Himmelsrichtungen exakt abgelesen werden.

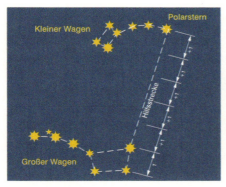

❸ *Wo ist Norden?*

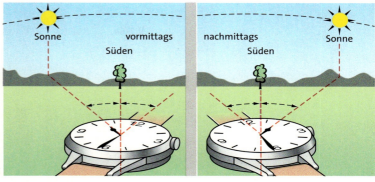

❹ *Wo ist Süden?*

Orientieren mit den Sternen
In einer klaren Nacht ist eine Orientierung mit den Sternbildern möglich. Suche zuerst das Sternbild des „Großen Wagens" und finde von da aus den Polarstern. Dazu musst du die hintere Achse fünf mal verlängern. Der Polarstern steht immer genau im Norden.

Orientieren mit Sonne und Uhr
– Halte die Uhr waagerecht und drehe sie so, dass der kleine Zeiger zur Sonne zeigt.
– Die Mitte zwischen dem kleinen Zeiger und der Ziffer 12 weist jetzt nach Süden. Von März bis Oktober musst du wegen der Sommerzeit eine Stunde abziehen.

Orientieren mit Bäumen
Weil bei uns der Regen zumeist aus Westen kommt (Wetterseite), sind häufig Bäume auf der Westseite bemoost oder haben dort grüne Algen. Sieh dir ältere Bäume an.

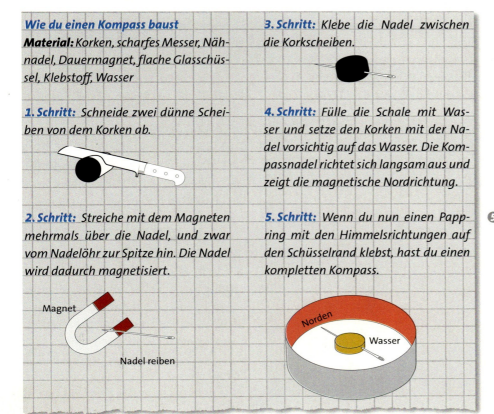

Wie du einen Kompass baust
Material: *Korken, scharfes Messer, Nähnadel, Dauermagnet, flache Glasschüssel, Klebstoff, Wasser*

1. Schritt: Schneide zwei dünne Scheiben von dem Korken ab.

2. Schritt: Streiche mit dem Magneten mehrmals über die Nadel, und zwar vom Nadelöhr zur Spitze hin. Die Nadel wird dadurch magnetisiert.

3. Schritt: Klebe die Nadel zwischen die Korkscheiben.

4. Schritt: Fülle die Schale mit Wasser und setze den Korken mit der Nadel vorsichtig auf das Wasser. Die Kompassnadel richtet sich langsam aus und zeigt die magnetische Nordrichtung.

5. Schritt: Wenn du nun einen Pappring mit den Himmelsrichtungen auf den Schüsselrand klebst, hast du einen kompletten Kompass.

❺

Orientieren

❸ *Aborigines im Inneren Australiens*

Wie sich andere orientieren

Unsichtbare Traumpfade
Die Ureinwohner im Inneren Australiens, die Aborigines, leben in einer von Natur aus lebensfeindlichen Umgebung. Um sich zurechtzufinden, haben sie Landkarten fest im Kopf verankert: Alle Berge, Flüsse, Quellen und Bäume sind mit Erzählungen und Ereignissen aus der Vorzeit verknüpft, als die Ahnen das Land bereisten und dieses mit ihren Liedern „ins Leben sangen". Jeder Aborigine besitzt solche Gedächtnislandkarten in Form von Liedern. Mit ihnen kann er die unsichtbaren „Traumpfade" der Vorfahren anderen Ureinwohnern mitteilen, auch solchen, die seine Sprache nicht verstehen, sondern nur die Melodie erkennen. Der Inhalt der Lieder lässt sich auch auf Zeichnungen darstellen, die zur Orientierung dienen. Sie erzählen teilweise ganze Geschichten von heute und früher. Wie gut sich Aborigine-Kinder in der Wildnis zurechtfinden, zeigt sich, wenn sie mit ihren weißen Mitschülern im Busch unterwegs sind. Dann sind diese auf die Kenntnisse der Aborigines angewiesen. Denn nur sie wissen genau, wo sie sich gerade befinden, wo es Wasser gibt, was man essen oder wie man Spuren lesen kann.

❷ *Legende zur Malerei*

❹ *Malerei der Aborigines "Women dreaming"*

1 Denke dir zum Bild eine Geschichte aus.
2 Wie unterscheiden sich deine Karten im Kopf von denen der Aborigines?

❺ *„Navigator" mit Ausliegerboot* (Tobriand-Inseln, Papua-Neuguinea)

Auf dem Sternenpfad unterwegs

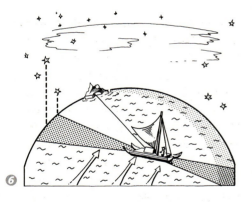

❻

❼ *Das Polynesische Dreieck*

Nichts bietet dem Auge einen Halt am Horizont. Rundum nur das Wasser des Stillen Ozeans: Hier ohne moderne Geräte den richtigen Weg finden – kaum vorstellbar. Doch bei den Polynesiern in der Südsee gibt es immer noch Seefahrer, die ohne Kompass und Karte, mit ihren kleinen Auslegerbooten von Insel zu Insel fahren. Sie legen dabei häufig hunderte von Kilometern über das offene Meer zurück, um Gastgeschenke und Handelsgüter mit ihren Nachbarn auszutauschen.

Ihre Vorfahren waren die tüchtigsten Seefahrer aller Zeiten. Schon vor über 2000 Jahren haben sie die Inseln im „Polynesischen Dreieck" besiedelt. Bei ihren langen Seereisen waren sie auf die Beobachtung der Natur angewiesen. Sie orientierten sich tagsüber nach der Sonne und fuhren nachts auf dem „Sternenpfad". Sie wussten genau, wann und an welcher Stelle bestimmte Sterne am Horizont auf- und untergingen. Außerdem richteten sie sich nach Richtung und Stärke der Meeresströmungen, nach dem Wellengang, nach der Farbe der Wolken und des Wassers sowie nach den vorherrschenden Winden. Sie beobachteten die Seevögel und wussten, welche nur ufernah, zwischen den Inseln oder auf dem offenen Meer unterwegs waren. Wer all dies beherrschte, war ein angesehener Navigator. Seine Ausbildung dauerte bis zu dreißig Jahren. Sein Wissen war geheim und wurde nur an die eigenen Nachkommen vererbt. Auf unberechtigte Weitergabe stand die Todesstrafe.

3 Es heißt: Wissen bedeutet Macht. Überlege, was das für die Navigations-Kunst der Polynesier bedeutet.

TERRAMethode
Orientieren

① **Der Schlossberg mit der Ruine Hohenurach** (Blick von Nord nach Süd)

Von Höhenlinien und Höhenprofilen

Bei Wanderungen oder Fahrradtouren ist es wichtig zu wissen, wie das Gelände verläuft. Wie groß sind die Höhenunterschiede? Geht es ständig bergauf? Wo geht es bergab? Wie steil ist das Gelände? Oder liegt eine Ebene dazwischen? Höhenlinien auf Karten lesen und Höhenprofile erstellen zu können, ist hier von Vorteil.

Alle Topografischen Karten enthalten **Höhenlinien.** Diese Linien verbinden alle Punkte einer Landschaft, die auf gleicher Höhe über Normalnull liegen.
Für Berggipfel und andere wichtige Punkte stehen in den Karten genaue Höhenangaben.

Höhenlinien lesen
1. Schritt: Suche die Höhenangaben an den Höhenlinien. Stelle fest, in welche Richtung das Gelände ansteigt oder abfällt.
2. Schritt: Stelle Verlauf und Abstand der Höhenlinien fest: Wo diese eng beieinander sind, ist das Gelände steil; wo diese weiter auseinander liegen, ist das Gelände weniger steil bis eben.
3. Schritt: Ermittle für eine bestimmte Strecke den Höhenunterschied.

Ein Höhenprofil zeichnen
1. Schritt: Zeichne die Strecke von Ort A nach B in die Karte ein. Es ist die Querschnittslinie.
2. Schritt: Übertrage diese Querschnittslinie AB auf Millimeterpapier.
3. Schritt: Lege eine Höhenskala an. Achte auf die tiefste und auf die höchste Stelle des Querschnitts. Skaleneinteilung: z. B. 1 cm entspricht 100 m.
4. Schritt: Übertrage die Schnittpunkte P1, P2, usw. der Karte an richtiger Stelle auf das Millimeterpapier. P1, P2, usw. sind Schnittpunkte der Höhenlinien mit der Querschnittslinie.
5. Schritt: Verbinde auf dem Millimeterpapier die Punkte A, P1, P2, ..., B. So erhältst du die Profillinie des Geländeschnittes von A nach B.

1 a) Ermittle die höchste und die tiefste Stelle in der Karte 2.
b) Welcher Höhenunterschied ist bei einer Wanderung von A nach B zu überwinden?
2 Zeichne zum Geländeschnitt CD in der Karte 3 ein Höhenprofil.

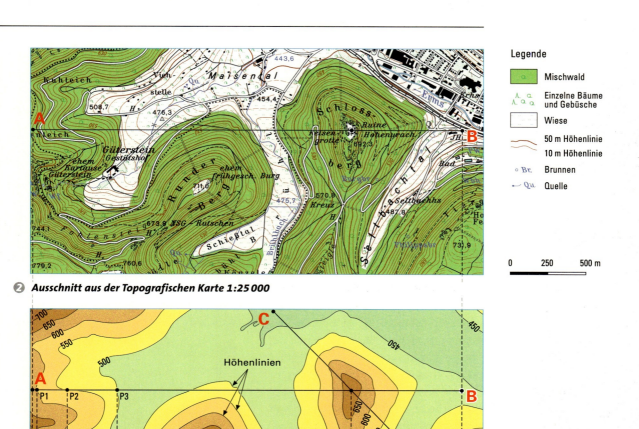

❷ *Ausschnitt aus der Topografischen Karte 1:25 000*

❸ *Ausschnitt als Höhenschichtenkarte 1:25 000*

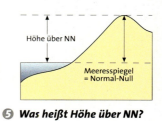

❺ *Was heißt Höhe über NN?*

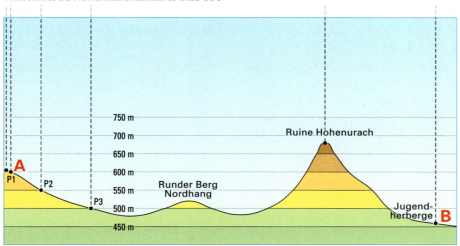

❹ *Profil*

TERRAMethode
Orientieren

Wie du mit dem Atlas arbeitest

Honolulu, Popocatépetl, Mississippi, Krk, Brno, Churchill – hast du diese geheimnisvollen Namen oder Zungenbrecher schon einmal gehört? Oder: Du verfolgst im Fernsehen bedeutende Sportsendungen wie Tennis in Wimbledon, Autorennen in Imola. Stellst du dir in solchen Fällen nicht die Frage, wo liegen denn all diese Orte und wie erfahre ich mehr über sie?

In diesen Fällen hilft dir der **Atlas**. Er ist eine Kartensammlung, die meistens als Buch gebunden ist. Suchst du einen der oben genannten Namen, dann benutzt du das Namensverzeichnis oder Register am Ende eines Atlasses. Alphabetisch findest du darin alle Namen von Städten, Gebirgen, Flüssen, Seen usw., die im Atlas vorkommen. In diesem Verzeichnis findest du zum Beispiel Churchill. Das Auffinden des Ortes auf der jeweiligen Kartenseite erleichtert dir das Suchgitter. Du kennst dies schon von den Planquadraten des Stadtplans.

Wer mit dem Atlas richtig umgehen kann, der wird schnell und sicher einen bestimmten Ort oder eine bestimmte Karte finden. Im Atlas gibt es dazu drei wichtige Hilfen:
1. das Register (Verzeichnis geografischer Namen),
2. das Inhaltsverzeichnis (Kartenverzeichnis),
3. die Kartenübersichten.

Wie du einen Ort im Atlas findest:
1. Schritt: *Register (Namensverzeichnis) aufschlagen:*

    Chugokugebirge 92 C 3/4
    Chur 52/53 C 2
Atlasseite   Churchill; Stadt in Kanada
122/123   122/123 J 4
    Churchill; Fluss zur Hudson Bay
    122/123 J 4
    Churchill; Fluss zur Labradorsee
    122/123 M 4
    Cienfuegos 124/125 E 4
    Cima dell' Argentera 52/53 B 3

2. Schritt: *Entsprechende Atlasseite aufschlagen und Churchill im Planquadrat J 4 suchen.*

1 *Geheimnisvolle Namen und Zungenbrecher: Suche die Namen im Register und auf den dort angegebenen Seiten. Notiere wie folgt:*

Name	Was?	Wo?
Churchill	Stadt	Kanada
Honolulu		
Popocatépetl		
Mississippi		
Krk		
Brno (Brünn)		
Fudschijama		

2 *Wähle aus Meldungen in der heutigen Tageszeitung drei dir unbekannte Orte. Suche diese im Atlas und notiere die Namen wie in Aufgabe 1.*

Der Atlas ist noch für viele andere Zwecke sehr hilfreich. Er enthält Karten aus allen Regionen der Erde. Zu manchen Gebieten gibt es mehrere Karten, denn der Atlas enthält verschiedene Kartenarten: Die wichtigsten sind **Physische Karten.** Darüber hinaus gibt es noch zahlreiche **Thematische Karten.** Um die unterschiedlichen Karten richtig zu lesen und auszuwerten, musst du die jeweils zugehörige Legende benutzen. So kannst du über einen Ort oder eine Region vieles aus dem Atlas herauslesen. Du merkst: Der Atlas ist für Erdkunde unentbehrlich.

❷ **Physische Karte**

3 Notiere, was die Farbe ☐ jeweils bedeutet:
a) in der Physischen Karte,
b in der Thematischen Karte.

4 Welche Informationen entnimmst du aus der Physischen Karte 2, welche aus der Thematischen Karte 3
a) für Frankfurt,
b) für den Vogelsberg,
c) für den Taunus?

❸ **Thematische Karte**

Wenn ich das richtig sehe, ist in den Karten Grün nicht gleich Grün!

Methode

35

→ TERRAMethode
Orientieren

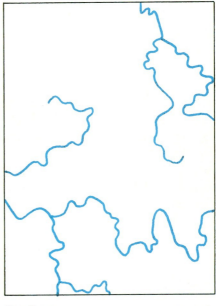

❶ *Gewässer*

Wie du eine Kartenskizze zeichnest

In deinem Heimatort kennst du dich gut aus. Du kannst auch Fremden einen Weg im Ort erklären. Das ist möglich, weil du dir die Umgebung vorstellen kannst. Von deinem Wohnort hast du sozusagen eine „Karte im Kopf".

Man sollte sich aber nicht nur seine tägliche Umgebung vorstellen können. Karten im Kopf braucht man auch von seinem Bundesland, von Deutschland, von Europa oder von der ganzen Welt. Wie kann man das schaffen?

Es gibt eine Möglichkeit, sich eine Karte einzuprägen: Du zeichnest eine Skizze von ihr. Du kannst zu jedem Gebiet eine Kartenskizze zeichnen. Hier lernst du es am Beispiel Hessen. Probiere es auch mit anderen Gebieten!

In unserem Gedächtnis sind Vorstellungen über verschiedene Gebiete gespeichert. Diese dienen uns zur Orientierung. Wie aber kommen solche Merkkarten in unseren Kopf? Das Zeichnen von Kartenskizzen ist dazu ein einfacher und nützlicher Weg.

Was du alles benötigst:
Transparentpapier
Büroklammern
Buntstifte

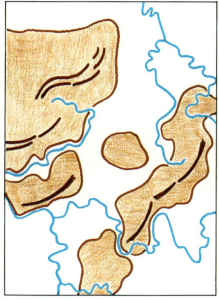

❷ **Höhenzüge**

❸ **Städte, Grenzen und Namen**

Wie du eine Kartenskizze zeichnest:

1. Schritt: Suche im Atlas zum Beispiel die Landschaftskarte von Hessen. Lege Transparentpapier auf und hefte dieses mit Büroklammern fest. Auf dieses Transparent zeichnest du zunächst einen rechteckigen Rahmen, der den Kartenausschnitt deiner Skizze begrenzt.

2. Schritt: Zeichne nun das Flussnetz mit einem blauen Farbstift nach. Dabei kannst du großzügig den wichtigsten Flussläufen folgen. Die vielen Flussbiegungen der Fulda zum Beispiel werden einfach begradigt.

3. Schritt: Wähle für Höhenzüge und Gebirge einen braunen Farbstift. Damit umfährst du zum Beispiel den Vogelsberg entlang der Farbfläche oder Signatur für Mittelgebirge und malst diese Fläche braun an.

4. Schritt: Markiere mit einem roten Farbstift die Landesgrenzen und Städte. Am besten zeichnest du nur die größeren Städte ein.

5. Schritt: Beschrifte nun deine „stumme" Karte. Übertrage dazu die Namen aus dem Atlas. Für Städte, Gebirge und Landschaften wähle einen schwarzen Farbstift, für Flussnamen benutze einen blauen Farbstift.

1 Zeichne eine Kartenskizze von Hessen. Die Zeichnungen 1 bis 3 und die Arbeitsschritte sind dir dabei eine Hilfe.

2 Fährst du demnächst in eine andere Landschaft von Deutschland oder in ein anderes Land? Fertige von dieser Region oder diesem Land mit Hilfe des Atlasses eine Kartenskizze an.

TERRATraining
Orientieren

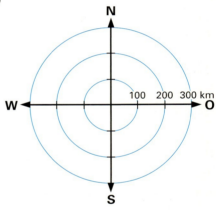

① *Ausschnitt aus der Topografischen Karte 1:50 000*

Wichtige Begriffe
Atlas
Himmelsrichtung
Höhenlinien
Höhenprofil
Höhenschichten
Karte
Kompass
Legende
Maßstab
Stadtplan

1 Kartenzeichen
a) Benenne die Kartenzeichen 1 bis 7 in Karte 1. Schreibe die Bezeichnungen ins Heft und finde das Lösungswort.
① 3. Buchstabe, ② 3. B., ③ 6. B., ④ 5. B., ⑤ 5. B., ⑥ 4. B., ⑦ 6. B.
b) Zeichne die Kartenzeichen für: Schloss, Laubwald, Brunnen.
c) Erkläre mit Hilfe der Karte 1 einem Ortsfremden den kürzesten Straßenweg vom Schloss nach Lorbach.

2 Kartenmaßstab
Bestimme mit Hilfe des Kartenmaßstabes der Karte 1 die Entfernung von Lorbach zum Zentrum von Büdingen.

3 Höhenpunkte
Der Unterschied zwischen der höchsten und der niedrigsten Höhenangabe in der Karte 1 beträgt: 130 m, 156 m, 192 m oder 249 m?

4
Zeichne ein Richtungskreuz mit deinem Schulort im Mittelpunkt. Nimm einen Faden, befestige ihn an einer Stecknadel. Schlage nun eine Atlasseite mit deinem Schulort auf. Lege den Faden auf die Maßstabsleiste und markiere ihn mit einem Filzstift bei 100 km, 200 km und 300 km. Stich die Nadel in deinen Schulort und bewege den Faden in einem Kreis um die Stecknadel. Du kannst jetzt die Städte, Berge, Gebirge ablesen, die sich in 100 km, 200 km sowie 300 km Entfernung von deinem Schulort befinden. Trage sie nun in das Richtungskreuz ein.

38

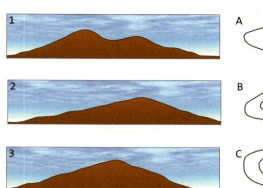
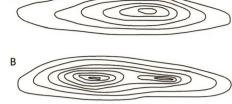

Teste dich selbst
mit den Aufgaben 1a, 2, 3

5 Geheimnisvolle Berge
Ordne in Abbildung 2 die Profile 1 bis 4 den Bergformen A bis D zu.

6 Kannst du planen?
Arbeite mit der Karte 3: Vom Dorf Kirchheim soll zum Nachbardorf Apfelbach eine Straße gebaut werden.
a) Zeichne ein Profil von Dorf zu Dorf.
b) Plane eine sinnvolle Wegtrasse für die Straße. Lege dazu Transparentpapier auf die Karte. Zeichne den Verlauf der geplanten Straße ein.
c) Bestimme die Länge dieser Straße. Vergleiche mit der direkten Entfernung von Dorf zu Dorf.

7 Arbeite mit dem Atlas. An welchem Fluss und in welchem Land liegen die Städte:

Stadt	Fluss	Land
Berlin	?	?
Frankfurt	?	?
Köln	?	?
Budapest	?	?
Moskau	?	?
Lissabon	?	?
Kairo	?	?
Manaus	?	?
St. Louis	?	?

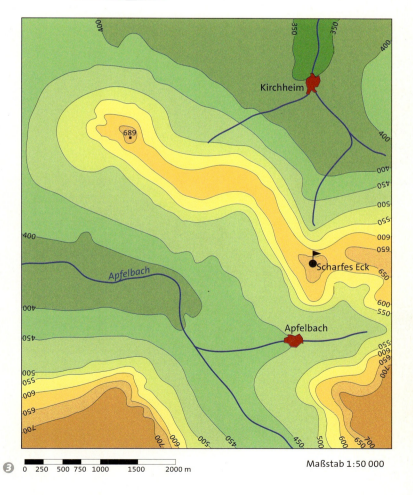

Maßstab 1 : 50 000

Landwirtschaft

Essen ist für uns selbstverständlich. Doch wie entstehen die fertigen Nahrungsmittel und woher kommen sie eigentlich? Aus welchem landwirtschaftlichen Produkt wird beispielsweise ein Hamburger-Brötchen gemacht, woher stammt der Salat und woher kommt das Hackfleisch im Hamburger? Wenn ihr das noch nicht wisst, dann ist dieses Kapitel wie gemacht für euch. Ihr erfahrt hier nämlich, ...

... was der Ackerbau mit unseren Brötchen zu tun hat,

... wieso Salat eine Sonderkultur ist,

... wie computergesteuerte Kühe funktionieren,

... wie die Kakaobohne in den Milchshake kommt,

... woher unser Fleisch stammt,

... wie ökologische Landwirtschaft aussieht.

Landwirtschaft

Unser tägliches Brot

Zur Herstellung von Brot braucht man vor allem Weizen oder Roggen: Weizen für die hellen Brote und Brötchen, Roggen für dunkle und beide zusammen für Mischbrote.

Ackerbau in der Wetterau

Der Hof von Landwirt Josef Edelbauer liegt in Wisselsheim wenige Kilometer östlich von Bad Nauheim. Hier herrscht ein mildes Klima mit ausreichenden Niederschlägen. Seine Betriebsflächen liegen in der Wetterau, die zu den besten Ackerbaugebieten Deutschlands zählt. Landwirt Edelbauer beschreibt seinen Boden so: „Wir haben hier Löss, einen der fruchtbarsten Böden, die es überhaupt gibt. Das merkt man besonders, wenn man ihn einmal zwischen den Fingern zerreibt. Löss ist mehligfeinkrümelig."

Auf dem Löss entwickelten sich die fruchtbarsten Ackerböden. Sie sind reich an Mineralstoffen und können das Wasser gut speichern.

Weizen, der fruchtbaren Boden erfordert, gedeiht hier besonders gut und bringt überdurchschnittlich hohe Erträge. Aber auch beim besten Ackerland muss der Landwirt die Anbaufrucht wechseln, d.h. **Fruchtwechselwirtschaft** betreiben, weil sonst der Erde immer die gleichen Nährstoffe entzogen werden und sich auch leichter Pflanzenkrankheiten ausbreiten können. Die geregelte mehrjährige Anbaufolge verschiedener Ackerfrüchte ergibt dann eine **Fruchtfolge.** Sie hilft dabei, die Bodenfruchtbarkeit auch ohne Düngerzugaben stabil zu halten. **Halmfrüchte,** wie Weizen, Gerste, Roggen, Hafer wechseln dabei mit **Blattfrüchten** wie Zuckerrüben, Mais, Kartoffeln, Raps und Futterpflanzen ab. Da Herr Edelbauer in der Wetterau über Ackerland von höchster Qualität verfügt, steht bei ihm der Anbau anspruchsvoller Kulturpflanzen wie Weizen und Zuckerrüben im Vordergrund.

Obwohl Herr Edelbauer gute Erträge erzielt, will er sie noch weiter steigern. „Wenn ich im September zur Ernte über die Zuckerrübenfelder fahre, werden die Rübenblätter von der Maschine zerkleinert und auf das Land geworfen. Später pflüge ich die Pflanzenreste dann unter. Durch diese Pflanzendüngung wird der Boden mit Nährstoffen weiter angereichert und noch lockerer und fruchtbarer. Diese **Gründüngung** besteht natürlich nicht nur aus Rübenblättern. Häufig ist es auch Klee. Den bauen wir dafür aber eigens an."

❶ *Fruchtfolge*

1. Jahr: Zuckerrüben

2. Jahr: Weizen

3. Jahr: Gerste

4. Jahr: Zuckerrüben

5. Jahr: Weizen

6. Jahr: ?

❷ *Die besten Ackerbaugebiete Deutschlands*

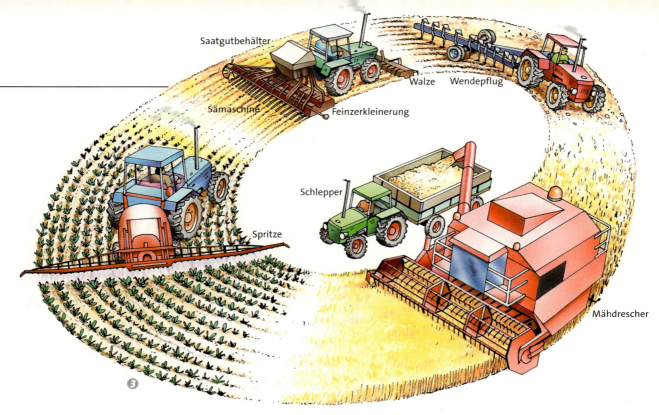

❸

❹ **Vom Feld auf den Tisch — das Brot**

1 Erkläre den Ablauf der Fruchtfolge (1) auf den Äckern. Was wird im sechsten Jahr angebaut?

2 Nenne die Folgen für den Fall, dass die Fruchtfolge nicht eingehalten wird.

3 Charakterisiere den Löss.

4 Wo liegen große Lössgebiete in Deutschland? Beschreibe mit Hilfe von Karte 2 und dem Atlas.

5 Notiere die Arbeitsschritte, die Landwirt Edelbauer zu erledigen hat, bis Weizen geerntet werden kann.

6 Beschreibe den Weg vom Getreide zum Brot anhand der Zeichnung 4.

Landwirtschaft

① *Kühe am Melkstand*

Computer im Kuhstall

Auf den meisten Bauernhöfen ist die moderne Technik auch in die Ställe eingezogen: der Computer für Kühe.
Früher mussten morgens und abends die Kühe mit der Hand gemolken werden: eine harte Arbeit. Um 5 Uhr in der Frühe klingelte bereits der Wecker. Das Melken der Kühe war anstrengend und zeitaufwändig. Mit der Hand konnten in einer Stunde ungefähr acht Kühe gemolken werden.

Heute ist das anders. Das Melken geht nun viel schneller. Mit einer modernen Melkanlage schafft man heute 40 Kühe in einer Stunde.
Auch die Fütterung ist einfacher geworden. Früher hätte die Fütterung von 40 Kühen mit der Hand zwei Stunden gedauert. Heute errechnet der Computer genau, wie viel Futter eine Kuh braucht, um möglichst viel Milch zu geben. Danach teilt der Computer das Futter über den Futterautomaten jeder Kuh zu. Nach einer halben Stunde haben dann alle Kühe schon ihr „Frühstück" oder „Abendessen" beendet.
Damit der computergesteuerte Futterautomat auch weiß, mit welcher Kuh er es gerade zu tun hat, trägt jede Kuh einen Chip im Ohr oder am Hals.
Leider ist eine solche Computersteuerung sehr teuer; nicht jeder Landwirt kann sie sich leisten.

Nicht immer sind die Kühe im Stall anzutreffen. In vielen Gebieten, z. B. in Norddeutschland oder im Allgäu, wird **Grünlandwirtschaft** betrieben. Im Sommer ist das Vieh auf der Weide oder der Landwirt mäht das Grünland mehrmals im Jahr ab und verfüttert das Gras als Heu oder **Silage.** So nennt man Futterpflanzen, die zur Haltbarmachung in Silos eingelagert und für den Winter aufbewahrt werden. Im Winter wird die Silage dann an die Kühe verfüttert.

❷ **Milchkühe auf der Weide**

1 Beschreibe die Arbeit im Kuhstall früher und heute.

2 Von der Milch zum Käse. Erläutere die Zeichnung 3. Gehe dabei auf weitere Produkte der Milchwirtschaftsbetriebe ein.

3 Stell dir vor, früher hätten 40 Kühe mit der Hand gemolken werden müssen. Wann wäre die Bäuerin fertig gewesen, wenn sie um 5 Uhr morgens mit dem Melken begonnen hätte?

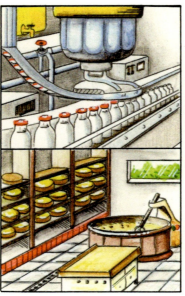

❸ **Von der Weide auf den Tisch – der Käse**

Landwirtschaft

Unser tägliches Fleisch

Gülle
Mischung aus Harn und Kot von Tieren. Sie wird oft als Dünger auf Äcker ausgebracht.

Auf dem Hof Fleischmann werden Rinder gemästet. 180 Tiere leben dort das ganze Jahr eng zusammen und können nur auf dem harten Boden stehen oder liegen. Sie haben keinen Auslauf. Um die sich dadurch ausbreitenden Krankheiten zu verhindern, erhalten die Tiere Medikamente. Futter steht ihnen ständig zur Verfügung. Sie erhalten auch Kraftfutter, das über den Futterhandel bezogen wird. Schnell soll das nötige Schlachtgewicht erreicht werden.

Wichtigstes Ziel in diesem **Rindermastbetrieb** ist es, durch diese Form der **Massentierhaltung** mit wenig Arbeitskräften preiswert Fleisch herzustellen, so wie es die meisten Verbraucher wünschen. Zum Problem wird die anfallende Gülle, die durch den leicht zu reinigenden Spaltenboden fällt. Damit es nicht zur **Bodenbelastung** durch **Überdüngung** der geringen Landfläche des Hofes und zur Verschmutzung des Grundwassers kommt, darf von der Gülle nicht zu viel ausgebracht werden.

Auf dem Biohof Grünfeld befinden sich die Rinder, auch Kälber mit ihren Muttertieren, von Frühling bis Herbst auf der Mähweide. Sie dient im Wechsel einmal als Wiese und einmal als Weide. Hier können sich die Tiere frei bewegen und fressen, wann sie wollen und was ihnen schmeckt. Im Winter kommen sie in einen geräumigen Stall, der eine **artgerechte Haltung** ermöglicht. Sie werden seltener krank und ihr Fleisch ist von hoher Qualität. Da der Hof Grünfeld über eine große Landfläche verfügt, muss er selbst im Winter selten Futter zukaufen. Auf Kraftfutter versucht Herr Grünfeld ganz zu verzichten, da es seiner Meinung nach bei der Herstellung zu viel Energie kostet. Mit der Gülle hat der Biobauer wegen des Strohs auf dem Stallboden keine Schwierigkeiten. Es nimmt die Ausscheidungen der Tiere auf und wird als Dünger auf die Felder gefahren. Probleme könnte es aber beim Verkauf des Fleisches geben, denn es ist teurer als das aus der traditionellen Massentierhaltung.

❶ *Artgerechter Laufstall*
  1 Lichtöffnungen
  2 Belüftungsöffnungen
  3 Ständiges Futterangebot
    (Ruhe beim Fressen)
  4 Platz für Bewegung und
    Liegeplätze
  5 Einstreu von Stroh
  6 Natürliches Baumaterial
    (Holz)

❷ *Schlachtvieh*

❹ *Im Schlachthaus*

1 Vergleiche die beiden Höfe. Benutze dazu auch die Abbildung 1.
2 Zeige den Weg des Rindfleisches anhand der Zeichnung 3.
3 Wie kann der Käufer in der Metzgerei auf die unterschiedliche Wirtschaftsweise der beiden Höfe Einfluss nehmen?
4 Was hältst du von der Aussage: „Weniger Fleisch ist mehr!"?

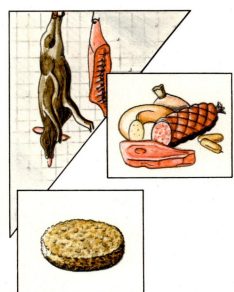

❸ *Von der Weide auf den Tisch — die Wurst*

Landwirtschaft

Da hast du den Salat ...

Dirk führt ein Gespräch mit Frau Stahl, einer Gemüsebäuerin aus dem Hessischen Ried

Auf 45 ha Land baut Frau Stahl in ihrem Betrieb Salat und Gemüse an. Für diese große Fläche hat sie drei Angestellte und bis zu 28 Aushilfskräfte in der Erntezeit.

Dirk: „Welche Gemüsearten pflanzen Sie an? Erzählen Sie bitte etwas über Ihren Betrieb und Ihre Arbeit."

Frau Stahl: „Unsere wichtigsten Gemüsearten sind verschiedene Salatsorten, aber wir bauen auch Blumenkohl, Broccoli, Sellerie, Rotkohl, Chinakohl, Spinat, Karotten, Gurken und Lauch an. Wir sind ein Freilandbetrieb. Die Arbeit auf den Feldern beginnt bei günstiger Witterung schon Ende Februar. Dann setzen wir die ersten vorgezogenen Pflänzchen mit Pflanzmaschinen aus. Zum Schutz vor Kälte werden sie mit großen Plastikfolien abgedeckt. Unter der Folie erwärmt sich der Boden schneller, die Pflanzen wachsen besser. Schon im Mai haben wir die erste Ernte. Das ist günstig für den Verkauf."

Dirk: „Haben Sie eigentlich genug Wasser? Reicht der Regen aus?"

Frau Stahl: „Das ist eine gute Frage. **Sonderkulturen** wie Salat und Gemüse

❷ *Beregnungsanlagen*

brauchen viel Wasser. Darum haben wir auch fast für das gesamte Land eine unterirdisch verlegte Rohrberegnungsanlage mit Wasser aus Tiefbrunnen. Das Wasser kann durch die Folien zu den Pflanzen gelangen, weil sie durchlöchert sind. Außerdem verhindert die Folie das Austrocknen des Bodens."

Dirk: „Ist die Gegend hier besonders günstig für den Gemüsebau?"

Frau Stahl: „Ja, wir haben hier gute Böden und vor allem ein günstiges Klima. Die Winter sind mild, der Frühling beginnt früh im Jahr und die Sommer sind warm. So können wir etwa 280 Tage im Jahr auf den Feldern arbeiten. Wichtig ist aber auch eine schnelle Verbindung zu den Abnehmern für unsere Ware."

Dirk: „Wohin verkaufen Sie Ihr Gemüse?"

❶ *Zwei Gemüsefolgen des Betriebs Stahl*

❸ *Feldgemüse unter Folie*

ausgeliefert werden und frisch beim Kunden sein. Ein Teil wird auch in Kühlhäusern eingelagert."

Dirk: „Was macht Ihnen am meisten Probleme?"

Frau Stahl: „Wie überall steigen auch bei uns die Kosten im Betrieb, z. B. für Löhne, Beregnung, Folien usw. Die Preise für das Gemüse schwanken jahreszeitlich stark. Wir müssen höchstmögliche Erträge erzielen, um genug Gewinn zu erwirtschaften!"

❺ *Vermarktungsorte für Salat und Gemüse aus dem Hessischen Ried*

Frau Stahl: „Einen kleinen Teil unserer Ernte vermarkten wir selber über unseren Hofladen und kleinere Gemüsehändler hier aus der Gegend. Der größte Teil unserer Ware geht aber an eine Genossenschaft, die Gartenbauzentrale Wiesbaden-Rheingau. Es gibt hier in der Gegend viele Genossenschaften und Gemüse-Großmärkte. Sie sorgen für den schnellen Weiterverkauf an Großabnehmer wie Lebensmittel-Handelsketten oder Großhändler. Schon einen Tag nach der Ernte kann unser Gemüse mit Kühllastwagen an Supermärkte irgendwo in Deutschland

1 Gemüsebau erfordert viel Arbeit, Zeit und Geld. Berichte.

2 Der Ackerbauer kann seine Feldfrüchte nicht vor Frost schützen. Gilt dies auch für den Gemüsebauern? Begründe.

3 Findet heraus, woher das Gemüse und Obst stammt, das ihr zu Hause esst.

4 Beschreibe den Weg des Salates vom Feld auf den Tisch. Verwende die Zeichnung 4 und die Karte 5.

5 Eine weitere Sonderkultur ist der Weinbau. Wo findest du ihn in Hessen?

❹ *Vom Feld auf den Tisch — der Salat*

Landwirtschaft

Trank der Götter

Kakao, Schokolade sind Wörter aus der Sprache der ursprünglichen Bewohner Mittelamerikas, der Azteken.

❶ **Der Kakaobaum** wächst nur in Gebieten, wo es das ganze Jahr über sehr warm und feucht ist. Seine Früchte sitzen direkt am Stamm. In jeder Frucht sind etwa 50 Samen, die Kakaobohnen.

Wem läuft beim Gedanken an einen Schoko-Shake nicht das Wasser im Mund zusammen?
Ganz ähnlich ging es vermutlich auch den ersten Schokolade-Fans in Mittelamerika. Dort kannten Indianer bereits vor 2 000 Jahren ein Getränk, das sie aus Kakao und Wasser herstellten. Sie nannten es „Schocoatl", was übersetzt „würziges Wasser" bedeutet. Später entstand daraus unser Wort Schokolade.
Mit einem leckeren Schoko-Shake hatte das „würzige Wasser" aber recht wenig zu tun. Es schmeckte bitter, säuerlich und wurde häufig sogar noch mit scharfem Paprika gewürzt. Dennoch war der Trank sehr begehrt. Schocoatl galt damals als göttliches Getränk.
Nur die Reichsten konnten sich dieses Trinkvergnügen regelmäßig leisten.

 Montezuma – der Herrscher der Azteken – soll täglich über fünfzig Tassen Schokolade getrunken haben.

Kakaobohnen waren so kostbar, dass sie wie Geld verwendet wurden:

 Für acht Kakaobohnen konnte man einen Hasen kaufen. Für 100 Kakaobohnen erhielt man sogar einen Sklaven.

Spanische Eroberer brachten den Kakao nach Europa. Doch bis vor 150 Jahren gab es Schokolade bei uns nur zum Trinken; nur wenige kannten sie. Dann entdeckten Engländer, dass Schokolade fest wird, wenn man den Kakao mit Zucker und Kakaofett mischt. Die Schokoladentafel war geboren!

❷

❸

❹

❺

⑥

⑦

⑧

⑨

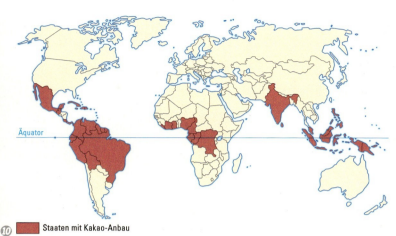
⑩ ■ Staaten mit Kakao-Anbau

1 a) Woher bekommt die Schokolade ihren besonderen Geschmack?
b) Von welchem Begriff stammt unser Wort „Schokolade" ab?
c) Beschreibe den Weg der Kakaobohne vom Kakaobaum bis zur Schokolade mithilfe der Fotos 2–9.

2 Arbeite mit dem Atlas. Wo kann Kakao angebaut werden?
Notiere mindestens fünf Anbauländer.

3 Erkundet im Supermarkt, woher einige der angebotenen Früchte stammen. Legt dazu eine Tabelle an und füllt sie wie im Beispiel aus.

Produkt	Herkunftsland	Kontinent
Banane	Kolumbien	Südamerika

4 Stellt in eurer Klasse eine große Weltkarte her und gestaltet sie mit Bildern von landwirtschaftlichen Produkten aus der ganzen Welt. Solche Bilder findet ihr zum Beispiel in Werbeprospekten oder Zeitschriften. Häufig könnt ihr sogar die Verpackung selbst verwenden.

Kaum zu glauben
Jeder Deutsche isst pro Jahr im Durchschnitt 8 kg Schokolade – das sind umgerechnet 80 Tafeln!

TERRAMethode
Landwirtschaft

❶ *Bauernhof*

Einen Betrieb erkunden

Hast du eigentlich eine Vorstellung davon, wie die Menschen auf einem Bauernhof – also auf einem landwirtschaftlichen Betrieb – leben, welche Arbeiten anfallen, welche Tiere zu versorgen sind, welche Gebäude und Maschinen zum Hof gehören?

Bei der Erkundung eines Bauernhofes könnt ihr dazu Näheres erfahren. Ihr werdet feststellen, dass Landwirte wie Herr Güldenberg vom Rößlerhof nicht nur Lebensmittel erzeugen, sondern auch die Landschaft im ländlichen Raum gestalten.

Eine Erkundung muss gut vorbereitet und organisiert sein. Mit den Arbeitsschritten auf diesen Seiten lassen sich zum Beispiel Landwirtschaftsbetriebe, Forstämter, Industriebetriebe, Banken und Behörden erkunden. Nur die Fragestellungen und die Ergebnisse sind unterschiedlich.

Eine Erkundung durchführen
1. Schritt: Organisation und Vorbereitung der Erkundung
Findet Antworten auf folgende Fragen:
Welchen Betrieb erkunden wir?
Wie gelangen wir zum Betrieb?
Was wollen wir wissen und erfragen?
Beispiel Bauernhof:
   Größe des Hofes
   Bodengüte und Bodenart
   Oberflächengestalt (flach/steil)
   Nutzung der Felder
   Art und Anzahl der Tiere
   Maschinen und Arbeitskräfte
   Arbeitszeit (z. B. Vollerwerb) und Freizeit
   Vermarktung der Produkte
   besondere Probleme
Wie können wir das erkunden? Durch:
   Interviewen
   Zählen
   Fotografieren
   Anfertigen einer Skizze usw.
Was brauchen wir dazu?
   Fragebogen
   Kassettenrekorder
   Pläne und Grundrisse
   Fotoapparat usw.
Wie arbeiten wir?
   in Einzelarbeit/in der Gruppe
Wer übernimmt welche Aufgabe?

2. Schritt: Durchführung
- Erledigt die gestellten Arbeitsaufträge gewissenhaft.
- Achtet auf Gefahrenstellen.
- Beachtet immer die Anweisungen der Betriebsinhaber.
- Schlusskontrolle: Sind alle Aufträge erledigt?

3. Schritt: Auswertung und Präsentation
- Die einzelnen Arbeitsgruppen stellen ihre Ergebnisse vor.
- Was sagen die Ergebnisse in Bezug auf die Fragestellung?
- Darstellung und Veröffentlichung der Ergebnisse als
  Wandzeitung,
  Präsentationsmappe,
  Beitrag in der Schülerzeitung,
  Ausstellung.

TERRATraining
Landwirtschaft

Wichtige Begriffe
Artgerechte Tierhaltung
Blattfrucht
Bodenbelastung
Fruchtfolge
Fruchtwechselwirtschaft
Genossenschaft
Gründüngung
Grünlandwirtschaft
Gülle
Halmfrucht
Kraftfutter
Löss
Mähweide
Massentierhaltung
Rindermastbetrieb
Silage
Sonderkultur
Überdüngung

1 Richtig oder falsch?
Verbessere die falschen Aussagen und schreibe sie richtig auf.
– Im Allgäu wird Grünlandwirtschaft betrieben.
– Kakao wächst dort, wo es das ganze Jahr sehr kühl ist.
– Der Löss ist ein fruchtbarer und feinkrümeliger Boden.
– Nur im Frühjahr und Sommer hat ein Landwirt Arbeit.
– Heu ist getrocknetes Gras.
– Kühe sind modebewusst. Deshalb tragen sie einen Chip im Ohr.
– Ein Silo ist ein großer Milchtank.

2 Findest du die Begriffe?
– Anbau von Feldfrüchten in jährlichen Wechseln im Zeitraum von drei Jahren.
– Mischung aus Harn und Kot von Tieren.
– Gebäude für die Tiere auf dem Bauernhof.
– Wiesen für Kühe und Pferde.
– Zugmaschine für den Einsatz in der Landwirtschaft.
– Anbaupflanzen, die eine besondere Pflege des Bauern benötigen.

3 Silbenrätsel
Bilde aus den folgenden Silben sieben Maschinen und Geräte zur Erleichterung der Feldarbeit:
de – dre – eg – ge – ma – mäh
ne – per – pflug – sä – scher – schi
schlep – sprit – wal – wen – ze – ze
– Maschine zum Ziehen von landwirtschaftlichen Geräten oder Anhängern
– Gerät zum Ablegen des Saatgutes
– Große Maschine zum Ernten des Getreides
– Gerät zum Umgraben des Ackerbodens
– Gerät zum Ausbringen von Pflanzenschutzmitteln
– Gerät zum Auflockern des Bodens
– Gerät zum Einebnen des Ackers

4 Vom Bauernhof zum Verkauf
Grafik 1 bietet einen Überblick über die Landwirtschaft in Deutschland. Übertrage die Zeichnung in dein Heft und setze die fehlenden Begriffe an der richtigen Stelle ein: Ackerbaubetrieb, Bodennutzung, Erzeugnisse, Holz, Sonderkulturbetrieb, Wald, Weide.

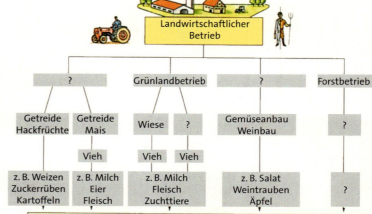

❶

Teste dich selbst
mit den Aufgaben 2, 3, 6

5 Arbeite mit Karte 2
a) Nenne drei Gebiete mit Ackerbau auf guten Böden und drei Grünlandgebiete.
b) Nenne drei Flüsse, an denen Weinbau betrieben wird.

6 Bilderrätsel

Leben in der Stadt

Eine Stadt hat viele Gesichter. Aber wo lebt man am besten? Jeder wird dazu seine eigene Meinung haben, je nachdem, wo er wohnt und was er vor seiner Haustür findet: viel Grün, gute Einkaufsmöglichkeiten, eine Apotheke, ein Schwimmbad ein Kino, gute Verkehrsanbindungen ...

① *Schrägluftbild Wetzlar*

Wetzlar — Gesichter einer Stadt

Wenn du vom Kalsmunt auf Wetzlar herunter blickst, kannst du erkennen, dass die Stadt wie ein Puzzle aus verschiedenen Teilen zusammengesetzt ist: den **Stadtvierteln.** Deutlich siehst du die historische **Altstadt** mit verwinkelten Gassen und dem mittelalterlichen Dom. Nach außen hin schließen sich immer jüngere Stadtteile an. Es sind **Mischviertel** auszumachen, wo Wohnhäuser, öffentliche Gebäude und kleine Fabriken vermischt nebeneinander liegen. Andere Viertel bestehen fast ausschließlich aus Wohnhäusern, man nennt sie deswegen **Wohnviertel.** Weiter im Westen ist ein großes Firmengelände erkennbar. Grauer Rauch entflieht den Schornsteinen. In solchen **Industriegebieten** wohnt fast niemand. In der Freizeit werden **Grünanlagen** aufgesucht.

1 *Eine Stadt lässt sich in unterschiedliche Viertel einteilen. Notiere die einzelnen Stadtviertel und beschreibe jeweils ihre Merkmale.*

2 *Arbeite mit dem Luftbild und der Flächennutzungsskizze:*
a) Lege Transparentpapier auf das Luftbild und grenze die einzelnen Viertel ab.
b) Benenne die Viertel und beschreibe ihre Lage.

3 *Ordne die Bilder 3–6 dem Luftbild 1 zu und begründe deine Zuordnung.*

4 *Kaufhäuser, Schulen, Supermärkte mit großen Parkplätzen, Fabriken, Grünanlagen… Wo liegen diese Einrichtungen? Suche weitere Beispiele und ordne sie zu!*

5 *Erkunde deinen Schulort! Erstelle mit Hilfe eines Stadtplans eine einfache Skizze über die Einteilung in verschiedene Stadtviertel.*

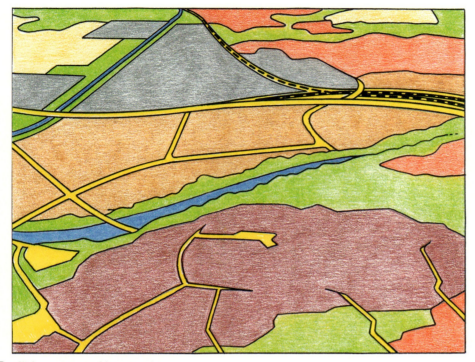

❷ *Flächennutzungsskizze Wetzlar*

Altstadt
Wohngebiet
Mischgebiet
Industrie/Gewerbe
Grünfläche
Verkehrsfläche
Fluss/Gewässer

❸ ❹ ❺ ❻

Eine Stadt, aber viele Viertel

Citynahe Wohn- und Gewerbeviertel

Johanna ist mit ihren Eltern im letzten Monat in das große, sehr alte, stattliche Haus eingezogen, das ihre Urgroßeltern gebaut haben. Inzwischen wurde es restauriert und der riesige Garten neu angelegt.

„Ich habe ein eigenes Zimmer und blicke von meinem Fenster direkt in den Taunus" berichtet Johanna. „Nebenan wohnt Andrea, ein Mädchen in meinem Alter. Ihre Eltern haben eine Schreinerei im Haus. Überhaupt gibt es in unserem Viertel viele kleinere Handwerksbetriebe und einzelne Fabriken. In die Innenstadt ist es gar nicht weit und ich kann alles mit dem Fahrrad erreichen. Andrea und ich fahren jeden Tag zusammen zur Schule und heute nachmittag waren wir im Schwimmbad."

Die City – ein Teil der Innenstadt

Johannas Mutter ist Zahnärztin und hat vor einem Jahr ihre Praxis in der City eröffnet. In dem Haus gibt es noch drei andere Ärzte und eine Anwaltskanzlei. Sie hat sich erst nach langen Überlegungen für diesen Standort entschieden. Die Mieten sind hier zwar am höchsten, aber viele Leute werden in der Fußgängerzone auf die Praxis aufmerksam. Die Patienten genießen es, ihre Ärztin mit den öffentlichen Verkehrsmitteln gut erreichen zu können. Parkplätze für das eigene Auto sind allerdings nur schwer zu finden.

„Wohnen möchte ich in der City aber nicht", ist sich Johannas Mutter sicher, „denn in den Gebäuden ist es sehr stickig und gerade in der Mittagszeit hat man ständig den Abgasgeruch in der Nase – furchtbar! Die Häuser stehen sehr dicht beieinander, an einen Garten ist nicht zu denken. Außerdem hat man keine Nachbarn, denn nebenan gibt es die großen Kaufhäuser und Verwaltungsgebäude."

Reine Wohnviertel

Auf dem Weg ins Schwimmbad fahren Johanna und Andrea durch ein reines Wohnviertel. Sie sehen nur Einfamilien- oder Zweifamilienhäuser mit großen Gärten. Gerade Familien genießen diese Wohnlage, da die Mieten hier günstiger als in unmittelbarer Stadtnähe sind und es sehr ruhig ist. Der Autoverkehr und damit die Abgase sind sehr gering, da nur die Anwohner oder Besucher in das Viertel fahren. „Seit hier der neue Kindergarten ist, hole ich meine kleine Schwester Mareike häufig ab und Mutti spendiert als Belohnung ein Eis in dem kleinen Laden an der Ecke" schildert Johanna.

Industriegebiete

Johannas Vater arbeitet bei einem Zementwerk im Industriegebiet Ost. Außerhalb der City siedeln sich Industriebetriebe in unmittelbarer Nähe zu den großen Verkehrswegen an. „Früher, als wir noch im reinen Wohnviertel außerhalb der Stadt gewohnt haben, musste ich schon sehr früh morgens aus dem Haus. Heute sind es zum Industriegebiet gerade mal drei Kilometer. Ich muss zwar bei Schichtwechsel mit kleinen Staus rechnen, aber dennoch benötige ich nur zehn Minuten bis ins Werk. Die meisten Kollegen wohnen in entfernten Dörfern und müssen einen weiten Anfahrtsweg in Kauf nehmen" erklärt Dirk. Johanna hat ihren

Vater zwar schon mal im Betrieb besucht, sie hat aber dennoch Schwierigkeiten, sich inmitten der großen Industriefläche zurechtzufinden. Viele Lkws, die Material anliefern, versperren ihr den Blick und alles ist grau in grau. Aus den Betriebsschornsteinen qualmt es und der Gestank ist sehr unangenehm.

Erholungsgebiete

„An den Wochenenden gehe ich oft mit meinen Eltern in den Wäldern wandern oder in einem der Stadtparks spazieren" berichtet Johanna. „An den Lahnwiesen gibt es Teiche mit Fontänen und einen Spielplatz. Es ist alles grün, obwohl man mitten in der Stadt ist! Andrea und ich machen hier manchmal Picknick oder treffen uns mit Freundinnen."
Auch Johannas Mutter ist von dem Erholungsangebot angetan: „Mein Mann und ich verbinden unsere Nachmittagsausflüge gerne mit dem kulturellen Abendprogramm. Da bietet es sich an, dass das Kino direkt an der Lahn liegt oder die Festspiele im Rosengärtchen im Stadtzentrum aufgeführt werden."

1 Ordne die Bilder 1–5 den beschriebenen Stadtvierteln zu.
2 Beschreibe das Stadtviertel, in dem du mit deiner Familie lebst. Was gefällt dir in deinem Wohnviertel, was stört dich?

TERRA Methode

Leben in der Stadt

Gebäudenutzung in der Innenstadt – eine Kartierung

Die Zentren unserer Städte sind dicht bebaut. Dort konzentrieren sich Fachgeschäfte und Warenhäuser, Banken und Behörden, Versicherungen und die Praxen von Ärzten und Rechtsanwälten, also der Bereich der Dienstleistungen. In einigen Straßen folgt Schaufenster auf Schaufenster. Vielfach sind diese Geschäftsstraßen zu Fußgängerzonen umgebaut worden.

Nutzungsunterschiede lassen sich mit einer **Kartierung** ermitteln. Auf einem Grundriss der jeweiligen Straßen trägt man ein, wie das Erdgeschoss von Häusern genutzt wird. Mit einer solchen Kartierung stellt ihr eine thematische Karte her. Mit dieser Methode kann man aber auch ermitteln, wie andere Nutzungen im Raum verteilt sind:
– Wo in unserer Stadt sind Lebensmittelgeschäfte, Bäcker, Metzger, Ärzte usw.?
– Wie nutzt ein Bauer seine Felder? Was baut er jeweils an?

Mit einer Kartierung können wir darstellen, wie Gebäude genutzt werden. Zuerst ermittelt man vor Ort die Gebäudenutzung, z.B. Reisebüro oder Apotheke. Dann werden die Ergebnisse in einen Kartengrundriss eingezeichnet. So entsteht eine thematische Karte der Gebäudenutzung. Auf diese Weise lassen sich auch andere Aspekte darstellen, z.B. die Bodennutzung.

Die Nutzung von Gebäuden kartieren

1. Schritt: Formuliert zuerst eine Fragestellung und legt die Straßen fest, die dazu kartiert werden müssen. Zum Beispiel kann kartiert werden, welche Dienstleistungen in der Hauptstraße und der Fußgängerzone angeboten werden.

2. Schritt: Führt die Kartierung mit einer Skizze durch und notiert, wie das Erdgeschoss jedes Hauses genutzt wird (siehe Skizze 1, obere Zeile).

3. Schritt: Wertet eure Ergebnisse aus, indem ihr einzelne Nutzungen zu Gruppen zusammenfasst (z. B. Textil- und Schuhgeschäfte zu „Geschäft für Textil, Bekleidung, Schuhe"). Legt für jede Gruppe eine Farbe fest und füllt so die zweite Zeile der Skizze 1 aus. Damit habt ihr eine Legende für eure thematische Karte festgelegt.

4. Schritt: Fertigt von den kartierten Straßen einen einfachen Grundriss an. Tragt dann die Nutzungen mit Farben ein und erklärt diese in der Legende (siehe Skizzen 2 und 3).

5. Schritt: Beantwortet abschließend die im ersten Schritt formulierte Frage.

①
Haus Nr. 30	Haus Nr. 28	Haus Nr. 26	Haus Nr. 24
Modegeschäft	Geschäft für Haushaltswaren	Teppichgeschäft	Apotheke

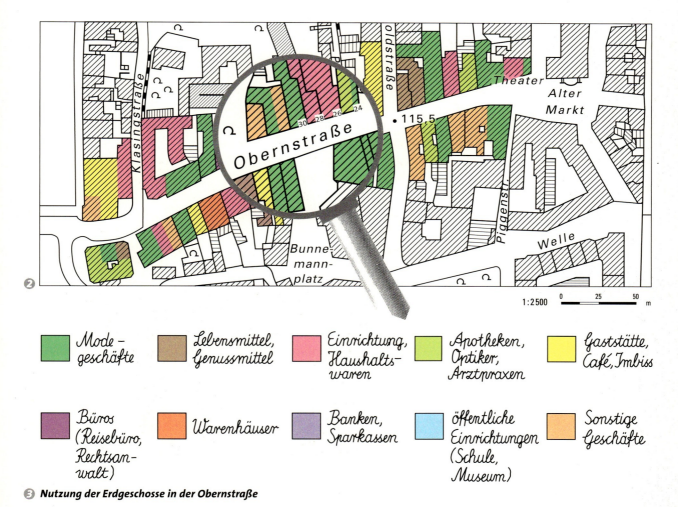

③ **Nutzung der Erdgeschosse in der Obernstraße**

Legende:
- Modegeschäfte
- Lebensmittel, Genussmittel
- Einrichtung, Haushaltswaren
- Apotheken, Optiker, Arztpraxen
- Gaststätte, Café, Imbiss
- Büros (Reisebüro, Rechtsanwalt)
- Warenhäuser
- Banken, Sparkassen
- öffentliche Einrichtungen (Schule, Museum)
- Sonstige Geschäfte

Leben in der Stadt

Umland und Stadt

Steffen aus Großen Linden
„Vor vier Jahren sind wir aus Gießen hierher gezogen. Unsere frühere Wohnung lag direkt an einer Hauptverkehrsstraße. Jetzt haben wir ein eigenes Haus mit einem Garten. Wir Kinder können nachmittags viel im Freien spielen. Statt Autolärm und Abgasen genießen wir die gute Landluft. Ich besuche hier das Gymnasium und kann dorthin zu Fuß gehen. Umständlicher ist es, wenn ich meine Freunde in Gießen besuchen oder einmal ins Kino gehen möchte. Und mein Vater schimpft oft darüber, dass er nun länger zu seinem Arbeitsplatz in Gießen unterwegs ist."

Unmittelbar am Stadtrand von Gießen beginnt das ländliche **Umland**. Von dort fahren tagtäglich Hunderte als **Pendler** zwischen ihrem Wohnort und ihrer Schule oder Arbeitsstätte in der Stadt hin und her. Viele Umlandbewohner kommen zum Einkaufen nach Gießen, suchen dort einen Facharzt auf oder erledigen etwas auf einer Behörde. Auch Sportveranstaltungen, Konzerte und Theateraufführungen ziehen Besucher aus dem Umland an. Einige Bauern der Umgebung verkaufen ihre Erzeugnisse auf dem Wochenmarkt. Die Menschen aus dem Umland sind also auf die Stadt angewiesen. Aber auch die Stadtbevölkerung braucht das Umland. In den Wäldern und an den Seen der Umgebung erholen sich viele Gießener nach Feierabend oder an Wochenenden.

Dort gibt es noch günstigere Bauplätze im Grünen. Allerdings liegen am Stadtrand auch Mülldeponien, Kläranlagen und andere städtische Entsorgungseinrichtungen.

1 Sprecht über die Zeichnung 1 und schreibt einen fortführenden Dialog. Beachtet hierbei auch die Aussagen von Steffen und Helena.
2 Der tägliche Pendlerstrom zwischen Stadt und Umland bringt Probleme für Mensch und Natur. Nenne Beispiele.
3 Beschreibe die Grafik 2. Was könnte anstelle der Fragezeichen stehen?
4 „Stadt und Umland sind aufeinander angewiesen". Was ist mit dieser Aussage gemeint?
5 Überlegt gemeinsam, was in eurem Schulort für Jugendliche fehlt.

Helena aus Gießen

„Ich wohne gerne in Gießen. Hier ist für uns Kinder immer etwas los. Ich kann mit meinen Freundinnen ins Hallenbad, ins Kino oder ins Popkonzert gehen. Es gibt viele interessante Sportveranstaltungen. Im Winter können wir in der Eissporthalle sogar Schlittschuh laufen. Und alles ist schnell zu Fuß, mit dem Fahrrad oder mit dem Bus zu erreichen.

Aber manchmal sind mir auch zu viele Menschen in der Stadt. Dann wünsche ich mir weniger Lärm und Trubel und möchte am liebsten im Grünen wandern oder Rad fahren."

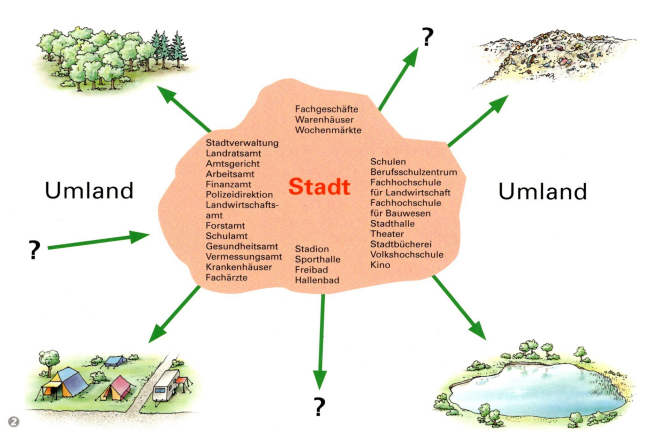

Unter der Stadt ist viel los!

Entdecke die Welt unter der Stadt! Du wirst Bekanntes, aber auch Unbekanntes finden.

In der Erde liegen vor allem viele Rohre und Leitungen verborgen. Diese versorgen die Gebäude einer Stadt mit Wasser, Strom, Fernwärme, Gas und Daten. Gleichzeitig werden Regen- und Abwasser abgeführt, sie werden entsorgt.

Das Netz aller dieser Versorgungs- und Entsorgungsleitungen einer Großstadt ist riesig. In einer Stadt wie Kassel haben die Abwasserkanäle eine Länge von über Tausend Kilometern.

Die gemeinsame Ableitung von Regen- und Schmutzwasser in einem Kanal nennt man Mischsystem. Beim Trennsystem liegen zwei Kanäle in der Erde. Der eine Kanal führt das Schmutzwasser dem Klärwerk zu, der andere sammelt das Regenwasser von Dächern, Wegen und Straßen und leitet es in einen Bach, einen Fluss oder eine Sickergrube ein. Dadurch benötigt man auch weniger Regensammelbecken.

Da der Platz an der Oberfläche knapp ist, müssen immer mehr Autos in Tiefgaragen geparkt werden. In Großstädten wären die Straßen völlig verstopft, wenn es keine U-Bahnen geben würde. Gerade morgens wollen viele Menschen in die Innenstadt und abends wieder zurück.

All die Leitungen und unterirdischen Bauten sind sehr aufwändig und kosten viel Geld. Aber ohne diese würde eine Stadt heute nicht mehr funktionieren.

1 Ordne den Ziffern in der Zeichnung 1 die folgenden Begriffe zu:
– Abwasserkanal
– Altlasten (giftige Abfälle aus früheren Zeiten)
– Fernwärmeleitung
– Gasleitung
– Ladenpassage
– Leitung für Telefon und Kabelfernsehen
– Regensammelbecken
– Straßentunnel
– Stromkabel
– Tiefgarage
– Trinkwasserleitung
– U-Bahn/S-Bahn

2 Teilweise wird das Regenwasser in ein eigenes Kanalnetz eingeleitet. Warum ist dies sinnvoll?

3 Welche unterirdischen Rohre und Leitungen dienen der Versorgung, welche der Entsorgung von Gebäuden?

4 Welche Vorteile und welche Nachteile hat es, den Verkehr in den Untergrund zu verlegen? Lege eine Liste an!

❷ **Hinweisschild auf den nächsten Wasserschieber**

Diese Schilder geben an, in welchem Abstand der nächste Wasserschieber liegt und welchen Durchmesser das Rohr hat.

Leben in der Stadt

Alles Müll oder was?

Du kennst die Situation! Nach dem Frühstück muss aufgeräumt werden. Einiges ist aufgebraucht und muss entsorgt werden – aber wie? Ist wirklich alles Müll oder kann das eine oder andere auch wiederverwertet werden?

Das Duale System
Verpackungsmaterialien, die wiederverwertet werden können, sind durch den grünen Punkt gekennzeichnet. Daran kannst du sie gut erkennen. Dieser grüne Punkt wird vom DSD an Produkte vergeben, deren Verpackungen einer **Wiederverwertung** zugeführt werden können. Von unserem Frühstückstisch werden Quarkbecher, Käsepackung und Butterverpackung in den gelben Sack bzw. in die gelbe Tonne geworfen.

→ *DSD ist die Abkürzung für die Duale System Deutschland GmbH*

❶

Kompostierung
Organische Abfälle wie z. B. die Eierschalen, der Kaffeefilter und die Obstreste landen entweder auf dem Komposthaufen oder in der braunen Biotonne. Diese wird von den Unternehmen getrennt entsorgt und ihr Inhalt in Kompostwerke gebracht. Der fertige Kompost wird als Dünger z. B. in städtischen Grün- und Gartenanlagen eingesetzt oder an Gartenbaubetriebe verkauft.

Papierverwertung
In Deutschland verbraucht jeder Einwohner derzeit 216 kg Papier im Jahr. Dazu gehören Schulbücher, Kartons, Hefte, Tageszeitungen, usw. Die Cornflakespackung und die Brötchentüte vom Frühstückstisch werden als Altpapier in der blauen Tonne gesammelt. Daraus wird wieder Papier hergestellt, das Recyclingpapier.

Altglas
Am umweltverträglichsten ist das Pfandsystem, bei dem die leeren Gläser und Flaschen zurückgenommen, gereinigt und wiederverwendet werden. Dies trifft bei der Milchflasche und dem Joghurtglas zu.

Aber auch das Honigglas und das Marmeladenglas können wieder verwertet werden, indem sie als Altglas nach Farben sortiert in Containern gesammelt werden. In fast jedem Stadtteil findest du die hierfür bereitgestellten Container, die in regelmäßigen Zeitabständen geleert und abtransportiert werden. Das Altglas wird dann gereinigt, eingeschmolzen und als Rohstoff in der Glasindustrie wieder verwendet.

Restmüll
Die bisher nicht einsortierten Abfälle wie das verschmutzte Papier und die Käserinde werden dem Restmüll zugeordnet. Dieser landet auf den

Mülldeponien, da er nicht mehr wiederverwertet werden kann. Besonders wichtig ist, dass dieser Müll umweltverträglich ist, ansonsten darf er laut Gesetz nicht auf die Deponie. Denn wenn Niederschläge in den Boden dringen, können sonst Giftstoffe gelöst werden und das Grundwasser belasten.

Müllvermeidung oder Recycling
Wie du siehst, können die Abfälle vom Frühstückstisch fast vollständig als Rohstoffe für die Herstellung neuer Produkte wieder verwendet werden. Dieses **Recycling** schließt den Kreislauf von Produktion und Verbrauch.
Allerdings steht vor dem Recycling die Müllvermeidung. Industrie und Handel sollten auf überflüssige Verpackungen verzichten und du kannst als Verbraucher beim Kauf darauf achten, möglichst umweltfreundlich verpackte Waren auszuwählen.

1 Wie kannst du beim Einkaufen (z. B. für das Frühstück) Müll vermeiden?
2 Welche Produkte aus Recyclingpapier findest du in deiner Schultasche?
3 Beschreibe Grafik 2 und begründe, warum die Trennung der Abfälle sinnvoll ist.
4 a) Informiere dich beim Umweltamt deiner Stadt, zu welcher Mülldeponie in deiner Umgebung der Müll gefahren wird.
b) Besucht mit der Klasse die Deponie und schreibt einen Bericht.
5 Untersucht, wie an eurer Schule der Müll gesammelt und entsorgt wird. Stellt einen Plan auf, wie eure Abfall-Entsorgung verbessert werden kann.

❷ **Zusammensetzung des Hausmülls**

Leben in der Stadt

Alle Wege führen nach Frankfurt

Über 1 200 Starts und Landungen und mehr als 1 300 Züge am Tag, weit über 50 000 gezählte Fahrzeuge pro Stunde am Frankfurter Kreuz und 12 000 Tonnen Güterumschlag pro Tag im Mainhafen sind sichtbare Zeichen für die große Bedeutung Frankfurts als herausragenden **Verkehrsknoten** in Deutschland und Europa.

Der Verkehr auf Straßen, auf Schienen, in der Luft und auf dem Wasser verursacht Lärm und Verschmutzung. Doch erst das dichte Verkehrsnetz ermöglicht es uns, bequem zu reisen und Waren schnell zu transportieren. Bei den Transportmitteln unterscheidet man zwischen dem öffentlichen Verkehr, wie Bus und Eisenbahn, und dem individuellen Verkehr, z. B. Fahrrad oder Auto.

Warum gerade Frankfurt?
Entscheidend waren die Lage in der Mitte der alten Bundesländer, die weite Ebene zwischen den ringsum gelegenen Mittelgebirgen und der Entschluss der Amerikaner, ihren zentralen Militärflughafen hier anzulegen. So bündeln und kreuzen sich hier nicht nur mehrere Bundesautobahnen, sondern auch Routen der Binnenschifffahrt, Bahnlinien und vor allem nationale und internationale Fluglinien.

Straßenverkehr
Frankfurt entstand am Schnittpunkt wichtiger Fernhandelsstraßen aus dem Oberrheingebiet, der westhessischen Senke, dem Maintal und vom Vogelsberg.

Diese Verkehrsbedeutung wurde auch später deutlich, als von hier aus die erste Autobahn gebaut wurde. Heute zieht sich rund um die Main-Metropole ein dichtes Netz von bis zu achtspurigen Autobahnen, die in alle Richtungen schnelle Verbindungen ermöglichen.

Schienenverkehr
In 1 300 Zügen kommen Tag für Tag 350 000 Reisende und Pendler am Frankfurter Hauptbahnhof an oder fahren von hier aus ab. Möglich machen dies etwa 12 000 Menschen, die auf dem Bahnhof arbeiten. Der ICE-Bahnhof direkt neben dem Flughafen verstärkt die Bedeutung Frankfurts als Eisenbahnknotenpunkt.

Schiffsverkehr
Auch als Binnenhafen zeichnet sich Frankfurt aus. Durch die günstige Lage am Main hatte Frankfurt schon immer Anschluss über den Rhein an die Nordsee. Seit 1992 können die Schiffe sogar von hier über den Main-Donau-Kanal und die Donau zum Schwarzen Meer fahren.

Flugverkehr
Der Frankfurter Flughafen hat heute die Ausmaße einer eigenen Stadt, in der nahezu 60 000 Menschen rund um die Uhr arbeiten. Nirgendwo sonst in Deutschland finden sich auf so kleinem Raum so viele Arbeitsplätze. Jährlich fliegen fast 50 Millionen Passagiere zu über 300 Zielen in 110 Länder der Erde. Auf dem Frachtflughafen wird alles, was man per Luftfracht transportieren kann, verladen: Autos, Maschinen, Obst und Gemüse bis hin zu Blumen und Tieren.

❶ *Kleine Verkehrsgeschichte von Frankfurt am Main*

Frankfurt entstand an einer günstigen Furt über den Main und am Kreuzungspunkt europäischer Handelsstraßen.
1222 erste Brücke über den Main.
1839 Frankfurt erhält den Eisenbahnanschluss.
1933 Der erste Autobahnbau in Deutschland führt von Frankfurt nach Heidelberg.
1936 Eröffnung des Rhein-Main-Flughafens.
1958 Frankfurt wird erster Düsenverkehrsflughafen Deutschlands.
2002 Eröffnung der ICE-Strecke Frankfurt – Köln.

1. Begründe, warum Frankfurt als Verkehrsknoten gilt.
2. Beschreibe, welche Entwicklung der Frankfurter Flughafen in den vergangenen Jahren durchgemacht hat. Beschaffe dir dazu die aktuellsten Zahlen aus dem Internet (www.flughafen-frankfurt.de) und erstelle ein Diagramm.
3. Soll der Frankfurter Flughafen weiter ausgebaut werden? Sammelt Argumente aus der Sicht aller Beteiligten und diskutiert in der Klasse.
4. Überlege, inwieweit die besondere Verkehrssituation Frankfurts Nachteile für die Umwelt und die hier lebenden Menschen hat. Erstelle dazu eine Liste.

Leben in der Stadt

In anderen Städten der Welt

In vielen Ländern der Erde sind die Entfernungen zwischen Stadt und Land viel größer als bei uns. Auch das Leben in Stadt und Land unterscheidet sich deutlicher. Die Versorgung der Landbevölkerung ist oft mangelhaft. Viele Menschen finden in den Dörfern keine Arbeit und ziehen deshalb für immer in die Städte.

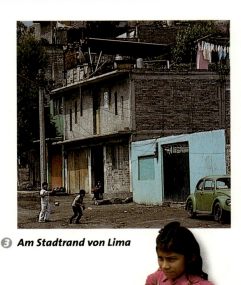

❸ **Am Stadtrand von Lima**

❶ **Rosita und Kindermädchen** ❷ **Rositas Wohnhaus** ❹

„Ich heiße Rosita Alvarez und lebe in Lima, der Hauptstadt von Peru. Unser Villenviertel Miraflores liegt direkt am Meer. Hier gibt es viele Einkaufsstraßen mit vornehmen Geschäften. Unser Haus hat einen großen Garten und einen Pool, wo ich meine Freizeit mit meinen Freundinnen verbringe. Mein Vater ist Computerspezialist und meine Mutter arbeitet als Rechtsanwältin. Da sie viel unterwegs sind, haben wir zu Hause ein Kindermädchen, eine Köchin und einen Gärtner. Ich selbst besuche eine Privatschule und möchte später einmal Ärztin werden. Das Wochenende verbringen wir meist mit anderen Familien im Club, zu dem auch ein besonders schöner Strand gehört."

„Ich heiße Juanita Gomez und lebe in einem Vorort von Lima. Aufgewachsen bin ich in einer kleinen Stadt in den Anden, die schon von unseren Vorfahren, den Inkas, gegründet wurde. Doch vor drei Jahren sind wir weggezogen. Vater sagte, dass wir als arme landlose Indios dort keine Zukunft haben. Der Anfang in Lima war schwer. Meine Eltern fanden nur selten Arbeit und wir Kinder mussten als Schuhputzer und Blumenverkäufer Geld mit verdienen. Aber jetzt geht es uns besser. Vater hat eine feste Anstellung in einer Behörde und Mutter arbeitet in einer Fabrik. Es gibt sogar Strom und Wasser in unserem kleinen Haus. Meine Schwester und ich gehen zur Schule und lernen fleißig Spanisch."

5 *Im Regenwald*

7 *Im Altiplano Perus*

6 *Miguel (Mitte) mit seinen Geschwistern*

8

9 *Maniok*
ist eine Knollenfrucht und unserer Kartoffel ähnlich.

„Ich heiße Miguel Soto und lebe in einer kleinen Hütte an einem Nebenfluss des Amazonas. Unsere Familie gehört zu den Yagua-Indianern. Wie unsere Vorfahren ernähren wir uns aus dem Fluss. Auch der Regenwald gibt uns Nahrung. Er ist unser Freund und wir gehen sehr schonend mit ihm um. Auf unseren kleinen Feldern pflanzen wir Maniok, Bananen und andere Früchte an. Auch halten wir einige Schweine und Hühner. So können wir uns weitgehend selbst versorgen. Kontakt mit der Außenwelt haben wir wenig. Zur Schule im Dorf fahren wir mit dem Kanu drei Stunden flussabwärts. Und nach Iquitos, der nächsten großen Stadt, sind es mehr als zwei Tage."

„Ich heiße Oscar Piero und wohne in einem Dorf auf dem Altiplano, einer Hochebene fast 4 000 m über dem Meer. Wir leben hier vor allem von der Landwirtschaft: Angebaut werden Kartoffeln und Gerste. Daneben gibt es viele Schafe, Lamas und Alpakas. Zur Schule müssen wir zu Fuß ins Nachbardorf gehen: jeden Tag 8 km hin und 8 km zurück! Die einzige Einkaufsmöglichkeit ist hier ein kleiner Laden. Für jede größere Anschaffung müssen wir stundenlang mit dem Bus in die nächste Stadt fahren. Und auch dort ist das Angebot sehr bescheiden. Nur einmal im Jahr können wir uns die teure und lange Bahnfahrt nach Cuzco leisten."

TERRATraining
Leben in der Stadt

Wichtige Begriffe
Altstadt
City
Deponie
Entsorgung
Erholungsgebiet
Grünanlage
Industriegebiet
Kartierung
Kompostierung
Mischgebiet
Müll
Pendler
Recycling
Stadtviertel
Umland
Verkehrsknoten
Versorgung
Wiederverwertung
Wohnviertel

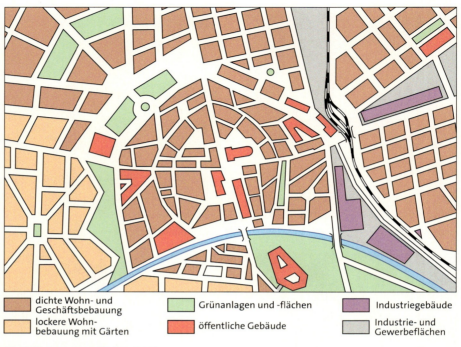

dichte Wohn- und Geschäftsbebauung
lockere Wohnbebauung mit Gärten
Grünanlagen und -flächen
öffentliche Gebäude
Industriegebäude
Industrie- und Gewerbeflächen

❶ Modell einer europäischen Stadt

1 Die Modellstadt

Das ist der Stadtplan einer Stadt, die es nicht gibt, die aber überall in Europa sein könnte. Dieser Plan ist das Modell einer europäischen Stadt. Noch heute könnt ihr am Stadtplan die Größe zur Zeit der Gründung und das Ausmaß der mittelalterlichen Stadterweiterung erkennen.

a) Beschreibe das Modell und nenne wichtige Phasen in der Stadtentwicklung.
b) Auch im Hinblick auf die Nutzung gibt es Unterschiede. Beschreibe die Lage von Industrie-, Wohn- und Einkaufsgebieten.

2 Findest du die Begriffe?
– Menschen, die jeden Tag zwischen Wohnung und Arbeitsplatz hin- und her fahren.
– Stadtteil, in dem Wohnhäuser, Büros und kleine Gewerbebetriebe dicht beieinander liegen.

3 Richtig oder falsch?
Verbessere die falschen Aussagen und schreibe sie richtig auf.
– Die City liegt am Rande der Stadt.
– Die einzelnen Stadtteile nennt man auch Stadtviertel.
– Im Umland leben überwiegend Landwirte.
– Ein Haus, in dem die Bewohner zur Miete leben, nennt man Eigenheim.
– Wenn man Beobachtungen oder Zahlen in eine Karte einträgt, macht man eine Kartierung.
– Die meisten Städte in Deutschland wurden im Mittelalter gegründet.
– Fabriken liegen meist im Zentrum der Stadt.
– Eine Stadt ist von ihrem Umland unabhängig.
– Mit einer Kartierung kann man gut darstellen, wo in einer Stadt Gaststätten liegen.
– Recycling steht vor Müllvermeidung.

4 Bilderrätsel
Löse die Bilderrätsel und erkläre die Begriffe.

a

b

c

d

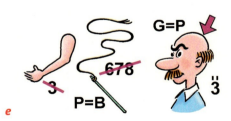
e

5 Zum Knobeln
Warum kannst du in den meisten Städten mit der Eisenbahn nicht bis zum Rathaus oder Marktplatz fahren?

6 Stadt und Umland
In der Karte (2) ist der Verkehr zwischen Stadt und Umland zu einer bestimmten Tageszeit dargestellt.
a) Um welche Tageszeit handelt es sich?
b) Beschreibe, was die Karte genau aussagt.
c) Zu welcher Tageszeit und an welchem Tag könnte es zu Verkehr wie in der Karte (3) kommen? Begründe deine Entscheidung.
d) Wie könnte eine Karte für einen Mittwochvormittag um 10 Uhr aussehen? Zeichne sie.

Teste dich selbst
mit den Aufgaben 2, 4c und 6a

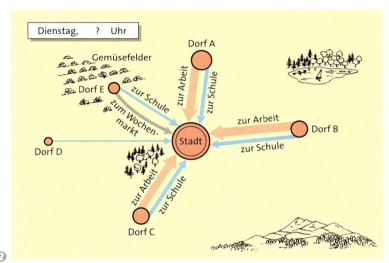

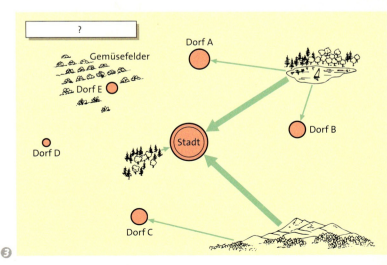

Deutschland im Überblick

So unterschiedlich ist Deutschland: Von der Nordsee bis zu den Alpen finden wir eine Vielfalt von Landschaften. Ebenen, hügelige Mittelgebirgslandschaften und die felsigen Gipfel eines Hochgebirges kennzeichnen unser Heimatland.

Es hat zwar bloß 16 Teile, ist aber trotzdem ganz schön schwierig!

Deutschland im Überblick

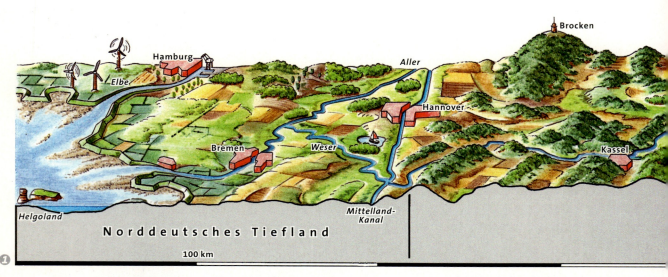

Von der Küste zu den Alpen

Über 800 Kilometer beträgt die Nord-Süd-Ausdehnung Deutschlands zwischen der Insel Helgoland in der Nordsee und der Zugspitze in den Alpen. Ein Flugzeug überfliegt diese Strecke in nur einer Stunde. Dabei könntest du eine Vielfalt von Landschaften beobachten.

Aber so unterschiedlich die Landschaften Deutschlands auch sind – sie lassen sich zu vier **Großlandschaften** zusammenfassen. Nach der Höhenlage und dem **Relief**, so nennt man die Oberflächenformen wie Berge, Täler oder Hügelländer, unterscheidet man das Norddeutsche Tiefland, das Mittelgebirgsland, das Alpenvorland und die Alpen. In den Alpen liegt die Zugspitze. Sie ist mit 2963 Meter die höchste Erhebung in Deutschland.

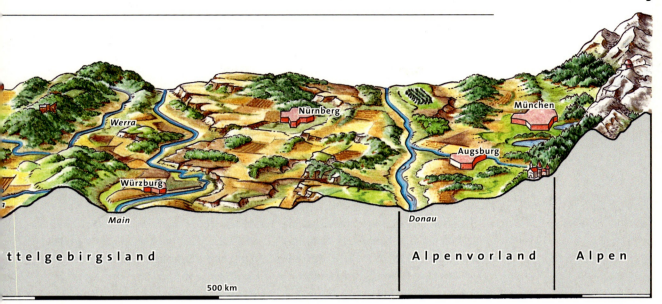

1 a) Beschreibe die Oberflächenformen in den Fotos 2 bis 5.
  b) Ordne die Fotos den Großlandschaften zu und begründe.
2 Arbeite mit dem Atlas:
  a) Ordne das Landschaftsprofil 1 in eine Karte von Deutschland ein und benenne die Mittelgebirge.
  b) Bestimme die Nord-Süd-Ausdehnung der vier Großlandschaften entlang der Profillinie.

TERRAMethode

Deutschland im Überblick

Wir gestalten eine Lern-Wandkarte

Eine Lern-Wandkarte ist eine Kartenskizze im Großformat. Sie dient der Orientierung und hilft, sich eine Merkkarte besser einzuprägen.

„Wer Deutschland kennen lernen will, muss es einmal zeichnen!" Mit diesen Worten beginnt der Unterricht. Verdutzt hören die Schüler der Klasse 5f hin. Wie kann man Deutschland zeichnen?

Lehrerin Schmidt enthüllt das Geheimnis: „Zuerst stellen wir den Tageslichtprojektor in die Mitte des Raumes. Wir legen eine Farbfolie mit der Karte Deutschlands auf. Nun befestigen wir einen großen Zeichenkarton an der Wand. Auf diesen projizieren wir die Karte. Wenn ihr die entsprechende Karte im Atlas aufgeschlagen habt, dann kann es losgehen."

Dick zeichnende Malstifte liegen in verschiedenen Farben bereit. Die Kartenskizze wird nun Schritt für Schritt gezeichnet. Zum Schluss schaltet Frau Schmidt den Projektor aus. In frischen Farben sieht nun jeder die Lern-Wandkarte von Deutschland.

„Gar nicht so kompliziert, ein Bild von Deutschland zu zeichnen", denkt sich mancher der Klasse 5f. „Diese Kartenskizze kann ich auch alleine zeichnen, wenn ich Pergamentpapier auf eine Atlaskarte lege", überlegt sich Sven.

Wie du eine Lern-Wandkarte von Deutschland zeichnest

1. Schritt: Mit blauem Stift zeichnest du die Küste an Nordsee und Ostsee in groben Zügen nach. Auch einige Inseln und Inselgruppen kommen dazu. Die Meeresfläche bemalst du blau.

2. Schritt: Mit rotem Farbstift zeichnest du die Staatsgrenzen. Damit erscheint der Umriss Deutschlands.

3. Schritt: Mit blauem Farbstift folge in grober Linie dem Lauf wichtiger Flüsse. Kleinere Flüsse lässt du weg.

4. Schritt: Mit drei braunen Linien grenzt du die vier Großlandschaften Deutschlands voneinander ab. Die Flächen malst du in grünen und in braunen Farben aus.

5. Schritt: Im Mittelgebirgsland zeichnest du mit einem dunkleren Braunstift den Verlauf wichtiger Mittelgebirge nach.

6. Schritt: Nun male mit je einem roten Punkt die zwölf Großstädte Deutschlands in die Karte, die über eine halbe Million Einwohner haben.

7. Schritt: Schließlich kannst du die Karte noch beschriften.

1 Zeichne auf ein Poster im Klassenzimmer eine Lern-Wandkarte von Deutschland.
2 Zeichne nach derselben Methode mit Hilfe von Pergamentpapier und Atlas eine Kartenskizze von Deutschland für dein Erdkundeheft.
3 Benenne in der Lernkarte:
a) die Großlandschaften A–D,
b) die Flüsse a–l,
c) die Mittelgebirge I–VII,
d) die Großstädte 1–12.

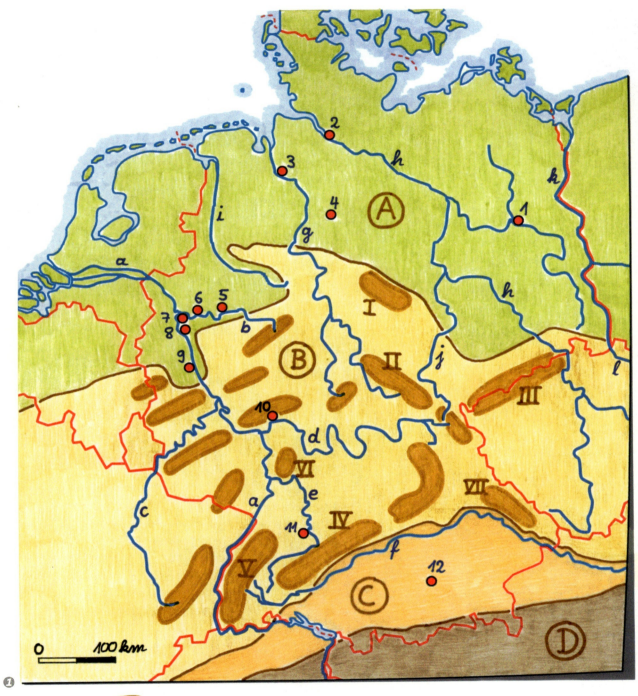

Deutschland im Überblick

Deutschland und seine Bundesländer

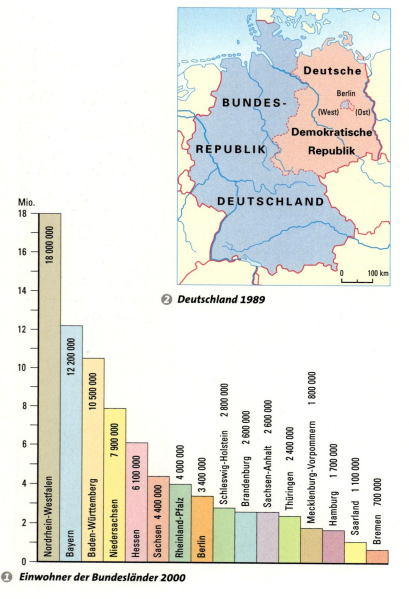

❷ *Deutschland 1989*

❶ *Einwohner der Bundesländer 2000*

Was ist Deutschland? Darauf gab es in den letzten Jahrzehnten ganz unterschiedliche Antworten. Schon in deiner Familie kannst du dies erfahren. Deine Großeltern, deine Eltern und du selbst seid in je einem anderen Deutschland geboren.

Bis 1945 trug Deutschland den Namen „Deutsches Reich" und dehnte sich weiter nach Osten aus als heute.

Von 1949 bis 1990 war Deutschland in zwei deutsche Staaten geteilt: im Westen bestand die Bundesrepublik Deutschland, kurz BRD, mit der Hauptstadt Bonn. Im Osten gab es die Deutsche Demokratische Republik, kurz DDR. Auch Berlin war zweigeteilt. Westberlin gehörte zur BRD, Ostberlin war Hauptstadt der DDR.

Am 3. Oktober 1990 vereinigten sich die beiden früheren Staaten zur heutigen Bundesrepublik Deutschland. Der 3. Oktober ist deshalb der Nationalfeiertag. Berlin ist die gemeinsame Hauptstadt.

Das heutige Deutschland ist ein Bundesstaat, der 16 **Bundesländer** umfasst. Jedes Bundesland ist politisch selbstständig. Regelmäßig finden Landtagswahlen statt, bei denen die Landesparlamente gewählt werden. Diese treten in der jeweiligen **Landeshauptstadt** zusammen. Dort werden Gesetze beschlossen, die nur für das jeweilige Bundesland gelten.

| S AU 2002 |
| KI EL 3421 |
| D AS 7689 |
| DD ER 532 |
| SB A 1001 |
| WI EN 321 |
| MZ YX 55 |
| M AU 73 |
| EF EU 678 |

❹ *Autokennzeichen aus einigen Landeshauptstädten*

❸ **Deutschland und seine Bundesländer**

1 Man unterscheidet alte und neue Bundesländer. Erkläre.

2 Fasse Bundesländer zu Gruppen zusammen:
 a) die an der Küste liegen,
 b) die „Stadtstaaten",
 c) die an der Ostgrenze gelegenen,
 d) die an der Westgrenze gelegenen.

3 Nenne die Landeshauptstadt mit Bundesland, aus denen die Autos mit den Kennzeichen (4) stammen.

4 Vergleiche mit Hilfe des Säulendiagramms 1 und der Karte 3 die Einwohnerzahlen der Bundesländer mit deren Flächengröße.

TERRA**Methode**

Deutschland im Überblick

Aus Zahlen Diagramme zeichnen

Listen und Tabellen mit Zahlen enthalten sehr viele Informationen, sind aber nicht schnell zu erfassen. Anschaulicher werden Zahlen, wenn sie als Diagramme dargestellt werden. Wie du Diagramme erstellst und welche Diagrammart für die Darstellung von Zahlen die geeignete ist, lernst du hier.

Das Kurvendiagramm

Mit Kurvendiagrammen lassen sich zeitliche Entwicklungen darstellen. Je steiler die Kurve ansteigt oder fällt, desto schneller ist der Anstieg oder der Rückgang einer Entwicklung. Die Tabelle 1 lässt sich gut in ein Kurvendiagramm umformen, da in gleichmäßigen Abständen Werte angegeben sind. Bei diesem Beispiel stehen auf der x-Achse die Jahresangaben, immer im gleichen Abstand voneinander. Senkrecht dazu ist auf der y-Achse eine Skala für die Einwohner gezeichnet, unterteilt in Schritten von jeweils 500 000 Einwohnern. Die Einwohnerzahlen für die einzelnen Bundesländer sind für jedes Jahr mit einem Punkt markiert und durch eine Kurve miteinander verbunden.

❶ **Entwicklung der Einwohnerzahlen**

Jahr	Schleswig-Holstein	Brandenburg	Sachsen-Anhalt
1970	2 510 000	2 650 000	3 220 000
1980	2 610 000	2 660 000	3 080 000
1990	2 620 000	2 590 000	2 870 000
2000	2 790 000	2 600 000	2 620 000

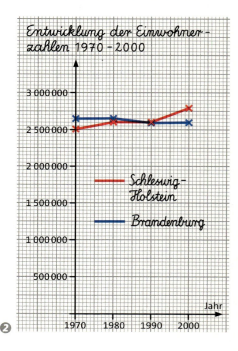

❷

Diagramme zeichnen

Du brauchst zum Zeichnen von Diagrammen folgende Arbeitsmaterialien: Millimeterpapier, Lineal oder Geodreieck, gespitzter Bleistift, Farbstifte.

1. Schritt: Überlege, welche Art von Diagramm sich zur Darstellung des gegebenen Sachverhaltes am besten eignet.

2. Schritt: Schaue dir die Zahlenwerte genau an und lege Höhe und Breite für dein Diagramm fest. Orientiere dich dabei an der größten Zahl und wähle eine sinnvolle Einteilung der Achsen, z.B. 1 cm entspricht 500 000 Einwohnern.

3. Schritt: Trage die Zahlenwerte in das vorbereitete Diagramm ein. Zur besseren Unterscheidung mehrerer Kurven oder Säulen zeichne diese jeweils verschiedenfarbig.

❸ Flächengröße der Bundesländer

Bundesland	Fläche in km²
Baden-Württemberg	35 800
Bayern	70 500
Berlin	900
Brandenburg	29 500
Bremen	400
Hamburg	800
Hessen	21 100
Mecklenburg-Vorpommern	23 200
Niedersachsen	47 600
Nordrhein-Westfalen	34 100
Rheinland-Pfalz	19 800
Saarland	2 600
Sachsen	18 400
Sachsen-Anhalt	20 400
Schleswig-Holstein	15 800
Thüringen	16 200

Das Säulendiagramm

Säulendiagramme eignen sich besonders zur Veranschaulichung von Rangfolgen: Welcher ist der größte, welcher ist der kleinste Wert? Sollen einmal mehrere Werte direkt verglichen werden, so können die Säulen auch dicht nebeneinander stehen.

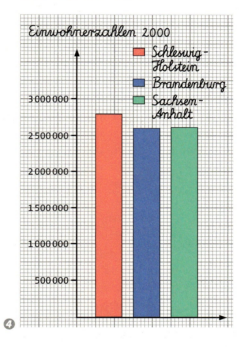

❹

1 a) Im Kurvendiagramm 2 fehlt die Eintragung der Werte für Sachsen-Anhalt. Zeichne das Diagramm ab und trage die fehlenden Werte zunächst als Punkte ein. Verbinde diese dann zu einer Kurve.

b) Vergleiche die Kurven. Welche Entwicklung kannst du jeweils feststellen?

2 Tabelle 1: Zeichne ein Säulendiagramm für die einzelnen Einwohnerzahlen des Jahres 1990.

3 Zeichne für die Zahlen in Tabelle 3 ein geeignetes Diagramm.

Deutschland im Überblick

Waldland Hessen

Die hessischen Mittelgebirge sind zu großen Teilen von Wald bedeckt. Während in ganz Deutschland 30% der Gesamtfläche aus Wäldern bestehen, sind es in Hessen 42% der Landesfläche – damit ist Hessen das waldreichste Bundesland Deutschlands.

Der Wald als Wirtschaftsfaktor

Bis zum Ende des 18. Jahrhunderts waren viele Wälder Hessens durch Raubbau vernichtet oder zu kümmerlichen Restbeständen verkommen. Mit der Einführung einer geregelten Forstwirtschaft vor gut 200 Jahren begann eine Aufforstung, zunächst mit Nadelbäumen, da nur diese auf den kahlen Flächen wachsen konnten. Erst heutzutage bemüht man sich, den Anteil an Laubbäumen zu erhöhen und den natürlichen Mischwald aus Buchen und Fichten wieder herzustellen.

Dabei muss jeder Förster aber beachten, dass das Hauptziel seiner Arbeit die Waldbewirtschaftung ist. Zum einen darf er nach dem Prinzip der Nachhaltigkeit nur so viele Bäume schlagen wie auch wieder nachwachsen können. Zum anderen muss er das Holz aber auch verkaufen – und da liegt ein Problem. Nadelbäume wachsen viel schneller als Laubbäume und sind damit erheblich eher erntereif. Während eine Fichte bereits nach 120 Jahren geschlagen werden kann, braucht eine Eiche zwischen 80 und 250 Jahren, je nach dem, wofür das Holz benötigt wird. Ein Förster kann also nur Bäume fällen, die einer seiner Vorgänger gepflanzt hat, und die von ihm selbst gepflanzten Bäume werden erst nachfolgenden Generationen zu Gute kommen.

Naturparke in Hessen

Auf gut 30% der hessischen Landesfläche sind zehn Naturparke geschaffen worden, großräumige Landschaften, die überwiegend aus Wald bestehen und sich durch natürliche Schönheit und Eigenart auszeichnen und damit hervorragend zur Erholung dienen. In den Naturparken leben, wohnen und arbeiten aber auch Menschen. Der Wald wird gleichzeitig, wirtschaftlich genutzt. Gezielte Schutz- und Pflegemaßnahmen, wie der Holzeinschlag, sind ausdrücklich erlaubt.

Der Naturpark Hochtaunus

Einer der zehn hessischen Naturparke ist der Naturpark Hochtaunus. Er liegt am Nordrand des Rhein-Main-Gebietes und hat Anteile an mehreren Landkreisen. Er hat das Ziel, die heimische Tier- und Pflanzenwelt zu schützen, die Landschaft zu erhalten, zu pflegen und zu gestalten, aber gleichzeitig den Menschen eine naturgemäße Erholung zu ermöglichen. Über drei Millionen Menschen können dieses Schutzgebiet in nur einer halben Stunde erreichen, häufig mit öffentlichen Verkehrsmitteln. Die Lenkung dieser Besucherströme erfolgt z. B. über eigens angelegte Parkplätze des Naturparks, die jeweils Ausgangspunkte für gekennzeichnete und auf Orientierungstafeln übersichtlich dargestellte Rund- und Fernwanderwege bilden. Lehrpfade, spezielle Wege für Mountain-Bike-Fahrer oder Reiter oder Langlaufloipen im Winter ergänzen das Freizeitangebot. Wem das nicht genügt, der kann sich bei geführten Wanderungen über spezielle Fragen zur Natur und Geschichte der Landschaft informieren oder durch besonders ausgebildete Waldführer in die Vielfalt der Kulturlandschaft einführen lassen.

❶ *Zuwachsraten einzelner Baumarten*
(in Festmeter pro Hektar und Jahr)

Douglasie	14
Tanne	11
Fichte	10
Lärche	7
Buche	7
Kiefer	6
Erle	6
Eiche	5
Esche	4
Birke	4

→ *Internetadressen*
www.wald-online.de
www.waldgipfel.de
www.hochtaunus.naturpark.de
www.taunus-info.de
www.naturparke.de

Naturpark – Nationalpark: Namen, die verwirren

Im Gegensatz zu einem Naturpark umfasst ein Nationalpark ein großräumiges, besonders schützenswertes Gebiet, in das der Mensch auf mindestens drei Viertel der Fläche nicht mehr lenkend eingreifen darf. Bäume können ihr natürliches Alter von mehreren hundert Jahren erreichen und so zu stattlichen Baumriesen werden. Der Wald verjüngt sich von selbst, junge Bäume wachsen auf den Nährbetten umgestürzter Bäume. So dienen Nationalparke in erster Linie der Erhaltung und dem Schutz ursprünglicher Landschaften oder sehr naturnaher Gebiete, die vom Menschen nur wenig beeinflusst oder genutzt werden. Nationalparke sind aber auch dazu da, die darin ablaufenden Prozesse und die Schönheit der Natur dem Menschen näher zu bringen. Hier kann er sich nur in speziell dafür vorgesehenen Gebieten erholen, noch ursprüngliche Natur erleben und somit diese verstehen lernen. In Hessen ist bisher noch keine Fläche als Nationalpark ausgewiesen.

1 a) Sortiere die Baumarten in Tabelle 1 nach Laub- und Nadelbäumen.
   b) Welche Baumarten pflanzt ein Förster, der nur an die schnelle Holzernte denkt?
   c) Nenne Nachteile dieser Vorgehensweise.

2 Der Wald hat vielfältige Aufgaben. Nenne und erläutere diese. Bedenke dabei auch, dass es im Wald nicht nur Bäume gibt!

3 a) Welche Gefahren drohen dem Wald durch die vielen Erholungssuchenden?
   b) Überlegt euch Verhaltensregeln, die dabei helfen könnten, die Natur und insbesondere den Wald zu schützen.

Deutschland im Überblick

① *Sumpfwald im Karbon*

② **Ein Tag im Karbon**

„Die Luft ist warm und feucht wie in einem Treibhaus. Wir schwitzen aus allen Poren und atmen schwer. Der sumpfige Boden gluckst und schmatzt unter unseren Füßen. Immer wieder sinken wir bis zu den Knien im Morast ein. Riesige Libellen schwirren über unsere Köpfe. Baumhohe Schachtelhalme und Farne recken sich dem Himmel entgegen. Umgestürzte Schuppenbäume versperren uns den Weg. Plötzlich erschrecken wir fürchterlich. Ein Riesentausendfüßer von zwei Meter Länge kriecht fast lautlos an uns vorbei."

Bodenschatz Kohle

Diese Reise mit der Zeitmaschine führte uns 240 Millionen Jahre zurück in das Karbon. In jener Zeit, wo noch keine Menschen existierten, gab es im heutigen Norddeutschland riesige Sumpfwälder und Moore an flachen Meeresküsten. Von Zeit zu Zeit senkte sich das Land. Das naheliegende Meer rückte vor. Meerwasser überflutete die mächtige Torfschicht der Moore und Wälder. Im Laufe der Zeit wurden Kies, Sand und Ton darüber abgelagert. Diese Erdmassen pressten die Torfschicht zusammen. Durch den hohen Druck und die starke Wärme entstand aus dem Torf unter Luftabschluss zunächst Braunkohle und später Steinkohle. Sobald das Land sich nicht mehr senkte, konnten

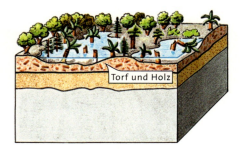
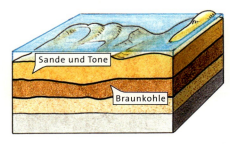
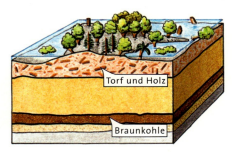
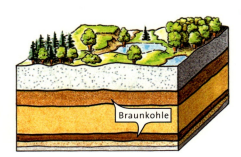

auf den Ablagerungen neue Sumpfwälder entstehen. Dieser Vorgang wiederholte sich im heutigen Ruhrgebiet mehr als hundertmal. Deshalb gibt es dort auch viele **Kohlenflöze**, also im Gestein eingebettete Kohleschichten. Die Flöze können bis zu mehreren Metern mächtig sein.

Ursprünglich lagen die Flöze und die Gesteinsschichten waagrecht übereinander. Durch starke Erdbewegungen wurden die Schichten jedoch verschoben und gefaltet.

Viele Millionen Jahre nach dem Karbon entstand nochmals Kohle. So bildeten sich die meisten Braunkohlevorkommen in Deutschland erst vor 15 bis 30 Millionen Jahren aus Torf von abgestorbenen Mooren und Sumpfwäldern. Diese Braunkohlenflöze lagern in geringerer Tiefe und sind bis zu 100 Meter mächtig.

1 a) Beschreibe das Klima im Karbon.
b) Welche Tiere und Pflanzen lebten damals?
2 Übertrage die fünf Zeichnungen der Kohlenentstehung (3) ins Heft und beschreibe in Stichworten jeweils den Entstehungsschritt.

❹ b a b

Schuppenbäume *(a) erhielten ihre Bezeichnung nach dem schuppenartigen Muster, das die Blattpolster auf dem Stamm hinterlassen. Sie wurden bis zu 40 Meter hoch.*
An der Stammbasis erreichten sie bis zu 2 Meter Durchmesser.

Siegelbäume *(b) wurden etwa 20 Meter hoch bei einem Stammdurchmesser von etwa 1 Meter.*
Ihren Namen erhielten sie wegen der siegelförmigen Blattnarben auf der Rinde.

Deutschland im Überblick

① *Wahrzeichen des alten und neuen Ruhrgebiets*

Der Rohstoff Kohle und das Ruhrgebiet

② **Steinkohle**

③ **Braunkohle**

Kohle hatte früher eine große wirtschaftliche Bedeutung. Noch vor wenigen Jahrzehnten wurden die meisten Wohnungen in Deutschland nicht mit Heizöl oder Gas, sondern mit Stein- und Braunkohle geheizt. Besonders wichtig war die Steinkohle für die Entwicklung der Industrie. Ohne sie hätte die Eisenindustrie nicht aufgebaut werden können, wäre keine Schiene gelegt worden und keine Dampflokomotive gefahren. In Kokereien wurde Kohle in riesigen Kammern unter Luftabschluss mehrere Stunden stark erhitzt. Dabei entstand Koks, der zur Gewinnung von Eisen in Hochöfen benötigt wurde. Außerdem bildeten sich bei der Verkokung Nebenstoffe: Kokereigas, das zum Heizen verwendet wurde, Teer und flüssige Stoffe für die Chemische Industrie, die zum Beispiel künstliche Farbstoffe daraus herstellte. Ohne Verarbeitung der Kohle hätte man früher viele andere chemische Produkte nicht herstellen können. Kohle war das „Schwarze Gold".

Wandel im Ruhrgebiet

Rund 150 Jahre prägten Kohle und Stahl auch das Ruhrgebiet. Hunderttausende von Bergleuten fuhren täglich in die Bergwerke ein und bauten unter Tage die Steinkohle ab. Als jedoch in den 60er Jahren des 20. Jahrhunderts preiswertes Erdöl die Kohle verdrängte und in den 70er Jahren die Stahlindustrie Absatzschwierigkeiten bekam, geriet das Ruhrgebiet in eine Krise. Viele Zechen und Hütten wurden geschlossen. Insgesamt gingen 400 000 Arbeitsplätze verloren. Zwar gibt es auch heute noch Kohleförderung und das Ruhrgebiet produziert noch etwa 1/10 der EU-Rohstahlproduktion, aber längst sind andere Industriezweige für die Städte wichtiger, wie z. B. das Opel- oder das Nokia-Werk in Bochum. Vor allem aber die **Dienstleistungen** haben an Bedeutung gewonnen: Handel, Forschung, Verkehr, Bildung, Verwaltung und Kulturbetriebe. Diese Veränderung der Wirtschafts- und Beschäftigtenstrukturen bezeichnet man als **Strukturwandel.**

④ *Am Hochofen*

⑤ *Kraftwerk*

Strom aus Kohle

Noch heute haben Steinkohle und Braunkohle, neben Erdöl und Erdgas, hohe Bedeutung als Energieträger. Mehr als die Hälfte des Stroms wird in Deutschland aus Kohle erzeugt. Beim Verbrennen von Kohle entsteht Energie in Form von Wärme. Große Mengen an Kohle werden in Wärmekraftwerken verbrannt. Die entstehende Hitze verwandelt Wasser in heißen Dampf, der unter hohem Druck durch eine Turbine geleitet wird. Darin werden Schaufeln sehr schnell bewegt und treiben dabei einen Generator an. Dieser erzeugt den Strom, ähnlich wie der Dynamo am Fahrrad.

Kohle enthält von Natur aus nicht nur Kohlenstoff, sondern auch andere Stoffe wie z. B. Schwefel. Bei der Verbrennung von Kohle entstehen neben Asche, Kohlendioxidgas, Wasserdampf auch schädliche Verbrennungsgase. Bevor diese Gase in die Umwelt gelangen, werden sie in Filteranlagen vom Staub gereinigt und weitgehend entschwefelt. Kohlendioxidgas und Wasserdampfschwaden strömen aus den Schornsteinen. Insbesondere das Gas Kohlendioxid beeinflusst das Klima.

1 a) *Notiere die Verwendungsmöglichkeiten von Steinkohle.*
b) *Markiere die Anwendungsarten, die heute noch von großer Bedeutung sind.*
2 *Nenne und erläutere Gründe für den Bedeutungsverlust der Steinkohle.*
3 *Welche Umweltbelastungen können bei der Kohleverbrennung auftreten?*

Kraftwerk
A *Kohlebandanlage vom Bergwerk*
B *Kohlemischanlage und Kohlelager*
C *Kesselhaus mit Turbine und Generator*
D *Entstaubungs- und Entschwefelungsanlage*
E *Schornstein*
F *Kühlturm*
G *Verwaltungsgebäude*

TERRATraining
Deutschland im Überblick

Wichtige Begriffe
Bodenschatz
Bundesland
Dienstleistung
Flöz
Großlandschaft
Kohle
Kraftwerk
Landeshauptstadt
Mittelgebirge
Naturpark
Nationalpark
Relief
Rohstoff
Strukturwandel

1 Findest du die Begriffe?
– In diesem Betrieb wird aus Kohle Strom gewonnen.
– Kohleschicht, die mehrere Meter mächtig sein kann.
– Zusammen bilden sie den Bundesstaat der Bundesrepublik Deutschland.
– So nennt man die Hauptstadt eines Bundeslandes.
– Höhenzüge mit einer Höhe zwischen 500 und 2 000 Meter.

2 Landeshauptstadt gesucht
Ergänze zum vollen Namen einer Landeshauptstadt. Schreibe diese auf und nenne das dazugehörige Bundesland.

_ _ _ burg
_ _ _ _ _ gart
_ _ _ chen
_ _ furt
_ _ _ _ baden
_ _ _ _ _ _ dorf
_ _ _ _ den
_ _ _ _ brücken
_ _ _ _ dam
_ _ _ _ _ rin
_ _ _ _ _ ver

3 Außenseiter gesucht
Ein Name passt nicht zu den vier anderen:
a) Norddeutsches Tiefland – Hessen – Alpenvorland – Mittelgebirgsland – Alpen
b) Saarbrücken – Frankfurt – Mainz – München – Stuttgart
c) Saarland – Thüringen – Ostfriesland – Bayern – Sachsen
d) Eifel – Harz – Taunus – Westerwald – Hunsrück
e) Föhr – Rügen – Borkum – Norderney – Sylt
f) Dresden – Leipzig – Erfurt – Magdeburg – Potsdam

4 Richtig oder falsch
Verbessere die falschen Aussagen und schreibe sie richtig auf.
– Deutschland gliedert sich in fünf Großlandschaften.
– Die Donau ist der längste Fluss, der durch Deutschland fließt.
– Die Zugspitze ist mit 3 963 Meter der höchste Berg Deutschlands.
– 16 Bundesländer bilden die Bundesrepublik Deutschland.
– Niedersachsen ist das bevölkerungsreichste Bundesland in Deutschland.
– Baden-Württemberg ist das größte Bundesland in Deutschland.
– In Deutschland gibt es mit Berlin, Hamburg und München drei Millionenstädte.

5 Welche Stadt liegt
a) am nördlichsten?
Bremen – Hannover – Hamburg – Berlin
b) am südlichsten?
Nürnberg – Stuttgart – München – Freiburg
c) am westlichsten?
Frankfurt – Dortmund – Duisburg – Aachen
d) am östlichsten?
Rostock – Berlin – Leipzig – Dresden.

6 Kennst du dich in Deutschland aus?
Arbeite mit Karte 1. Benenne
a) die Meere A und B,
b) die Flüsse a–l,
c) die Mittelgebirge A–G,
d) die Städte mit mehr als 400 000 Einwohnern 1–15,
e) die Nachbarstaaten Deutschlands.

7 Zum Knobeln
AHKRSUMNEDSERDDKLMROPUTRSVUA
Im Hamburger Hafen ist die Flaschenpost angekommen. Aber wo wurde sie ins Wasser geworfen?

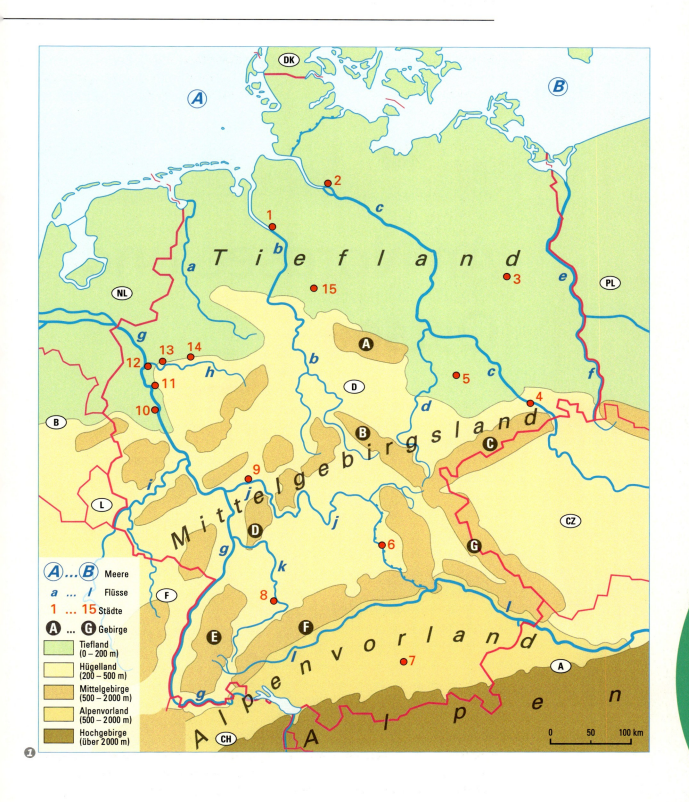

An Nordsee und Ostsee

Nordsee und Ostsee, zwei unterschiedliche Meere begrenzen Deutschland im Norden. Die Küsten sind beliebte Feriengebiete. Dort leben und arbeiten aber auch viele Menschen, als Fischer, als Matrose oder Kapitän, als Gastwirt oder Landwirt, als Hafenarbeiter oder Kaufmann.

6

An Nordsee und Ostsee

① Watt

Kaum zu glauben
An der Westküste Frankreichs bei St. Malo beträgt der Tidenhub bis zu 15 Meter, an der Ostküste Kanadas (Funday-Bay) erreicht er bis zu 21 Meter!

Ebbe und Flut

Von Wasser keine Spur?
Auf den Urlaub hatte sich Florian schon seit langem gefreut: auf hohe Wellen und einen breiten Strand. Gleich nach der Ankunft stapfte er los – das Schwimmzeug unterm Arm – und dann: von Wasser und Wellen keine Spur – nur eine endlos weite, schlammige Fläche.
Der Urlaub war gelaufen, soviel war klar. Als Florian seiner Mutter enttäuscht die Wahrheit über den Urlaubsort berichtet, erntet er ein lautes Lachen.

Die Gezeiten
An der Nordseeküste steigt und sinkt der Wasserstand des Meeres an ein und derselben Stelle zweimal täglich. Das Steigen des Wassers nennt man **Flut;** das Fallen **Ebbe.** Etwa sechs Stunden steigt das Wasser bis der höchste Wasserstand, das Hochwasser, das Ende der Flut markiert. Dann beginnt die Ebbe, der Wasserstand fällt etwa sechs Stunden bis zum Niedrigwasser, dem niedrigsten Wasserstand. Dann beginnt wieder die Flut. Diese Schwankungen des Wasserstandes sind die **Gezeiten.** Der Unterschied zwischen Hoch- und Niedrigwasser beträgt an der deutschen Nordseeküste oft 2 bis 3 Meter. Dieser Höhenunterschied wird als Tidenhub bezeichnet.

Wat is Watt?
Den Teil des Meeresbodens, der bei Flut überschwemmt ist, und bei Ebbe trocken liegt, nennt man **Watt.** Dieser Bereich ist von Sand und Schlick, einem Gemisch aus Schlamm und feinsten Pflanzen- und Tierresten, bedeckt. Das vom Meer überspülte Watt wird als **Wattenmeer** bezeichnet.
Liegt das Watt trocken, sieht man, dass es von Wasser führenden Rinnen, den Prielen, durchzogen wird. Bei Ebbe kann man durch einige hindurch waten. Aber Vorsicht! Priele können sich zu „Flüssen" mit starker Strömung entwickeln.
An das Watt schließen sich landeinwärts die See- und Flussmarschen an. Diese Gebiete bestehen aus Ablagerungen des Meeres oder der Flüsse. Dort, wo beim Erreichen des Hochwasserstandes das Wasser seine Bewegung verringert, sinken mitgeführte Teilchen zum Grund. Wenn sich diese Vorgänge über mehrere Jahre wiederholen, wächst das Watt in die Höhe. Ragt es über das normale Hochwasser hinaus, hat sich neues Land, die Marsch oder das **Marschland,** gebildet. Diesen Vorgang beschleunigen die Küstenbewohner. Sie bauen im Watt Zäune aus Pfählen mit Reisig und Draht, die Lahnungen. So setzte sich mehr Schlick ab und das Watt wächst schneller. Das neu gewonnene Marschland dient als Küstenschutz oder wird landwirtschaftlich genutzt.

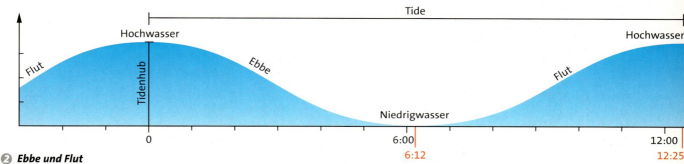

❷ *Ebbe und Flut*

Gezeitenkalender beachten

Ebbe und Flut dauern zusammen 12 Stunden und 25 Minuten. Das bedeutet, dass sich die Gezeiten täglich um etwa 50 Minuten verschieben. Das Wasser läuft aber nicht überall an der Nordseeküste gleichzeitig auf und ab. Daher hat jeder Ort einen eigenen Gezeitenkalender, damit die Menschen wissen, wann Hochwasser oder Niedrigwasser ist. Auch für die Urlauber ist dieses Wissen wichtig.

❸ **Tidekalender von Westerland im Juli 2002**

Tag	NW Uhr	HW Uhr	NW Uhr	HW Uhr
1.	00:36	05:57	12:40	18:04
2.	01:15	06:38	13:20	18:46
3.	01:55	07:19	14:02	19:31
4.	02:36	08:08	14:48	20:32
5.	03:24	09:13	15:48	21:43
6.	04:25	10:23	16:59	22:49
7.	05:32	11:22	18:06	23:42
8.	06:33	12:12	19:03	

Gezeitenkalender
Auch Tidekalender genannt
tide = friesisch: Zeit

Surftipp:
Im Internet kannst du für viele Küstenorte die Gezeiten im Voraus berechnen: www.bsh.de (unter: Gezeitenvorausberechnungen)

1 Die Nordseeküste wird von den Gezeiten geprägt. Erkläre diesen Satz.
2 Viele Menschen verwechseln Flut mit Hochwasser und Ebbe mit Niedrigwasser. Erkläre mit Hilfe von Abbildung 2 den Unterschied.
3 Erkläre die Begriffe Gezeiten, Watt, Priel und Marsch.
4 Arbeite mit dem Tidenkalender 3:
a) Wann ist am 2. und 6. Juli jeweils Hochwasser und Niedrigwasser?
b) Florian will mit seinen Eltern am 4. Juli eine Wattwanderung unternehmen. Wann sollten sie loswandern? Begründe deine Antwort.

TERRAMethode

An Nordsee und Ostsee

Eine Lernkartei anfertigen

„Die nächste Erdkundearbeit schreiben wir in drei Wochen! Thema: An Nordsee und Ostsee. Aber beginnt jetzt schon mit dem Lernen, sonst kommt am Ende zu viel auf einmal zusammen", verkündet Frau John.

„Jetzt eine Lernmaschine! Das wäre zu schön!", stöhnt Marc. „Wie soll ich das nur alles in den Kopf bekommen? Oh jeh."

Zum Glück hat er ja seine große Schwester Maria. Sie weiß immer Rat, wenn es ums Lernen geht. Prompt schlägt sie ihm eine Lernmaschine vor — die Lernkartei:

Anfertigen einer Lernkartei
1. Schritt: Bau des Karteikastens
Material: *Karteikarten DIN A7, Bastelpappe/-karton, Lineal, Bleistift, Klebstoff und Tesafilm.*

Verwende die eingetragenen Maße als Vorlage, die du auf deinen Bastelkarton zeichnest. Arbeite entsprechend der Zeichenerklärung und schneide oder knicke die angegebenen Stellen. Befestige den Kasten mit Tesafilm.

Nun brauchst du noch vier Trennwände (16 x 5 cm). Achte beim Einsetzen der Wände darauf, dass du die Fächer unterschiedlich groß einbaust.

Den fertigen Karteikasten kannst du noch bunt bemalen.

Lernen mit einer Lernkartei — was ist das?
Eine einfache Methode, mit der man fast alles lernen kann: Vokabeln, Jahreszahlen, wichtige Begriffe und Zusammenhänge. Lernkarten helfen dir beim Lernen Zeit zu sparen.
Selbst schwierige Themen lassen sich damit einprägen. Probier es doch einfach einmal aus ... !

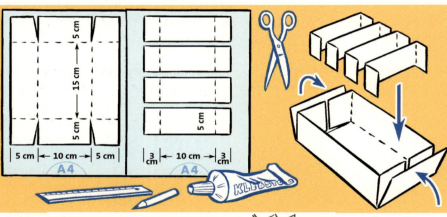

❶ **Bauanleitung des Karteikastens**

2. Schritt: Herstellung der Lernkarten

Beschrifte nun die Karteikarten mit Begriffen, Fragen, Lückentexten, Skizzen oder sonstigen Arbeitsaufgaben – also alles das, was im Stoffgebiet schwer zu lernen ist. Verwende dabei für jede zu lernende Information eine eigene Karteikarte.

Auf die Vorderseite des Kärtchens schreibst du deutlich den Begriff, die Frage oder die Aufgabe.

Auf der Rückseite notierst du dann jeweils die Erklärung bzw. Antwort. Füge eventuell ein Beispiel hinzu.

❷ **Beispiel für die Vorderseite einer Karteikarte**

❸ **Beispiel für die Rückseite einer Karteikarte**

3. Schritt: Arbeit mit der Lernkartei

Stecke die geschriebenen Kärtchen in das erste Fach, bis sich dort etwa zwischen 10–20 Stück angesammelt haben.

Lies den Begriff der ersten Karte und versuche ihn zu erklären. Überprüfe das Gesagte auf der Rückseite.

Hast du den Sachverhalt richtig geschildert, wandert die Karte in Zelle 2.

Hast du den Sachverhalt nicht richtig gewusst, so präge dir die Erklärung ein, bevor du die Karte ans Ende der ersten Zelle steckst.

Im weiteren Verlauf, gehst du immer die erste Zelle durch, und wenn auch Zelle 2 angefüllt ist, gehst du auch diese Kammer einmal durch. Gewusstes wandert in Zelle 3, nicht Gewusstes muss zurück in die erste Zelle, um erneut gelernt zu werden.

Auf dieselbe Weise füllen und leeren sich die Zellen 3 und 4. Wenn du in der 5. Zelle angelangt bist kannst du die Karten getrost beiseite legen. Denn fünf Mal gewusst bedeutet, der Stoff ist bestens gelernt.

Die vergessenen Karten gibst du wieder in die erste Zelle. Das Lernen beginnt von vorn ...

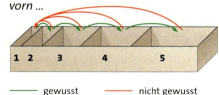

❹ **„Laufwege" der bearbeiteten Karteikarten**

Tipp:

Mehr Spaß macht es, wenn du mit Mitschülerinnen und Mitschülern zusammenarbeitest und ihr euch gegenseitig abfragt.

Methode

An Nordsee und Ostsee

Nationalpark Wattenmeer

Ein einzigartiger Lebensraum

Das trocken gefallene Watt knistert leise, im flachen Wasser tummeln sich Garnelen und kleine Fische, rauschend steigt ein riesiger Vogelschwarm in die Luft. Seehunde ziehen auf den Sandbänken ungestört ihre Jungtiere auf. Hier ist die Kinderstube vieler Nordseefische. Und auf den Salzwiesen sammeln sich in jedem Frühjahr und Herbst Millionen Zugvögel. Salzwiesen, das sind jene Bereiche zwischen Wattenmeer und Deich, in denen nicht nur Vögel, sondern auch seltene Pflanzen leben. Der Queller zum Beispiel, der sogar Salzwasser verträgt, und der farbenfrohe Strandflieder, der mit seiner lila Farbe Tagpfauen und andere Schmetterlinge anlockt. Wegen seiner Artenvielfalt gilt das Wattenmeer vor der niederländischen, deutschen und dänischen Nordseeküste als auf der Welt einzigartiger Lebensraum.

Naturschutz – warum?

Das Wattenmeer ist für viele Tiere und Pflanzen lebenswichtig. Deshalb ist der Schutz der Meere und ihrer Tier- und Pflanzenwelt weltweit eine wichtige Zukunftsaufgabe.

Würde das Wattenmeer zerstört, hätte das nicht nur Auswirkungen auf die Fischerei, sondern auch auf die Vogelwelt großer Gebiete der Nordhalbkugel. Eine wichtige „Raststätte" auf dem Vogelzug könnte nicht mehr angeflogen werden. Ein zerstörtes Wattenmeer wäre aber auch für Feriengäste nicht mehr attraktiv. Damit verlören viele Orte an der Küste ihre wichtigste Einnahmequelle.

Naturschutz ist an der Nordsee also eine besonders wichtige und vor allem lohnende Aufgabe. 1986 wurden deshalb drei **Nationalparks** eingerichtet: Niedersächsisches Wattenmeer, Hamburgisches Wattenmeer und Schleswig-Holsteinisches Wattenmeer.

2 *Gefährdung des Wattenmeers*

Schutzzonen

Zum Schutz des Wattenmeeres wurde der Nationalpark in drei verschiedene Zonen aufgeteilt: Ruhezone, Zwischenzone und Erholungszone.

Ruhezone: Hierzu gehören Wattflächen und Seehundsbänke, Dünen und Salzwiesen. In diesem Bereich gelten die strengsten Regeln. Touristen dürfen diese Zone nicht oder nur auf extra markierten Wegen betreten. Vor allem die Tiere sollen nicht gestört werden. Fisch- und Krabbenfang sind hier nur eingeschränkt erlaubt.

Zwischenzone: Das Betreten der Zone, Wattwandern und Boot fahren sind hier erlaubt. Einzelne Gebiete, z. B. Brutgebiete dürfen jedoch nur auf markierten Wegen begangen werden.

Erholungszone: Zu dieser Zone gehören die Badestrände sowie die Kur- und Erholungseinrichtungen. Motorfahrzeuge sind hier verboten.

1 Der Nationalpark Wattenmeer ist etwas Besonderes! Erkläre mit eigenen Worten.

2 Warum ist es so wichtig, einen Nationalpark einzurichten? Nenne drei Gründe.

3 Arbeite mit der Zeichnung 2:

Trotz des Schutzes droht dem Wattenmeer Gefahr. Es kommt zur Meeresverschmutzung.

a) Beschreibe die dargestellten Problemsituationen und stelle die Folgen der Verschmutzung heraus.

Problem	mögliche Folgen
Abwasser wird eingeleitet	Verseuchung/ Fischsterben
...	...

b) Schreibe Regeln auf, die dem Schutz des Wattenmeers dienen. Begründe in ganzen Sätzen. Beispiel: Das Einleiten von Abwässern ist zu verbieten, weil es die Meere verseucht und die Fische dadurch sterben.

TERRAMethode

An Nordsee und Ostsee

Eine Gedankenkarte erstellen

Viele Informationen aus dem Unterricht können wir nicht sofort überblicken, weil sie zunächst zu verworren sind. Mit einer Gedankenkarte oder Mindmap kann man Gedanken sammeln, sortieren und übersichtlich darstellen.

Wattenmeer, Nationalpark, Seehunde, Ruhezone, Müll, Ölpest …
„Oh jeh, das schaffe ich nie!", stöhnt Marc. So viele Begriffe der letzten Stunden schwirren ihm im Kopf herum und zu allem Übel steht die Erdkundearbeit unmittelbar bevor.
Wie nun alle Informationen in den Kopf bekommen und den Überblick nicht verlieren?
Nicht jeder Begriff ist wichtig. Viele Begriffe lassen sich unter einem Oberbegriff zusammenfassen: „Krebs", „Fisch", „Möwe", „Wattwurm" lassen sich dem Oberbegriff „Tierarten des Wattenmeeres" zuordnen. Eine Gedankenskizze kann helfen, Überblick über ein umfangreiches Thema zu bekommen.

1. Schritt: Gedanken sammeln
Notiere wichtige Gedanken zum Thema in deinem Heft. Schreibe diese so auf, wie sie dir gerade einfallen. Beschränke dich dabei möglichst auf ein Wort.
2. Schritt: Ordnen der Begriffe
Nun beginnst du die aufgeschriebenen Begriffe zu ordnen. Suche Oberbegriffe, denen du deine Gedanken zuordnen kannst.

❶ *Geordnete Begriffe*

102

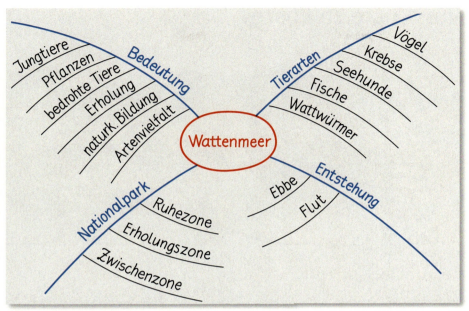

❷ Gedankenkarte Wattenmeer

3. Schritt: Gedankenkarte erstellen

Thema in der Mitte: Lege ein Blatt quer vor dich hin und schreibe das Thema in die Mitte des Blattes. Kreise das Thema ein.

Oberbegriffe als Äste: Zeichne mit einer neuen Farbe nun von der Mitte nach außen die Äste. Schreibe die Oberbegriffe so auf die Äste, dass man die Begriffe gut lesen kann.

Unterbegriffe als Zweige: Zeichne mit einer dritten Farbe an die Äste dünnere Zweige. Beschrifte auch diese mit den Begriffen, die zu den Oberbegriffen gehören.

❸ Gedankenkarte Meeresverschmutzung

1 Ergänze die Gedankenkarte 3 zum Thema Meeresverschmutzung in deinem Heft.

An Nordsee und Ostsee

Von Küste zu Küste

Vom Meer und Eis geformt

Das Watt und die Marschen an der Nordseeküste sind die jüngsten Landschaften Schleswig-Holsteins. Beide sind in den letzten 7000 Jahren durch das Meer geformt worden. Eine Besonderheit im Wattenmeer sind die **Halligen**, zehn kleine Inseln, die kaum einen Meter über den Meeresspiegel hinausragen. Sie sind die Reste größerer Marschgebiete, die durch **Sturmfluten** immer weiter verringert werden. Die anderen Landschaften sind wesentlich älter. In der letzten Kaltzeit vor etwa 18000 Jahren lag Nordeuropa unter einer über 2000 Meter mächtigen Eisdecke. Dieses Inlandeis drang von Nordosten in das Norddeutsche Tiefland vor.

Drei Mal wurde Schleswig-Holstein vom Eis überfahren. Während die ersten zwei Eisvorstöße bis in das Gebiet der heutigen Nordsee reichten, drang das jüngste Inlandeis nur bis zur Mitte Schleswig-Holsteins vor.

Als das Eis vor 12000 Jahren zu schmelzen begann, blieben die Moränen und Sanderflächen des **Östlichen Hügellandes** zurück. Hier herrschen fruchtbare Böden vor und das Relief ist noch sehr hügelig.

Etwas anders sieht es in den Teilen aus, die bei der letzten Vereisung nicht mehr vom Eis bedeckt waren. Die fruchtbaren Bodenteilchen sind hier meist ausgespült oder weggeweht. Deswegen nennen die Friesen diese flachwellige Landschaft „**Geest**" (von „Güst"), was so viel heißt wie „karg" und „wenig fruchtbar".

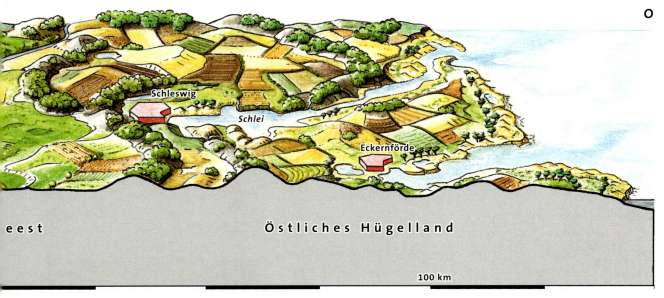

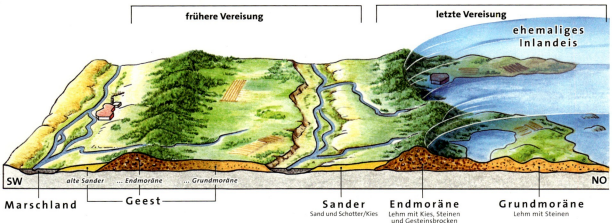

③ *Vereisung in Schleswig-Holstein*

Entstehung der Förden

An der Ostseeküste ragen viele schlauchartig-langgestreckte Meeresbuchten, die **Förden**, in das Land hinein. In ihnen floss das Schmelzwasser vom Rand des Inlandeises wie in einer Rinne ab. Als nach dem Abschmelzen der gesamten Eisdecke der Meeresspiegel anstieg, wurden die schmalen Meeresbuchten von der Ostsee überflutet.

1 Beschreibe die Oberflächengestalt der Landschaften Schleswig-Holsteins und ihre Nutzung.

2 Schleswig-Holstein wurde vom Meer und Inlandeis geformt. Erkläre.

3 Was haben die Städte Flensburg, Schleswig und Kiel gemeinsam? (Atlas)

An Nordsee und Ostsee

Landgewinnung und Küstenschutz

❶ *Queller*

❷ *Andel*

❸ *Rotschwingel*

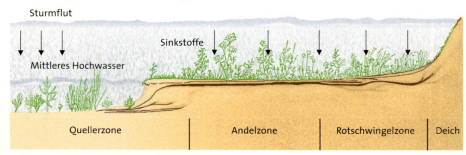

❹ *Die natürliche Entstehung von Marschland*

Die Entstehung von Marsch
Das Watt wird bei Mittlerem Hochwasser regelmäßig überflutet. Dabei werden Sand und Schlickteilchen zweimal täglich aufgewühlt und wieder abgelagert. Wenn Pflanzen den Schlick festhalten, kann das Watt etwa sieben Zentimeter pro Jahr in die Höhe wachsen.

Ist es über den Mittleren Hochwasserstand gewachsen, wird nur noch bei sehr hohen Fluten oder Sturmfluten neuer Schlick abgelagert. Dieses Land nennt man junge Marsch. Doch noch immer nagt die Brandung an der Kante der Marsch. Land entsteht und vergeht also in einem ständigen Wechselspiel. Soll das junge Marschland endgültig gewonnen werden, so wird es eingedeicht. Dann heißt es Koog (Schleswig-Holstein) oder Polder (Niedersachsen).

Erste Pflanzen
Die ersten Pflanzen auf den Wattflächen sind Queller, Andel und Rotschwingel. Diese Pflanzen können auch im Salzwasser wachsen und bilden mit anderen Pflanzenarten zusammen die Salzwiesen.

❺ *Offene Wattfläche*

❻ *Sturmflutschichten*

❼ *Salzwiese am Dollart*

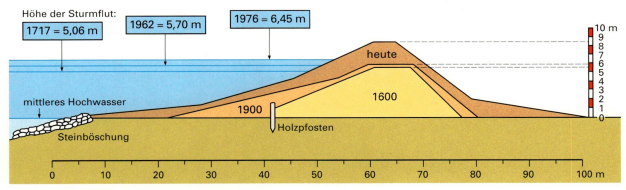

8 *Hochwasserstände und die Entwicklung der Deiche*

9 **Experiment: Einen Deich testen**
Material: Getränkedose mit Sand gefüllt als Welle, flache Holzplatte als Deich, Holzbrett als Anlauffläche.
Durchführung: Ein Schüler lässt die „Dosenwelle" die Anlauffläche herunterrollen, während ein anderer die Holzplatte flach geneigt in den Weg hält.
Beim nächsten Versuch wird der Deich viel steiler gegen die Rampe gehalten.
Auswertung: Vergleicht die Beobachtungen der Versuche mit unterschiedlichem Neigungswinkel. Überlegt wie der Bau eines idealen Deiches aussehen müsste.

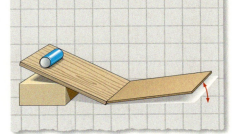

Deiche
Vor ca. 1 000 Jahren begannen die Menschen an der Küste, zum Schutz vor Überflutungen Deiche zu bauen; der Meeresspiegel stieg nämlich an. Dieser Prozess hält bis heute an, so dass die Deiche immer höher werden mussten. Vor dem Deich ist das Vorland, auf dem im Sommer die Schafe weiden. Bei den Sturmfluten im Herbst und Winter können sich hier die Wellen auslaufen. Auf der Deichkrone verlaufen heute vielfach Radwege.
Einen natürlichen Küstenschutz bilden die Halligen, uneingedeichte Marschlandinseln im Wattenmeer vor Schleswig-Holstein.

1 Erkläre, wie sich die Menschen an der Küste vor den Gefahren des Meeres schützen.
2 Vergleiche den Küstenverlauf Nordfrieslands früher und heute (Karten 10).
3 Beschreibe und begründe die Entwicklung der Deichbauten von 1600 bis heute.
4 Warum ist Sylt bei Sturmfluten stärker gefährdet als andere Inseln?

10 *Küstenverlauf an der nordfriesischen Küste*

um 900

heute

An Nordsee und Ostsee

Aus der Nordsee auf den Tisch

Kaum zu glauben
Eine Krabbe lebt im Durchschnitt nur drei Jahre, kann in dieser Zeit aber bis zu 36 000 Nachkommen produzieren.

Martin ist mit seinen Eltern diesen Sommer nach Büsum an die Nordseeküste gefahren. Besonders begeistert ist er vom Hafen. Hier laufen jeden Tag die Krabbenkutter mit ihrem Fang ein. „Gerne würde ich einmal auf so einem Kutter mitfahren", denkt er.
Als seine Eltern abends ihren Pensionswirt danach fragen, erfahren sie überrascht, dass er selbst Krabbenfischer ist. „Der Verdienst eines Krabbenfischers ist oft so niedrig, dass wir zusätzlich Zimmer vermieten oder Kutterfahrten für Touristen anbieten, um das nötige Geld zu verdienen. Durch die immer schlimmere Umweltverschmutzung ist der Krabbenbestand gefährdet. Und der Nationalpark Wattenmeer ist zwar gut für die Umwelt und die Krabben, aber hier ist der Krabbenfang nur eingeschränkt erlaubt. Das verringert natürlich unsere Einnahmen." Er verspricht, Martin auf eine Krabbenfahrt mitzunehmen.

Auf Krabbenfang
Zwei Tage später ist es soweit. Schon um fünf Uhr heißt es: Auslaufen. Rechts und links vom Kutter hängen weit geöffnet die großen Fangnetze. Martin ist ganz aufgeregt und zuckt plötzlich zusammen: Mit Ächzen und Quietschen werden die Netze noch in Küstennähe zu Wasser gelassen. Unten an den Netzen kann er Rollen erkennen. Sie scheuchen die Krabben vom Meeresboden auf, sodass sie in die feinmaschigen Netze gehen.
Bald ergießt sich der Fang an Bord des Kutters. Doch wo sind die rosa Krabben? Martin erblickt nur einen Haufen kleiner grauer Tiere, es müssen Tausende sein. Sie sehen nicht sehr lecker aus. „Warte ab, was jetzt passiert", sagt der Kapitän. Schnell kommt der Fang in die Sortier- und Siebmaschine. Hier wird alles bis auf die grauen Krabben aussortiert. Sogar einen großen Krebs entdeckt Martin. Schnell wirft er ihn wieder zurück ins Meer. Danach werden die Krabben gespült und gereinigt

❸ *Krabbenkochen*

und anschließend sofort in einem Kessel mit Meerwasser gekocht. So können sie nicht verderben. Nun haben die Tiere auch endlich ihre rosa Farbe. Damit die Krabben bis zur Rückkehr möglichst frisch bleiben, werden sie auf dem Schiff in Kisten kühl gelagert.

Noch mehrmals werden die Netze nach diesem ersten Fang ein- und ausgeholt, bis der Kutter am Mittag wieder in Büsum einläuft. Martin ist froh, wieder zurück zu sein. Es war zwar spannend – aber Meeresluft macht doch sehr müde.

Krabben auf Achse
Während Martin sich ausruht, beginnt das Krabbenpulen: Das Krabbenfleisch wird aus dem Panzer herausgeschält. Diese Arbeit ist mühsam und erfordert viel Geschick und Übung. Früher verdienten sich die Büsumer Hausfrauen mit dem Krabbenpulen etwas Geld. Heute werden die Krabben oft mit Kühlwagen in andere Länder transportiert und dort weiterverarbeitet, z. B. in Polen. Denn dort sind die Arbeitskräfte billiger. Wenn die Krabben zurückkommen, sind sie allerdings wegen der langen Transportzeit nicht mehr so frisch. Daher werden immer häufiger Krabbenpulmaschinen verwendet. Diese sind inzwischen so gut entwickelt, dass es billiger ist, die Maschinen zu verwenden als die Krabben auf die lange Reise zu schicken. In Büsum stehen bereits zwei Maschinen.

1 *Beschreibe, wie die Krabben aus der Nordsee auf den Tisch kommen (Text, Fotos 2 und 3).*
2 *Überlege, warum die Krabbenfischerei im Nationalpark Wattenmeer eingeschränkt ist.*
3 *Die Krabbenkutter bleiben dicht vor dem Festland. Wir sprechen hier von Küstenfischerei. Eine größere Bedeutung hat die Hochseefischerei. Erkläre diese Bezeichnung.*

An Nordsee und Ostsee

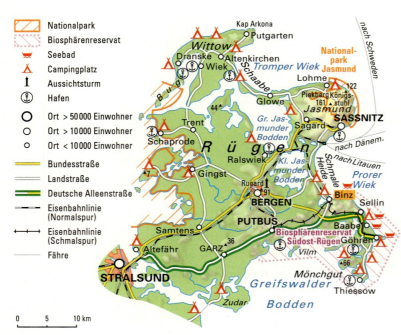

① Rügen im Überblick

② Strand und Kurhaus Binz

Ferien an der Ostsee

Warst du in den Ferien schon einmal an der Ostsee oder hast von anderen davon gehört? Was verbindest du damit? Strandkörbe? Sandstrände?

Urlaubsparadies Rügen

Viele Menschen zieht es jedes Jahr nach Rügen. Die größte deutsche Insel bietet ein vielfältiges Landschaftsbild von großer Schönheit. Die Urlauber finden lange Badestrände, leuchtend weiße Kreidefelsen, Dünen, Schlösser, Wälder und herrliche Alleen.

Seebad Binz

Binz ist einer der sonnigsten Orte Deutschlands und das größte Seebad auf Rügen. Die geschützte Lage, der breite, feinsandige Strand, der steinfreie Meeresgrund, die schwache Brandung und die sehr gute Wasserqualität machen es zu einem sehr beliebten Badeort. Eine 3,2 Kilometer lange Strandpromenade lädt zum Spaziergang ein. Den Mittelpunkt dieser Promenade bilden das Kurhaus mit dem Konzertplatz und die Seebrücke. Im Jahre 2001 zählte Binz 283 181 Gäste mit 1 818 594 Übernachtungen. In den Monaten Mai bis Oktober ist Hauptsaison. Dann sind die höchsten Übernachtungszahlen zu verzeichnen.

③ Ortsplan von Binz

④ Was Binz seinen Gästen zu bieten hat:
Bäderbahnen
Bibliothek
Kurkonzerte
Ortsführungen durch Binz
Erlebnisbad Vitamar im IFA-Ferienpark
Binz-Museum
Fälschermuseum
Sandstrand
Radwanderungen
Grafik-Museum Prora
Sportspiele für Kinder
Aerobic
Wanderung im Biosphärenreservat
Lichtbildervorträge
Eisenbahn- und Technikmuseum Prora
Schiffsfahrten von der Binzer Seebrücke
Strandkorbverleih
Varieté im Kurhaussaal
Tennisplätze
Beach-Volleyball

1 Welche Einrichtungen für den Fremdenverkehr kannst du dem Ortsplan 3 von Binz entnehmen?

2 Wie lange bleibt ein Gast im Durchschnitt in Binz?

3 Erläutere den Begriff Nebensaison. Stelle die Übernachtungszahlen von Hauptsaison und Nebensaison gegenüber.

4 Welche Probleme ergeben sich für die Vermieter von Gästebetten aus Hauptsaison und Nebensaison? Mache Vorschläge, wie sie darauf reagieren können.

5 Binz bietet Möglichkeiten für einen abwechslungsreichen Urlaub bei sonnigem und weniger gutem Wetter. Schlage jeweils einige Möglichkeiten vor.

⑤ Übernachtungen in Binz (2001)

Januar	35 841
Februar	53 886
März	78 398
April	138 988
Mai	164 745
Juni	204 347
Juli	333 270
August	319 224
September	201 241
Oktober	169 794
November	63 374
Dezember	55 486

TERRAMethode

An Nordsee und Ostsee

Ein Poster gestalten

Urlaub an der deutschen Küste – wer hätte keine Lust darauf?
Doch ob Mecklenburg-Vorpommern, Schleswig-Holstein, Hamburg, Bremen oder Niedersachsen – bevor es losgeht, sollte man sich über sein Urlaubsgebiet informieren.
Dies könnt ihr auch im Unterricht tun! Am besten bildet ihr Gruppen, die unterschiedliche Urlaubsregionen der deutschen Küste vorstellen. Dies müssen keine Bundesländer sein, oft genügt es auch, nur eine Insel oder einen Urlaubsort auszuwählen.
Eure Ergebnisse präsentiert ihr für alle anderen als Poster. Vielleicht wird der eine oder andere Betrachter eures Posters sogar angeregt, seinen nächsten Urlaub an der deutschen Küste zu verbringen. So könnt ihr vorgehen:

1. Schritt: Besorgt euch zuerst einen Papierbogen (mindestens 60 x 80 cm). Legt dann euer Thema fest und denkt euch dazu eine passende Überschrift aus. Achtet in jedem Fall auf eine große, gut lesbare Schrift, die schon von weitem „ins Auge springt". Ihr könnt mit der Hand schreiben oder mithilfe eines Computers in der gewünschten Größe ausdrucken.

2. Schritt: Sammelt nun Material zu eurem Thema (Internet, Bücher, Postkarten, Zeitschriften, Reisekataloge ...). Verschafft euch anschließend einen Überblick über die „Fundstücke" und wählt die besten Bilder und Texte aus. Nicht alles, was ihr gefunden habt, muss auf euer Poster. Oft ist es sinnvoll, Texte zusammenzufassen, eigene Zeichnungen zu erstellen oder Abbildungen zu vergrößern (Kopierer).

3. Schritt: Ordnet eure Materialien übersichtlich auf dem Papierbogen an und probiert verschiedene Möglichkeiten aus. Eine gute Mischung aus Bildern und Texten ist dabei vorteilhaft. Lasst ausreichenden Leerraum zwischen den Materialien und achtet auf Größe und Lesbarkeit der Schrift. Kontrolliert deshalb euer Poster aus der Nähe und aus einigen Metern Abstand.

4. Schritt: Einigt euch auf den besten Entwurf. Nun könnt ihr euer Poster fertigstellen, indem ihr alle Materialien auf dem Papierbogen an der vorgesehenen Stelle befestigt. Achtet auch hierbei auf eine ordentliche Gestaltung. Hängt zum Abschluss euer Poster an einer geeigneten Stelle aus und stellt es eurer Klasse vor. Wichtig ist, dass ihr auch über Hintergrundwissen verfügt, um die Fragen eurer Mitschüler beantworten zu können.

Es gibt verschiedene Möglichkeiten der Präsentation von Arbeitsergebnissen. Eine davon ist die Herstellung und mündliche Vorstellung eines Posters. Hiermit lassen sich die Ergebnisse für Schüler, Eltern und Lehrer übersichtlich darstellen. Ein Poster soll dabei nicht nur schön aussehen, sondern gleichzeitig auch zu Fragen und Stellungnahmen anregen.

Urlaubsland an der Ostsee: Mecklenburg-Vorpommern

...land an der Ostsee: Mecklenburg-Vorpommern

Urlaubsland an der Ostsee: Mecklenburg-Vorpommern

Spitzname: Mäc-Pomm

Fläche: 23 170 km²
Einwohner: 1 830 000
Höchster Berg: 179 m
Hauptstadt: Schwerin
weitere wichtige Städte:
   Wismar
   Rostock
   Greifswald

Mecklenburg Vorpommern ist nach der Fläche das fünftgrößte Bundesland, aber nur sehr dünn besiedelt.

Neben hochdeutsch sprechen viele Einheimische in Mecklenburg-Vorpommern noch plattdeutsch.

Zu Mecklenburg-Vorpommern gehören viele Inseln, die der Ostseeküste vorgelagert sind. Hier liegt auch Rügen, die größte Insel Deutschlands. Eine besondere Sehenswürdigkeit sind die schneeweißen Kreidefelsen der Nordostküste der Insel, inmitten eines Nationalparks.

Auf der Insel Hiddensee sind keine Autos erlaubt. Deshalb kann man dort besonders gut Fahrrad fahren oder wandern.

Hier gibt es tolle Fische, Boote und sogar ein Walskelett!

DEUTSCHES MEERESMUSEUM Stralsund

An der Küste und an den Seen verbringen jedes Jahr viele Menschen ihren Urlaub. Tourismus ist dort ein wichtiger Arbeitgeber.

Natur in Mecklenburg-Vorpommern
Eine besonders schöne Naturlandschaft ist die Mecklenburgische Seenplatte: Über 1 000 kleine und große Seen laden zum Schwimmen, Kanu fahren oder anderen Sportarten ein. Mit etwas Glück kann man im Müritz-Nationalpark viele vom Aussterben bedrohte Tierarten beobachten.

Viele Urlaubsgrüße

Hier gibt es herrlich weiße Sandstrände und hohe Steilküsten.

An Nordsee und Ostsee

Welthafen Hamburg

Güterumschlag in Hamburg

Jahr	in Mio. t
1989	53,9
1991	65,5
1994	68,3
1996	71,1
1998	75,8
2001	92,4

Zum Vergleich: Güterumschlag in Rotterdam (größter Hafen Europas) 2001: 314,6 Mio. t

Container über Container

Morgens um 7 Uhr am Burchardkai. Es sind kaum Menschen zu sehen. Und doch wird hier mit Hochbetrieb gearbeitet. Gerade wird am Kai ein 280 m langes Schiff aus Shanghai entladen. Es hat Tausende von gleich großen bunten Containern an Bord. Drei riesige computergesteuerte Containerbrücken gleiten auf ihren Schienen nach rechts und links, heben die Container vom Schiff und setzen sie auf dem Boden ab. Hier werden sie von einem Trägerfahrzeug aufgenommen und zu ihrem Stellplatz am Kai gebracht. Überall sieht man nur modernste Technik, kein überflüssiger Weg, kein überflüssiges Wort. Mit Höchstgeschwindigkeit wird hier gearbeitet, 24 Stunden rund um die Uhr an 365 Tagen im Jahr – denn Zeit ist Geld. Der Hamburger Hafen boomt. Das gilt vor allem für den Containerhafen. Er steht heute auf Platz 8 der Weltrangliste der **Seehäfen.** Gleichzeitig ist er der größte Umschlagplatz für Bahncontainer.

Güter über Güter

Ob Gemüse, Butter, Gewürze, Kohle, Motorräder oder Getreide – der Hamburger Hafen ist Lager- und Umschlagplatz für Güter aller Art: für **Stückgüter,** die in Kisten, Kartons, Säcken, Ballen und Containern verpackt sind sowie für **Massengüter,** die in großer Menge unverpackt transportiert werden. Riesige Freiflächen stehen zur Zwischenlagerung von Erzen und Baustoffen zur Verfügung. Flüssigüter wie Mineralöl werden in spezielle Tanks gepumpt. Güter wie Kaffee, Kakao, Gewürze oder Baumwolle

❸

werden in riesigen Hallen der alten Speicherstadt gelagert. Für verderbliche Güter, wie Butter, Fleisch, Bananen oder Blumen gibt es Kühllager.
Und für die vielen Güter, die auch mit **Binnenschiffen** gleich weiter ins Hinterland transportiert werden, ist der Hamburger Hafen an ein gut ausgebautes Verkehrsnetz angeschlossen.

1 Ordne nach Stückgütern und Massengütern: Baumwollballen, Salz, Kies, Weizen, Lokomotiven, Schrott
2 a) Nenne Vorteile, die der Güterumschlag mit Containern hat.
  b) Beschreibe andere Formen des Güterumschlags (Zeichnung 4).
3 Arbeite mit dem Atlas:
Warum hat Hamburg für den Güterumschlag eine besonders günstige Lage?

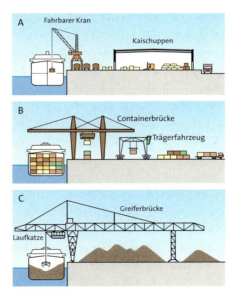

❹ *Formen des Güterumschlags*

Massengüter
werden in großer Menge unverpackt transportiert.
Stückgüter
werden in Kisten, Kartons, Säcken, Ballen und Containern verpackt.
Container
sind Behälter aus Stahlblech mit einheitlichen Maßen.

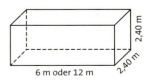

❺ *Maße eines Containers*

115

TERRATraining

An Nordsee und Ostsee

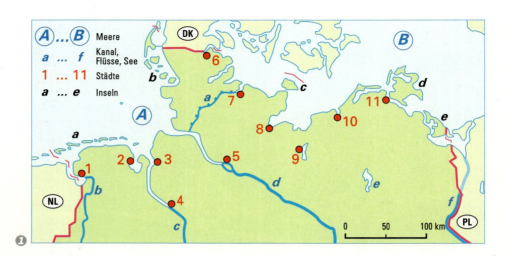

Wichtige Begriffe
Binnenhafen
Container
Deich
Ebbe
Flut
Förde
Geest
Gezeiten
Güterumschlag
Hallig
Küstenfischerei
Küstenschutz
Marschland
Meeresverschmutzung
Nationalpark
Seehafen
Sturmflut
Watt
Wattenmeer

1 Kennst du dich an der Küste aus?
Arbeite mit der Karte. Benenne
a) die Meere A und B,
b) die Inselgruppen/Inseln a–e,
c) die Städte 1–11,
d) die Gewässer a–f,
e) die drei Nachbarstaaten Deutschlands.

2 Findest du die Begriffe?
– Küstenbereich, der von Schlick bedeckt ist.
– Ansteigen des Wasserstandes.
– Gefährliche Flut bei stürmischem Wetter.
– Damm, der das dahinterliegende Land vor Überschwemmungen schützt.
– Absinken des Wasserstandes.
– Regelmäßiger Wechsel von Ebbe und Flut.
– Flachwellige, leicht hügelige Landschaft Schleswig-Holsteins mit wenig fruchtbaren Sand- und Kiesböden.
– Hafen im Landesinneren, der nur über Flüsse oder Kanäle mit dem Meer verbunden ist.
– Fischerei, die nur in der Nähe des Festlandes betrieben wird.

3 Nordsee oder Ostsee?
Übertrage die Tabelle in dein Heft und ordne die Begriffe richtig zu:
Niedersachsen, Schleswig-Holstein, Sylt, Kiel, Mecklenburg-Vorpommern, Föhr, Bremen, Usedom, Rostock, Fehmarn, Hamburg

	Nordsee	Ostsee
Bundesländer		
Städte		
Inseln		

4 Füge die Wortteile zusammen:

Teste dich selbst
mit den Aufgaben 1e, 5 und 7

2 *Der größte deutsche Seehafen ist ... an der .... Der Hafen ist ... für Güter aller Art. Von hier werden die Güter ins ... weitertransportiert.*

3 *Die größte deutsche Insel ist ... in der ... . Sie liegt im Bundesland ... . Das Wahrzeichen der Insel sind die steil ins Meer abfallenden Kreidefelsen.*

5 Bilderrätsel
Löse die Bilderrätsel und erkläre die gesuchten Begriffe!

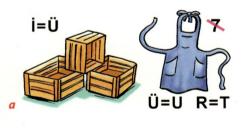
a

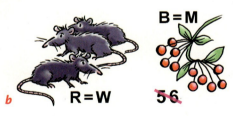
b

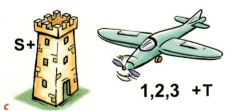
c

6 Bildunterschriften gesucht!
Ergänze die Bildunterschriften der Fotos 2 und 3.

7 Richtig oder falsch?
Verbessere die falschen Aussagen und schreibe sie richtig auf.
– Den Zeitraum zwischen niedrigstem und höchstem Wasserstand nennt man Gezeiten.
– Zum Schutz der Tiere und Pflanzen im Wattenmeer wurde ein Nationalpark eingerichtet.
– Der Verlauf der Nordseeküste sah vor 1 000 Jahren anders aus als heute.
– An der Ostsee gibt es keine Sandstrände.
– Der Hamburger Hafen ist einer der bedeutendsten Containerhäfen der Welt.
– Sylt (4) ist die nördlichste deutsche Insel und hat eine besonders markante Form.

❹

Die Alpen

Sie sind das größte und höchste Gebirge Europas. Mehr als 10 Millionen Menschen leben in diesem einzigartigen Hochgebirgsraum. Über 40 Millionen Menschen verbringen hier jedes Jahr ihren Urlaub und noch mehr durchqueren die Alpen auf dem Weg nach Süden und nach Norden.

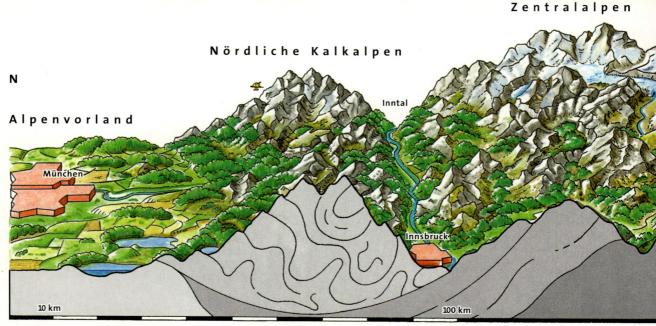

① Nord-Süd-Profil durch die Alpen

Die drei Gesichter der Alpen

②

③ Nördliche Kalkalpen

④ Großglockner, Hohe Tauern

Europas größtes und höchstes Gebirge erstreckt sich in mehreren Gebirgsketten von Nizza bis Wien. Für Geologen ist es ein junges Gebirge. Vor etwa 100 Millionen Jahren gehörte das Gebiet der Alpen noch zu einem Meer. Als sich der Kontinent Afrika dem damaligen Europa näherte wurden die Meeresablagerungen zum Teil zu mächtigen Falten zusammengepresst.

Im Tertiär vor gut 60 Millionen Jahren wurde das Gestein zu einem Hochgebirge herausgehoben. So entstand das **Faltengebirge.** Mit Höhen über 2 000 Meter sind die Alpen ein **Hochgebirge** mit spitzen, scharfkantigen Bergformen. Diese Oberflächenform finden wir heutzutage reizvoll, die Menschen wollen sich in der Hochgebirgslandschaft erholen, wollen wandern, bergsteigen und klettern. Aber das Hochgebirge ist auch ein Lebensraum, der an seine Bewohner harte Bedingungen stellt.

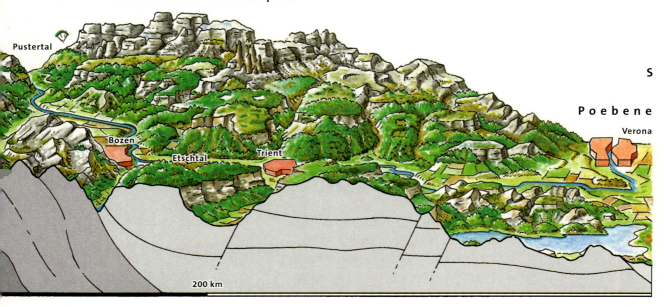

 Dolomiten

1 Beschreibe mit Hilfe des Landschaftsprofils 1 die drei Gesichter der Alpen.

2 Ordne die Fotos 3 bis 5 den Landschaften im Profil 1 zu und begründe.

Die Alpen

Höhenstufen

① *Reiseroute*
Tirano: ab 9.30 Uhr
Ospizio Bernina:
an 11.18 Uhr

Mit der Berninabahn vom Frühling ...
Surrend und brummend setzen die Elektromotoren der Triebwagen ihren Zug in Bewegung. Das Thermometer im Bahnhof von Tirano zeigt bei der Abfahrt 18 °C an. Der Blick aus dem Fenster fällt auf Palmen und blühende Büsche. Am Stadtrand fährt der Zug an Obstgärten vorbei. An den Hängen sind Weinberge zu erkennen. Mais- und Gerstenfelder bedecken den Talgrund zwischen den weißgetünchten Häusern bei Poschiavo.
Quietschend durchfährt der Zug die ersten Spitzkehren, es geht steil bergauf und der Zug verschwindet im Wald. Eichen und Bergahorn sind entlang der Strecke zu sehen. Der Zug schraubt sich immer weiter bergauf. Fichten, Lärchen und Kiefern bestimmen nun das Erscheinungsbild des Waldes. Bei Cadera weidet das Vieh der wenigen Talbauern auf einer Wiese.

... in den Winter
Ein Blick auf den Höhenmesser zeigt 1500 m, die Nadelbäume werden kleiner, teilweise krummwüchsig. Der Wald lichtet sich und gibt den Blick frei auf die Matten. So nennt man die Bergwiesen mit vereinzelten niedrigen Sträuchern oberhalb der Nadelwaldgrenze. Hier finden Kühe und Schafe im Sommer für kurze Zeit Futter. Nach der letzten Kehre erreicht der Zug eine richtige Winterlandschaft. Das Thermometer zeigt nun −2 °C. Der Lago Bianco hat noch eine Eisdecke und die weißen Gipfel um den Gletscher des Piz Bernina glitzern in der Sonne.

②

③

④

⑤

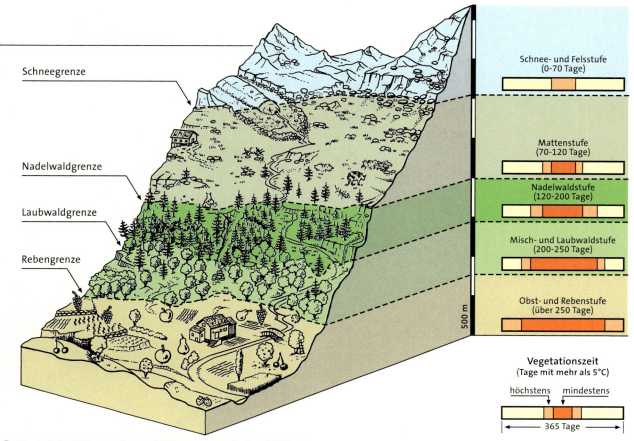

6 *Modell der Höhenstufen und Höhengrenzen in den Südalpen*

Höhenstufen

Die Temperaturabnahme beträgt etwa 6°C auf 1000 Meter. Folglich wird die Wachstumszeit für die Pflanzen mit zunehmender Höhe immer kürzer. Dadurch bilden sich **Höhenstufen** mit einer bestimmten Vegetation aus. Den Grenzbereich zwischen zwei Höhenstufen, nennt man **Höhengrenze.** Diese verläuft in unterschiedlicher Höhe. Das liegt z. B. daran, dass ein Südhang mehr Sonnenstrahlung abbekommt als ein Nordhang.

Warum wird es in der Höhe kalt?

Die Luft wird immer „dünner", das heißt, mit zunehmender Höhe gibt es immer weniger Luftteilchen. Diese haben dann mehr Platz um sich zu bewegen und kühlen sich dadurch ab. Bei jeder Seilbahnfahrt kannst du es feststellen: Mit Zunahme der Höhe wird es kälter.

1 Suche im Atlas das Reisegebiet und bestimme die Höhe des Piz Bernina.

2 Berechne den Höhenunterschied, den der Zug von Tirano bis Ospizio Bernina überwindet.

3 In welchen Höhenstufen liegen Tirano, Poschiavo, Alp Grüm und Piz Bernina?

4 Ordne die Fotos 2–5 den verschiedenen Höhenstufen zu.

5 Lege eine Tabelle an, in der du die Höhenstufen, charakteristische Pflanzen und die Nutzung durch den Menschen notierst.

Die Alpen

① Wie Gletschereis entsteht

Neuschnee

Durch wiederholtes Auftauen und Frieren entsteht körniger Altschnee, der **Firn**

Im Laufe der Zeit entsteht daraus **Firneis**

Weitere Schneeablagerungen pressen das Firneis zusammen. Nach einigen Jahren entsteht **Gletschereis**.

②

Gletscher – Eis in Strömen

Reto, der Bergführer, empfängt uns auf der 2 973 Meter hohen Diavolezza. Zuerst bekommen wir Helme und Steigeisen, die unter den Sohlen der Stiefel befestigt werden. Dann müssen wir uns anseilen. Vor uns liegt der Morteratsch-**Gletscher** wie eine weiße Decke zwischen den scharfen Graten und Gipfeln. Im Tal lässt sich schon die Gletscherzunge erkennen. Immer wieder kommen wir nahe an Gletscherspalten heran. Reto erklärt uns, dass dort das Eis über ein Hindernis fließt, so dass es an der Oberfläche aufreißt. Weiter talabwärts finden sich dann Steine unterschiedlicher Größe auf dem Eis, das nur noch an einigen Stellen unter einer schmutziggrauen Schicht hervorschimmert. An den Seiten des Gletschers begleiten uns nun zwei hohe Schuttwälle, die das Eis überragen, die Seitenmoränen. Reto zeigt in Richtung der Endmoränen, die heute weit vor der Gletscherzunge liegen. Am Gletschertor geht unsere Tour zu Ende. Hier tritt der milchig-trübe Gletscherbach zutage und strömt durch das vom Gletscher während der Kaltzeiten ausgehobelte **Trogtal** dem Inn zu.

Unterhalb der Schneegrenze, im **Zehrgebiet,** schmelzen die Gletscher ab. Die im Gletscher mitgeführten Gesteinsbrocken werden dann als Moränen aufgeschüttet.

Wie entstehen Gletscher?

Gletscher können nur dort entstehen, wo die Temperaturen unter 0 °C bleiben und ausreichend Schnee fällt. Diese Bedingungen sind nur oberhalb der Schneegrenze, im **Nährgebiet** erfüllt. Über viele Jahre fällt dort mehr Schnee als im kurzen Sommer abschmelzen kann. Mit zunehmender Schneehöhe wandelt sich der Lockerschnee zuerst in Firn und dann in Gletschereis um. Das Gletschereis kann in Form von Gletscherzungen weit in die Alpentäler vorstoßen. Große Alpengletscher schaffen 30 m bis 200 m im Jahr. Im Sommer bekommen die Gletscher weniger Nachschub.

❸ *Tschierva-Gletscher*

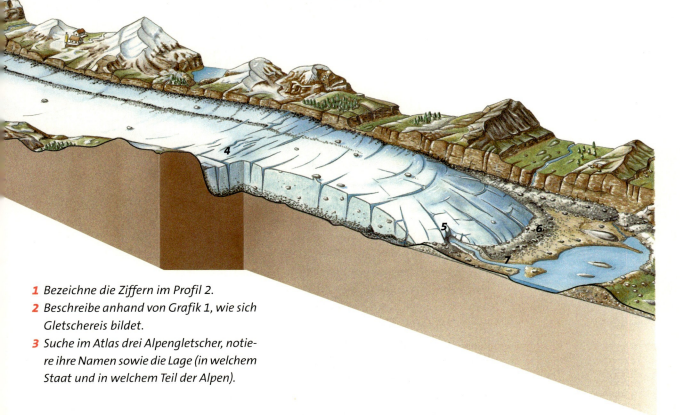

1 Bezeichne die Ziffern im Profil 2.
2 Beschreibe anhand von Grafik 1, wie sich Gletschereis bildet.
3 Suche im Atlas drei Alpengletscher, notiere ihre Namen sowie die Lage (in welchem Staat und in welchem Teil der Alpen).

Die Alpen

① *Speicherkraftwerk*

Spitzenstrom aus den Alpen

Wärmekraftwerke
sind Kraftwerke, in denen Wärmeenergie erzeugt und in Strom umgewandelt wird.
Wärmeenergie kann durch Verbrennung von Öl, Kohle, Gas oder Kernspaltung entstehen.

Es ist früher Morgen. In Millionen Häusern gehen die Lichter an, Kaffee wird gekocht, der Toaster eingeschaltet. Straßenbahnen und Züge bringen die Leute zur Arbeit. In den Betrieben werden die Lichter angeknipst und die elektrisch betriebenen Maschinen eingeschaltet. Wer aber liefert den Strom, der zu dieser Tageszeit in großen Mengen benötigt wird?
Strom kann man leider nicht speichern. Er muss in dem Moment erzeugt werden, in dem er gebraucht wird. Damit Strom entsteht, werden Generatoren in schnelle Drehungen versetzt. Dein Fahrrad-Dynamo ist ein sehr kleiner Generator. In Kraftwerken sind Generatoren mit Turbinen, riesigen Schaufelrädern, gekoppelt. In Laufwasserkraftwerken werden die Turbinen durch fließendes Wasser der Flüsse, in Wärmekraftwerken mit heißem Dampf betrieben. Diese Kraftwerke liefern den Grundbedarf an Strom, die Grundlast. Benötigen wir plötzlich mehr Strom, müssen **Speicherkraftwerke** tätig werden.

„Batterien" aus Wasser

Um einen plötzlichen und hohen Strombedarf zu decken, kam man auf die Idee Wasser zu speichern. Dafür bieten sich die Alpen besonders an. Viele Hochtäler wurden durch die Gletscher so geformt, dass man dort Staudämme anlegen kann. Zudem sorgen Regen und Schnee sowie die Gletscher für einen enormen Wasserreichtum. Man fängt also Wasser in hochgelegenen Speicherseen auf und leitet es auf Abruf zu den Turbinen des im Tal errichteten Kraftwerkes. Durch die große Fallhöhe gerät das Wasser unter starken Druck und gibt die gewaltigen Kräfte an die Turbinen weiter.

❸ *Speichersee am Oberaar-Gletscher (Schweiz)*

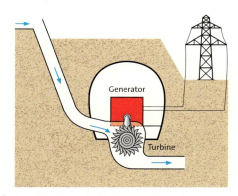

❷ *Schnitt durch ein Speicherkraftwerk*

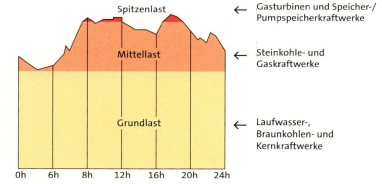

❹ *Wer deckt den Strombedarf im Tagesverlauf?*

Geht es auch anders?

Sonne, Wasser und Wind zählen zu den regenerativen, d. h. erneuerbaren Energiequellen. Bei ihrer Nutzung entstehen zur Zeit noch ziemlich hohe Kosten. Außerdem sind vor allem Wind und Sonne bei uns nicht sehr verlässlich. Alle Formen der Erzeugung von elektrischem Strom können Probleme für die Umwelt mit sich bringen. Daher ist Energiesparen die beste Lösung.

1 Erkläre die Aussage: Die Alpen bieten für Speicherkraftwerke ideale Bedingungen.

2 Beschreibe die Arbeitsweise eines Speicherkraftwerkes.

3 Welche spezielle Aufgabe erfüllen die Speicherkraftwerke? Verwende auch Diagramm 4.

4 a) „Die beste Energiequelle ist Energiesparen!" Diskutiert diese Aussage.
b) Erfindet Sprüche zum Stromsparen, z. B.: Gehst du aus dem Haus, schalte alle Lampen aus.

Die Alpen

❶ Bei Galtür

❸ Bei Davos

Die weiße Gefahr

❷ **Galtür, 23. Februar 1999, 16.15 Uhr**
Eine Staublawine donnert aus 2 700 Meter Höhe auf den 1 400 Meter hoch gelegenen Tiroler Wintersportort. Sie begräbt auf einer Breite von etwa 400 Metern 23 Häuser unter sich. Erst bei der Dorfkirche kommt die Lawine zum Stillstand. 53 Menschen werden unter den fest zusammengepressten Schneemassen und Trümmern von zerstörten Häusern verschüttet. Nur noch 15 Personen können von den Rettungskräften befreit werden. Die Lage wird dadurch erschwert, dass nach den lang anhaltenden Schneefällen die Rettungsspezialisten mit ihren Suchhunden nicht in das von der Außenwelt abgeschnittene Tal vordringen können. Um 23 Uhr werden immer noch 30 Menschen vermisst.

Lawinen sind für Hochgebirge nichts Ungewöhnliches, über Jahrhunderte haben die Alpenbewohner mit der Natur des Hochgebirges leben gelernt.

Wie entstehen Lawinen?
Lawinen entstehen an steilen, vor allem waldfreien Hängen. **Staublawinen** bilden sich nach ausgiebigen Schneefällen. Der Pulverschnee bewegt sich nach dem Abgleiten am Hang durch die Luft und erreicht dabei Geschwindigkeiten über 350 km/h. Seine zerstörerische Wirkung bezieht dieser Lawinentyp durch den entstehenden Luftdruck.
Grundlawinen entstehen vor allem im Frühjahr bei Tauwetter. Der feuchte Schnee beginnt abzurutschen. Dabei reißen die Schneemassen alles mit, was im Weg ist: Boden, Geröll und Pflanzendecke, ja sogar ganze Bäume.
Bei einer **Schneebrettlawine** reißt in einer bestimmten Höhe eine ganze Schneeschicht parallel zum Hang ab und gleitet mit Geschwindigkeiten bis zu 100 km/h an diesem ab. Häufig wird dies durch Skifahrer verursacht, die sich außerhalb der Piste bewegen.

❹ **Geplante Lawinenschutzmaßnahmen am Nordhang des Grießkogel bei Galtür**
- Verbauung mit Stahlschneebrücken
- Zwei Natursteinwälle mit Stahlbeton gefüllt als „Lawinendämme" mit einer Höhe bis zu 12 Meter
- Aufforstung bis in 2 200 Meter Höhe
- Geplante Gesamtdauer: 10 Jahre
- Geschätzte Kosten: 10 Millionen Euro

❻ *Galerie*

❺

❼ *Bannwald*

1 a) Beschreibe die Lawinen auf den Fotos 1 und 3.
   b) Bestimme den Lawinentyp und begründe.
2 Erkläre die Schutzfunktion auf den Fotos 6–8. Zeichne dazu jeweils eine Skizze.
3 Skifahrer und Snowboarder sind häufig Auslöser, aber auch Opfer von Lawinen. Begründe.
4 Gestalte ein Plakat mit Regeln für richtiges Verhalten beim Skifahren.

❽ *Lawinenverbauung*

Die Alpen

① *Reusstal nahe Amsteg*

Verkehr durch die Alpen

Gotthard-Tunnel
- *längster Straßentunnel der Alpen (16,8 km)*
- *Eröffnung 1980*
- *eine Fahrspur für jede Richtung*
- *Autobahn von Nord und Süd bis zum Nadelöhr Gotthard-Tunnel*

Wo früher Maultiere trampelten, ...

Die Überquerung der Alpen war in früheren Jahrhunderten sehr gefährlich und anstrengend. Sie dauerte mehrere Tage, wenn nicht Wochen. Die Alpenbewohner hatten als Träger oder als Führer von Maultieren einen Nebenerwerb zur kargen Landwirtschaft. Denn nur sie kannten die sichersten **Pässe** und wussten um die besonderen Gefahren des Hochgebirges. Deshalb nahmen Kaufleute die Dienste der einheimischen Bevölkerung gern in Anspruch, um mit ihren Waren auf den so genannten Saumpfaden sicher die andere Seite der Alpen zu erreichen.

... donnern heute Kraftfahrzeuge, ...

Zu Beginn des 19. Jahrhunderts wurden zahlreiche Passwege zu fahrbaren Straßen für Pferdekutschen ausgebaut. Die Eisenbahn brachte diesen Verkehr vorübergehend zum Erliegen, bis im 20. Jahrhundert der Siegeszug des Autos zu bisher unbekannten Verkehrsmengen führte. Die **Passstraßen** wurden im Laufe der Jahre durch Tunnel ergänzt.

An den Alpenbewohnern rasen viele Waren und Touristen nur noch vorbei. Täglich brummen 25 000 Lastwagen über die Alpenstraßen, das sind nahezu 10 Millionen im Jahr! Etwa die Hälfte gehört zum **Transitverkehr.** So nennt man den Verkehr, der von einem Land in ein anderes durch ein Drittland führt. Auf der Fahrt von Deutschland nach Italien kann Österreich Drittland sein.

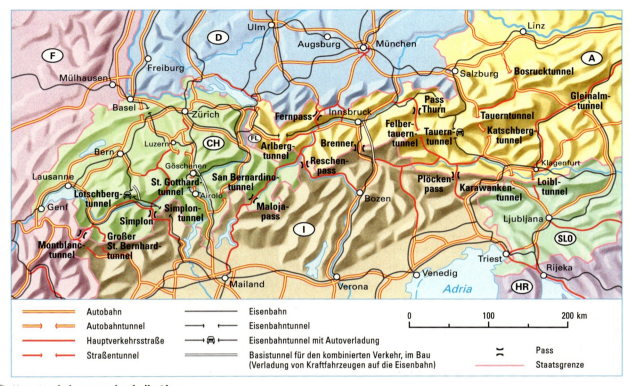

2 *Hauptverkehrswege durch die Alpen*

Da sich der Transitverkehr nur auf wenige Routen konzentriert, fühlen sich die Bewohner der betroffenen Täler stark belastet. Die engen Hochgebirgstäler verstärken Lärm- und Abgasbelastung. Auch viele Touristen finden diese Verkehrsschneisen mit ihren Kunstbauten nicht attraktiv.

Trotz aller Streckenbauten sind die Alpen das größte Verkehrshindernis in Europa: Hochgelegene Bergstraßen und Pässe bleiben wegen der Schneemassen oder der Lawinengefahr viele Monate im Jahr gesperrt.

Aber auch in tief gelegenen Alpentälern sind zahlreiche Fernstraßen und Eisenbahnlinien durch Überschwemmungen, Erdrutsche, Steinschlag und Lawinen gefährdet.

3 **LKW-Anzahl auf den Transitrouten 1998**

	Im Jahr	pro Tag
Auf der Brenner-Autobahn (Österreich)	1 380 000	3 780
Am Gotthard-Straßentunnel (Schweiz)	1 035 000	2 800
Am Fréjus-Straßentunnel (Frankreich)	782 000	2 100
Zum Vergleich A6 bei Walldorf	6 489 000	17 780

1 Welche Bedeutung hatte der Transitverkehr für die Alpenbewohner früher, welche hat er heute?

2 Ein Lkw-Fahrer muss Stationen in folgender Reihenfolge anfahren: München, Triest, Innsbruck, Mailand, Bern, Genf, Bozen, Wien. Welche Tunnel und Pässe wird er befahren?

Brennerpass

– niedrigster Übergang über die Zentralalpen (1 379 m)
– erste Eisenbahnlinie über die Alpen 1867
– 1972 Eröffnung der ersten alpenquerenden, durchgehenden Autobahn

Die Alpen

Kaum zu glauben
Die größte Menge Transitgüter durchquert die Alpen fast lautlos, ohne Abgase, Tag und Nacht: Das Öl, das durch die transalpinen Pipelines Österreichs fließt, wiegt etwa soviel wie die Transitgüter auf Straße und Schiene zusammen.

Alpentransversale
schnelle, leistungsfähige Verkehrslinie durch die Alpen

Basistunnel
Tunnel in Höhe der Grundfläche eines Gebirges

... rasen morgen Züge mit 250 Sachen!

Die Regionen Europas wachsen zusammen, immer mehr Zollschranken fallen weg. Der Handel wird erleichtert, Firmen verlegen Teile der Produktion dorthin, wo es gerade günstig ist und beste Voraussetzungen bestehen. Urlaubsfahrten gibt es mehr denn je. In Zukunft werden immer mehr Lkw auf Eisenbahnwaggons die Alpen durchqueren. Aber viele Eisenbahntunnel sind zu niedrig für den kombinierten Verkehr. Da die alten Strecken oft steil und kurvenreich verlaufen, können sie zudem nur in geringem Tempo befahren werden. Deshalb sind neue Eisenbahn-**Alpentransversalen** geplant. In steigungsarmen **Basistunneln** können Hochgeschwindigkeitszüge verkehren. Mit enormem Aufwand wird derzeit unter schwierigsten Bedingungen der Gotthard-Basistunnel gebaut. Er wird mit 57 km der längste Tunnel der Welt sein. Personenzüge durchqueren dann die Alpen mit 250 km/h und Güterzüge mit 160 km/h. Für das Befahren der Straße muss je nach Gewicht, gefahrenen Kilometern und Schadstoffausstoß eine Abgabe gezahlt werden.

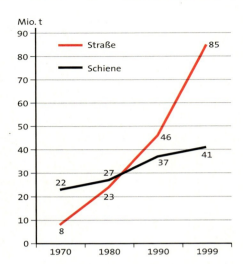

❺ *Transitgüterverkehr in den Alpen*

❻ **Transportleistung von Schiene und Straße auf wichtigen Transitrouten 1999 in Mio t**

	Straße	Schiene
Brenner (Österreich)	22,5	8,6
Gotthard (Schweiz)	6,5	15,0
Fréjus (Frankreich)	12,8	9,3
Gesamter Alpenraum	85,2	41,3

Warum überwiegt derzeit die Straße?

Da es teuer ist Zwischenlager einzurichten, werden Produkte am Zielort oft schon erwartet und kommen direkt in die Fertigung. Just-in-time heißt dieses Verfahren. Mit der Bahn kann eine derart genaue zeitliche Planung schwerer eingehalten werden. Häufigeres Umladen und die längere Transportdauer erhöhen die Kosten.

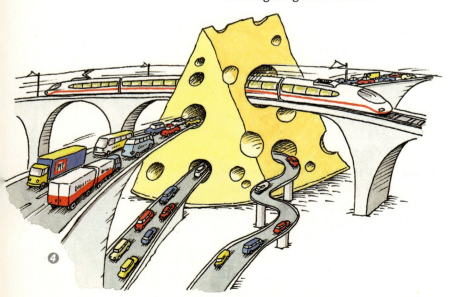

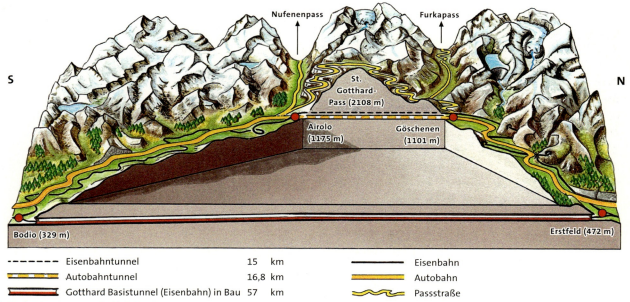

------ Eisenbahntunnel	15 km	———	Eisenbahn
▨▨▨ Autobahntunnel	16,8 km	▨▨▨	Autobahn
▬▬▬ Gotthard Basistunnel (Eisenbahn) in Bau	57 km	∿∿∿	Passstraße

7 *Verkehrswege am St. Gotthard*

Verkehr auf die Schiene verlagern?

Eine Lokomotive kann über 60 Wagen ziehen. Ein Zug hat wegen seiner Form einen sehr geringen Luftwiderstand. Auf Schienen ist der Widerstand der Räder besonders gering. So leistet die Bahn mit einer bestimmten Energie mehr als alle anderen Verkehrsmittel. Außerdem benötigt kein anderes Verkehrsmittel im Verhältnis zur Beförderungsleistung so wenig Fläche wie die Bahn.

Der Basistunnel – ein Meisterwerk

Die Tunnelbauer haben nicht nur mit hartem Gneis und Granit, sondern auch mit dem lockeren zuckerkörnigen Dolomit zu kämpfen. Die Tunnelröhre muss dabei einem gewaltigen Druck standhalten, da bis zu 2 500 Meter Gestein über ihr lagern. Um die Bauzeit zu verkürzen wurde bei Sedrun ein Schacht 800 Meter in die Tiefe gebaut, um von dort den Tunnel nach Norden und Süden voranzutreiben.

8 *Kombinierter Verkehr*

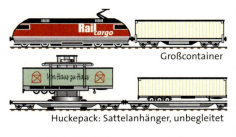

Großcontainer

Huckepack: Sattelanhänger, unbegleitet

Huckepack: Rollende Landstraße, begleitet

3 Vergleiche die Bedeutung der Transitstrecken Brenner, Gotthard und Fréjus für den alpenquerenden Güterverkehr.

4 Diagramm 5: Beschreibe die Entwicklung des Transitgüterverkehrs.

5 Stelle Vor- und Nachteile verschiedener Arten des kombinierten Verkehrs dar.

6 Vergleiche die jetzigen Verkehrswege mit den geplanten am Gotthard.

7 Erstelle eine Gedankenkarte zum Thema Verkehr in den Alpen.

Die Alpen

② *Serfaus 1950*

Vom Bergdorf zum Ferienzentrum

Surftipp:
www.serfaus.de und
www.serfaus.com

Schon immer auf der Sonnenseite?
Serfaus, der sonnigste Ort Tirols, liegt auf einer Ebene im oberen Inntal auf 1427m Höhe. Diese Höhenlage war früher dafür verantwortlich, dass viele Serfauser Bauern Not litten, da die Landwirtschaft nur einen geringen Ertrag einbrachte.

❸ **Die Schwabenkinder von Serfaus**
„Die Landwirtschaft des 17. und 18. Jahrhunderts konnte oft gerade einmal zwei Erwachsene ernähren. Wegen dieser Not schickten viele Eltern des oberen Inntals ihre Kinder im Sommer in das reichere Süddeutschland, um sich als Hütekinder für Schweine und Ziegen oder als Gehilfen für die Feldarbeit anstellen zu lassen. Als Lohn bekam jedes Kind neue Kleider, ein paar Schuhe und ein wenig Geld, das zu Hause abgeliefert werden musste. Die Eltern waren froh, einen Esser weniger am Tisch zu haben."

Heute dagegen ist die Lage von Serfaus in der reizvollen Landschaft der entscheidende Gunstfaktor für die wirtschaftliche Situation. Tausende Touristen strömen Jahr für Jahr in den Fremdenverkehrsort. In der **Wintersaison** stehen 53 Liftanlagen und 160 km präparierte Skipisten im Skigebiet, das mit den Nachbargemeinden Fiss und Ladis betrieben wird, zur Verfügung.
In der **Sommersaison** hat Serfaus etwa 100 km Wanderwege, Tennisanlagen, Schwimmbäder sowie Bergsport- und Gleitschirmprogramme zu bieten.
Der **Massentourismus** wurde so stark, dass das Dorf mit seinen alten Holzhäusern und der markanten Kirche im Verkehr zu ersticken drohte. Als Lärm und Luftbelastung unerträglich wurden, entschloss man sich, eine unterirdische Bahn zu bauen, die die Skifahrer von der Bahnstation zu den Seilbahnen befördert. Gleichzeitig wurde der Straßenverkehr fast ganz aus dem Dorf verbannt.

④ *Serfaus 2000*

Es gibt kein zurück!
Der Ausbau der öffentlichen Versorgungseinrichtungen wie auch die Erschließung der Skigebiete haben viel Geld gekostet. Serfaus ist heute auf die Einnahmen aus dem Tourismus angewiesen. Beschneiungsanlagen, so genannte Schneekanonen, sorgen deshalb dafür, dass die Wintersportler auch bei schneearmer Witterung gute Bedingungen vorfinden.

1 Vergleiche Serfaus früher und heute. Achte dabei auf das Dorfbild, die ausgeübten Berufe und die wirtschaftliche Lage der Dorfbewohner.
2 Vergleiche die Übernachtungszahlen für die Winter- und Sommersaison in Serfaus. Begründe die Unterschiede.
3 Informiere dich im Internet über das Angebot, das Serfaus den Touristen bietet. Unterscheide nach Sommersaison und Wintersaison.

⑤ **Bevölkerungs- und Wirschaftsentwicklung in Serfaus 1960–2000**

Jahr	1960	1970	1980	1990	2000
Einwohner	710	850	920	1040	1102
Bettenzahl	800	2640	3185	4100	5071
Übernachtungen pro Jahr	80 000	285 000	442 000	532 000	771 000
Lift- und Seilbahn Beförderungen pro J.	60 000	875 000	3 306 000	4 900 000	7 940 000
Zahl der Skilehrer	30	50	140	190	250
Aktive bäuerliche Betriebe	63	57	45	42	40

⑥ *Übernachtungen in Serfaus im Jahr 2000*

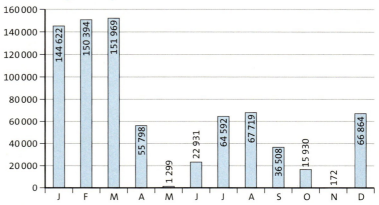

TERRA**Methode**
Die Alpen

Alp(en)traum – ein Rollenspiel

Ort und Konflikt

Der Wettbewerb zwischen Skiregionen ist hart. Deshalb haben die Gemeinden Serfaus, Fiss und Ladis ihre Skigebiete durch aufwändige Lift- und Seilbahnanlagen zusammengelegt. Im benachbarten Paznauntal liegt die Gemeinde See. Ihr kleines Skigebiet gilt als schön, aber abgelegen.

See will nun sein Skigebiet erweitern und mit dem von Serfaus – Fiss – Ladis zusammenschließen. Dazu wäre der Bau von zwei großen Seilbahnanlagen und einigen Skiliften nötig. Das bisher fast unberührte hintere Urgtal um die Ascher Hütte würde zum Skigebiet.

Da die Maßnahme in der Bevölkerung sehr umstritten ist, hat der Bürgermeister von See zu einer Bürgerversammlung eingeladen. Einziger Tagesordnungspunkt: der Zusammenschluss der Skigebiete von See und Serfaus – Fiss – Ladis.

Ein Rollenspiel durchführen

1. Schritt: Macht euch mit der Situation vertraut. Worum geht es?
Bildet dann Arbeitsgruppen zu den einzelnen Rollen und sammelt hierzu und zum strittigen Thema weitere Informationen. Stellt anschließend Rollenkarten her, auf denen ihr kurz die Person beschreibt und ihre Argumente notiert. Abschließend bestimmt jede Gruppe einen „Rollenspieler".

2. Schritt: Die Rollenspieler spielen nun die Situation (Bürgeranhörung) mit möglichst viel Überzeugung. Beachtet aber unbedingt, dass ihr nicht eure eigene Meinung vertretet, sondern die der dargestellten Person. Alle anderen Mitspieler haben die Aufgabe Gemeindemitglieder zu spielen. Sie beobachten alles ganz genau und können sich ebenfalls zu Wort melden. Am Ende stimmen alle über den Streitfall ab.

3. Schritt: Die ganze Klasse diskutiert im Anschluss an das Spiel über das Verhalten und die Argumente der „Schauspieler". Sprecht dabei auch über eure Erfahrungen beim Rollenspiel. Was hat euch besonders überzeugt? Was kam euch besonders „echt" vor? Wie habt ihr euch in euren Rollen gefühlt? Was habt ihr beim Rollenspiel gelernt? ...

Jeder Mensch spielt im Alltag verschiedene Rollen. Du bist z. B. ein Kind deiner Eltern, ein Schüler in deiner Klasse oder ein Mannschaftsmitglied beim Sport. Je nach Rolle handelst du verschieden.
Bei einem Rollenspiel schlüpft jeder wie ein Schauspieler in die Rolle eines anderen Menschen. So kann er dessen Sichtweise und Handlungen besonders gut nachempfinden. Durch das Spielen von Konfliktsituationen werden uns Streitfälle des Alltags verständlicher und wir können lernen, mit diesen besser umzugehen.

Andy Winkler,
Schüler, 16:
Nach dem Schulabschluss will er eine Ausbildung als Mechaniker machen. Wenn er in See keine Ausbildungsstelle findet, wird er in eine größere Stadt abwandern. Sein Großvater war noch Bergbauer. Sein Vater aber betreibt die Landwirtschaft nur noch im Nebenerwerb. Eigentlich lohnt sich für ihn die Landwirtschaft überhaupt nicht mehr. Eine Seilbahn käme ihm recht.

Lara Ederer,
Postbotin, 45:
Sie ist noch unentschlossen. Mehr Touristen bedeuten mehr Hotels, mehr Autos, mehr Lärm, mehr Müll. Das Ortsbild hat sich so verändert, dass sie sich gelegentlich nicht mehr wohl fühlt. Ihre Nachbarin führt ein großes Hotel, eine andere Freundin ein Andenkengeschäft. Sie weiß um deren Sorgen, wenn zu wenig Gäste kommen und sie dann schließen müssten.

Monika Schranz,
Landwirtin, 28:
Ihr Jungvieh verbringt den Sommer auf den Hochweiden (Almen) im hinteren Urgtal. Das Gras auf Skipisten ist aber weniger wertvoll. Der Schnee wird nämlich durch Pistenraupen und Skifahrer zusammengepresst. Er vereist und bleibt länger liegen als normal. Durch Schneekanonen wird die Schneedecke unnatürlich erhöht. Manche Gräser haben nach der Schneeschmelze nicht mehr genügend Zeit zum Wachsen.

Tanja Stumpf,
Angestellte der Seilbahngesellschaft, 35:
Die Seilbahngesellschaft steckt in großen finanziellen Schwierigkeiten. Deshalb stehen ihr Arbeitsplatz und noch weitere in ganz See auf dem Spiel. Nach dem Zusammenschluss wäre das Skigebiet von See der attraktivste und der größte Skizirkus im Umkreis. Ihrer Meinung nach wollen die meisten Touristen spektakuläre Skigebiete. Ski und fun ist immer mehr gefragt, am Tag auf der Piste und abends in der Disko.

Katharina Hess,
Rentnerin, 64:
Sie ist engagiertes Mitglied im österreichischen Alpenverein. Naturschutz ist ihr ein wichtiges Anliegen. Für sie hat das hintere Urgtal eine wilde Ursprünglichkeit mit Bachmäandern und Seen, Murmeltieren, Gämsen und Alpenschneehühnern sowie seltenen Pflanzen. Immer häufiger werden Wildtiere von Skifahrern aufgeschreckt.

Hans Höllhuber,
Gastwirt, 55:
Er hat treue Stammkunden, die nach See kommen, weil sie hier abseits des großen Trubels Urlaub machen können. Seiner Meinung nach sollten lieber die jetzigen Stärken besser verkauft werden: die Möglichkeit Skitouren in abgelegene einsame Gebiete zu unternehmen und ohne Rummel zu wandern.

1 *Führt ein Rollenspiel zum Thema durch.*

Die Alpen

Vom Nutzen des Bergwaldes

Besiedlung und Wirtschaft

Für die Menschen der Alpen ist der Bergwald schon immer von besonderer Bedeutung. Ohne sein Holz wäre die Besiedlung der Alpen nicht denkbar. Auch heute ist Holz als Baumaterial noch sehr gefragt. Aber zu starke Nutzung schadet dem Bergwald. Zu einer Schädigung kann es auch durch zu viele Wildtiere und die Waldweide kommen, indem Tiere Jungpflanzen abfressen oder zertreten.

Tourismus und Verkehr

Für die Anlage von Bergbahnen und Abfahrtsskipisten müssen breite Schneisen in den Bergwald geschlagen werden. Parkplätze für die zahlreichen Pkws und Busse der Touristen brauchen viel Platz. Die Zunahme des Straßenverkehrs versucht man seit Jahrzehnten mit dem Ausbau von Straßen in den Griff zu bekommen. Doch dem Straßenbau geht die Arbeit mit der Motorsäge voraus. Dem verbliebenen Bergwald droht dann schließlich durch die Zunahme von Luftschadstoffen die Puste auszugehen.

❶ *Alpen mit Bergwald*

❷ Ziel (...) ist es, den Bergwald als naturnahen Lebensraum zu erhalten, erforderlichenfalls zu entwickeln oder zu vermehren und seine Stabilität zu verbessern. (...)
(Aus dem Protokoll zur Durchführung der Alpenkonvention von 1991)

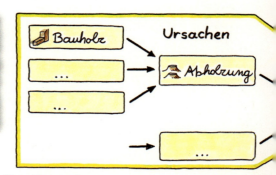

❸ *Wirkungsschema*

Der Bergwald schützt!

An den Berghängen hat der Wald wichtige Aufgaben für Mensch und Natur. Ohne den Bergwald wäre die Steinschlaggefahr viel höher. Vor allem aber sorgen die Bäume mit ihren Wurzeln dafür, dass Regen nicht den Boden abschwemmt. Dort, wo es keinen Wald mehr gibt, läuft das Wasser 14 mal schneller zu Tal. Nach Starkregen ist die Gefahr durch **Muren** besonders hoch. Dann bedrohen diese Schlammströme aus Wasser, Boden, Gesteinsschutt und Blöcken die Täler. Siedlungen und Verkehrseinrichtungen sind dadurch immer stärker bedroht. Eine kahle verödete Landschaft verliert ihren Erholungswert, die Touristen bleiben aus. Aber ohne den Tourismus bieten die Alpentäler ihren Bewohnern keine ausreichende Zukunft.

Den Bergwald schützen!

Um den Bergwald zu schützen muss heute viel Geld ausgegeben werden. Die Neupflanzung von einem Hektar Bergwald kostet etwa 15 000 Euro. Den nachwachsenden Wald muss man dann noch vor Lawinen schützen, was pro Hektar bis zu 500 000 Euro betragen kann. Dagegen vermehrt sich ein „gesunder" Bergwald kostenlos.

❹ *Alpen ohne Bergwald*

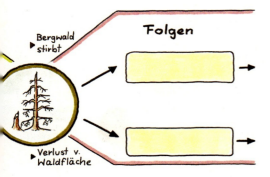

1 *Erläutere mit Hilfe der Zeichnungen 1 und 4 die Gefährdung des Bergwaldes und die Folgen für die Alpentäler.*
2 *Erkläre, warum der Bergwald geschützt werden muss.*
3 *Übernimm das begonnene Schema 3 in dein Heft und ergänze die freien Felder.*
4 *Informiere dich im Internet über den Bergwald und Möglichkeiten zu seinem Schutz.*

Surftipp:
www.bergwaldprojekt.ch
www.forst.bayern.de

Die Alpen

Berglandwirtschaft – ein mühsames Geschäft

❶ *Viehwirtschaft in den Alpen*

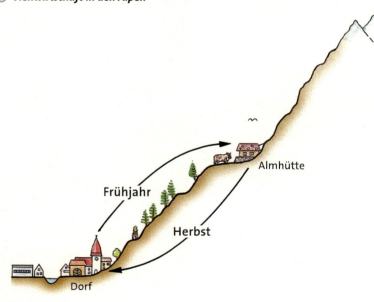

❷ *Traditionelle Almwirtschaft*

Die Berglandwirtschaft erscheint allen als ein Stück heile Welt. Leider sieht die Wirklichkeit des Bergbauern meist anders aus als auf der Postkarte. Häufig ist der Himmel bedeckt und es herrscht Nebel, oft gleichzeitig mit Regen. Praktisch jeden Monat im Jahr kann ein Kälteeinbruch kommen und Schnee fallen.

Gras als Futter für die Rinder wächst noch am besten. In den höheren Regionen kann das Vieh aber oft kaum vier Monate im Freien weiden. Acht Monate muss dann der Bergbauer für Futter sorgen! Dabei ist das Mähen auf den steilen Wiesen ein mühsames Geschäft! Wenn sich das Vieh auf den Weiden aufhält, die oft viele 100 m höher liegen als der Hof, braucht es eigene Unterstände für die Nacht, die Almhütten. Dort lebt den Sommer über eine Aufsichtsperson, der Senn oder die Sennerin. Im Frühsommer wird das Vieh auf die Alm hochgetrieben. Im Herbst geht es dann auf dieselbe mühsame Weise wieder abwärts.

An diese harten Umstände haben sich der Bergbauer und seine Familie gewöhnt. Aber heutzutage kommen neue Probleme auf sie zu und machen das Leben noch schwerer. Da sind zunächst die niedrigen Preise für ihre Erzeugnisse, wohingegen ihre Betriebskosten immer mehr steigen. Und während bei anderen Berufen die Arbeitszeit immer kürzer wird, gilt das für den Bergbauern nicht, denn im steilen Gelände kann er arbeitssparende Maschinen kaum einsetzen. Auch sind die Löhne in der Stadt so gestiegen, dass immer weniger Menschen bereit sind, als Senn oder Sennerin zu arbeiten.

Touristen statt Kühe?

Aus all diesen Gründen geben immer mehr Bergbauern ihre Betriebe auf. Damit wird aber die Landschaft nicht mehr gepflegt. Es gibt noch andere negative Folgen: Wenn das Gras nicht mehr gemäht und damit zu lang wird, so legt es sich unter der Schneelast flach und diese kann leicht abrutschen, was gefährlich ist. Deshalb versuchen alle Alpenländer, die Bergbauernhöfe zu unterstützen, wenn dort noch Vieh gehalten wird. Für jedes Rind und für jeden Hektar Grünland erhält der Bergbauer vom Staat Geld.

Trotz der staatlichen Hilfen ist es für viele Bergbauern finanziell lohnender, ihr Land an Skiliftbetreiber zu verkaufen oder selbst eine Pension zu bauen. Hier muss der Staat oft bremsen, indem er verbietet, dass auf dem Grundstück touristische Bauten errichtet werden. So werden hoffentlich auch in Zukunft Kühe in den Alpen grasen!

❸ *Bauernhöfe werden zu Pensionen und Appartements*

1 Nenne drei naturbedingte Schwierigkeiten, mit denen die Bergbauern zu kämpfen haben.
2 Nenne zwei weitere Gründe, weshalb viele Bergbauern aufgeben wollen.
3 Warum versuchen die Alpenstaaten, die Berglandwirtschaft am Leben zu halten?

Die Alpen

Gipfel der Erde

Schon immer beeindruckten hohe Berge die Menschen. Man vermutete dort den Sitz der Götter und hatte großen Respekt vor ihnen.

Bergsteiger, vor allem aus Europa, wollten die höchsten Gipfel erklimmen, doch viele erfroren dabei oder stürzten ab. Die Kälte und der geringe Sauerstoffgehalt der Luft in Höhen über 5 000 m sind bei jeder Besteigung eine große Gefahr.

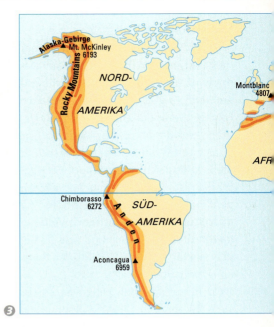

❸

❶

Der **Mount McKinley** (6 193 m) im amerikanischen Bundesstaat Alaska ist der höchste Berg Nordamerikas. Die indianischen Ureinwohner nennen ihn respektvoll Denali, was soviel wie „der Hohe" bedeutet. Oberhalb von 2 000 m ist er das ganze Jahr schneebedeckt. Die Erstbesteigung gelang 1913.

❷

Der **Aconcagua** (6 959 m) in den Anden Argentiniens ist der höchste Berg Südamerikas. 1897 wurde er erstmals bestiegen. Eine Besteigung ist auch heute noch gefährlich, da häufig Orkane mit Windgeschwindigkeiten von bis zu 200 km/h und Temperaturstürze auf -45 °C auftreten.

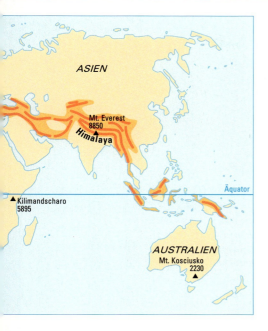

Kaum zu glauben
Als **höchster Berg der Erde** gilt der Mount Everest, aber der Vulkan Mauna Kea auf der Insel Hawaii erhebt sich vom 6 000 m tiefen Meeresboden bis auf 4 205 m über den Meeresspiegel.

Der **Mount Everest** (8 850 m) im Himalaya-Gebirge ist der höchste Berg der Erde. Er liegt genau auf der Grenze von Nepal und dem zu China gehörenden Tibet. Die Tibeter nennen ihn Tschomolungma – „Thron der Götter". 1953 erreichten der Neuseeländer Edmund Hillary und der Nepalese Tensing Norgay als erste den Gipfel.

Der **Kilimandscharo** (5 895 m) in Tansania ist der höchste Berg Afrikas. Er ist aus drei Vulkanen zusammengewachsen und ist das ganze Jahr über mit einer weißen Schneekappe bedeckt. Die Erstbesteigung erfolgte 1889 durch den Geographen Hans Meyer und den Bergsteiger Ludwig Purtscheller.

TERRATraining
Die Alpen

Wichtige Begriffe
Basistunnel
Faltengebirge
Gletscher
Hochgebirge
Höhenstufe
Lawine
Massentourismus
Mure
Nährgebiet
Passstraße
Saison
Schneegrenze
Seitenmoräne
Speicherkraftwerk
Transitverkehr
Trogtal
Wasserkraftwerk
Zehrgebiet

❶

1 Wer kennt sich gut aus?
Arbeite mit Karte 1 und benenne
a) die Städte 1 bis 14,
b) die Berge 1 bis 7,
c) die Flüsse und Seen a bis h,
d) die Pässe ① bis ⑤.

❷

2 Gletscherexperte gesucht
In Zeichnung 2 sind sechs wichtige Begriffe, die du in diesem Kapitel gelernt hast, mit Buchstaben versehen. Notiere sie in dein Heft.

3 Richtig oder falsch?
Verbessere die falschen Aussagen und schreibe sie richtig auf.
– Die Alpen sind das höchste Gebirge der Welt.
– Oberhalb der Schneegrenze scheint immer die Sonne.
– Je höher man auf einen Berg hinaufsteigt, desto wärmer wird es.
– Gletscher fließen schnell bergab.
– Bergwälder schützen die Dörfer im Tal vor Lawinen.
– In den Alpen gibt es mit Winter und Sommer zwei Hauptsaisons.
– Das vom Gletscher ausgeschürfte Tal nennt man Napftal.
– Der Brenner verbindet die Schweiz mit Österreich.
– Der Tourismus in den Alpen schafft viele Arbeitsplätze, ist aber auch eine Belastung für Menschen und Natur.
– Der Bergwald muss gerodet werden, da er die Aussicht auf den Gipfel stört.
– Ein Speicherkraftwerk deckt die Grundlast des Strombedarfs ab.
– In der Wintersaison fahren die Touristen hauptsächlich Ski.

4 Wer ist der Alpenexperte?

a) Zu welchen beiden Alpenländern gehören die Flaggen?

Fläche: 84 000 km² 41 000 km²
Einwohner: 8,1 Millionen 7,0 Millionen

b) Notiere fünf weitere Alpenländer.
c) Wie heißt und wie hoch ist der höchste deutsche Berg (Foto 4)?
d) Wie heißt, wo liegt und wie hoch ist der höchste Berg Europas (Foto 5)?

5 Findest du die Begriffe?

– Sehr langsam fließender Eisstrom im Hochgebirge.
– Günstiger, natürlicher Alpenübergang für den Verkehr.
– Schneemasse, die an Gebirgshängen abgleitet.
– Kraftwerk für die Erzeugung von Spitzenstrom im Gebirge.
– Schutt- und Geröllablagerungen von Gletschern.
– Weidegebiet, meist oberhalb der Waldgrenze gelegen.

6 Suche für die abgebildeten Transporte die kürzesten Fahrtwege. Notiere dabei Städte, Pässe und Tunnel entlang der Strecken.

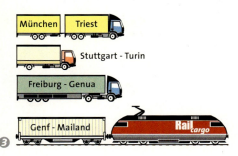

④
⑤

Teste dich selbst
mit den Aufgaben 1c, 1d und 2

7 Bilderrätsel

Löse die Bilderrätsel und erkläre die gesuchten Begriffe!

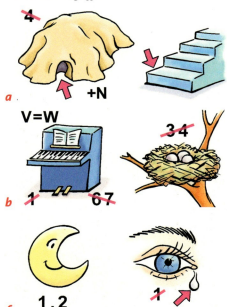

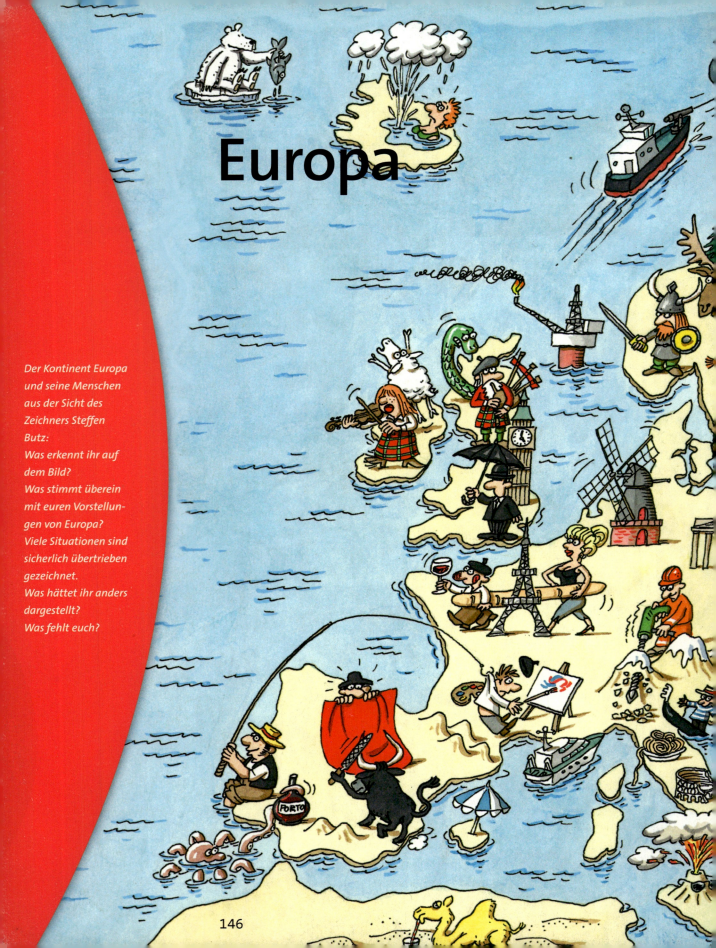

Europa

Der Kontinent Europa und seine Menschen aus der Sicht des Zeichners Steffen Butz:
Was erkennt ihr auf dem Bild?
Was stimmt überein mit euren Vorstellungen von Europa?
Viele Situationen sind sicherlich übertrieben gezeichnet.
Was hättet ihr anders dargestellt?
Was fehlt euch?

Europa

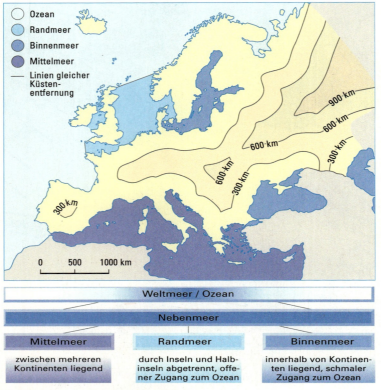

① Meeresgliederung und Küstenentfernung

Europa – ein Kontinent

Vom Nordkap bis nach Kreta, von Lissabon bis zum Uralgebirge – in beiden Richtungen erstreckt sich Europa über Tausende Kilometer. Von allen Kontinenten weist Europa die gegliedertste Gestalt auf: ein Drittel seiner Landfläche entfällt auf Inseln und Halbinseln. Der Atlantik reicht mit seinen Nebenmeeren weit nach Europa hinein. Mehr als die Hälfte aller Orte liegen küstennah, das heißt, nicht weiter als 300 Kilometer von einer Küste entfernt. Europas Küstenlänge ist so groß wie der Erdumfang. Innerhalb des Kontinents bestehen große Unterschiede hinsichtlich Relief, Klima und Vegetation. Nach diesen natürlichen Merkmalen und nach der Lage wird Europa in sechs Großregionen gegliedert (3).

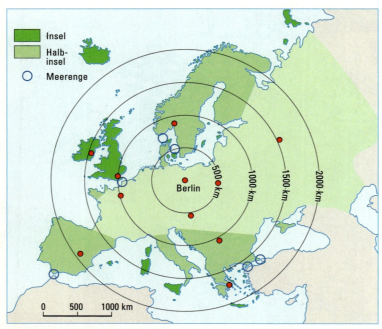

② Inseln, Halbinseln und Meerengen

Wo endet Europa?

Wegen seiner breiten Landverbindung im Osten zu Asien lässt sich Europa auch als Halbinsel eines Doppelkontinentes Eurasien ansehen. Die Abgrenzung zu Asien ist willkürlich. Sie erfolgt durch das Uralgebirge, den Fluss Ural, die Nordküste des Kaspischen Meeres, die Manytsch-Niederung, das Schwarze Meer und den Bosporus. Nach dieser Abgrenzung haben die Staaten Russland, Kasachstan und die Türkei Anteile an Europa und Asien.

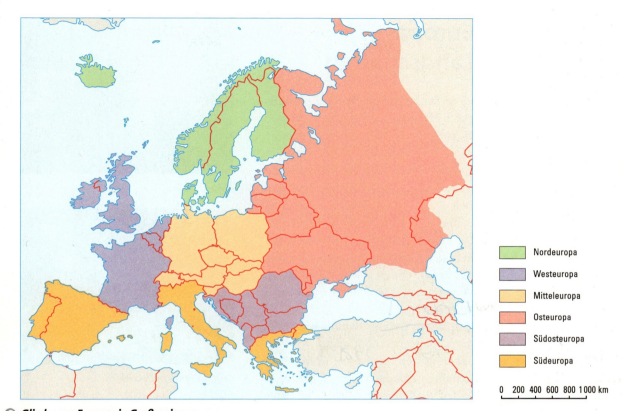

③ *Gliederung Europas in Großregionen*

Europa – ein Kontinent mit vielen Gemeinsamkeiten!

Die 730 Millionen Bewohner Europas haben Gemeinsamkeiten in Sprache, Geschichte, Kultur und Wirtschaft. Die Völker Europas entstammen der hellhäutigen indo-europäischen Rasse. Deshalb sind die verbreitetsten Sprachfamilien – die germanische, die romanische und die slawische – miteinander verwandt. Die meisten Europäer gehören christlichen Religionen an. Und schließlich haben sich in Europa Wissenschaften und Wirtschaftsformen entwickelt, die heute Einfluss auf das Leben der ganzen Menschheit haben.

1 Benenne in der Karte 1 die Nebenmeere des Atlantiks.
2 Benenne in der Karte 2 die Inseln, die Halbinseln und die Meerengen Europas.
3 Bestimme die Ausdehnung Europas:
   a) in nord-südlicher Richtung vom Nordkap nach Kreta,
   b) in südwest-nordöstlicher Richtung von Lissabon in Portugal zum Narodnaja im Uralgebirge.
4 a) Beschreibe die Abgrenzung Europas im Osten, Südosten und Süden.
   b) Nenne mit Hilfe von Karte 3 die Staaten, die über diese Abgrenzung auf einen anderen Kontinent reichen.

Kontinent
stammt aus dem Lateinischen: „Terra continens"= zusammenhängendes Land.

Europas Landschaften

Wenn der Ätna „Feuer" spuckt, die Alpen durch Erdbeben erschüttert werden, Sturmfluten die Nordseeküste zerstören, dann wird deutlich, dass der Kontinent Europa nicht so ruhig ist, wie es seinen Bewohnern normalerweise erscheint. Wer in geologisch langen Zeiträumen denkt, der findet die Erdgeschichte von Europa lebendig und spannend. Die heutigen Oberflächenformen Europas, das **Relief**, sind in vielen Millionen von Jahren gebildet worden – und werden auch weiterhin geformt.

Drei große Gebirgsbildungen schufen die Gebirge des Kontinents. Während der Jüngsten vor etwa 60 Millionen Jahren entstanden die Hochgebirge im Süden des Kontinents, wie zum Beispiel die Alpen und die Pyrenäen. Älter sind die heutigen Mittelgebirge in Europa. Beispiele hierfür sind der Ural oder das Skandinavische Gebirge.

Die Tiefländer des Kontinentes wurden vom Meer, von den Flüssen und im Norden auch vom Inlandeis geformt.

Die Küsten Europas entstanden sogar erst nach der letzten Eiszeit. Mit dem Abschmelzen des Inlandeises stieg der Meeresspiegel an, Europa erhielt seine heutigen Umrisse.

Die Reliefbildung des Kontinents ist jedoch nicht abgeschlossen. Dies zeigt zum Beispiel der lebendige Vulkanismus in Italien oder auf Island.

❶ *Ätna in Italien*

❷ *Großglockner in Österreich*

❸ *An der Algarve in Portugal*

❹ *Donau bei Beuron*

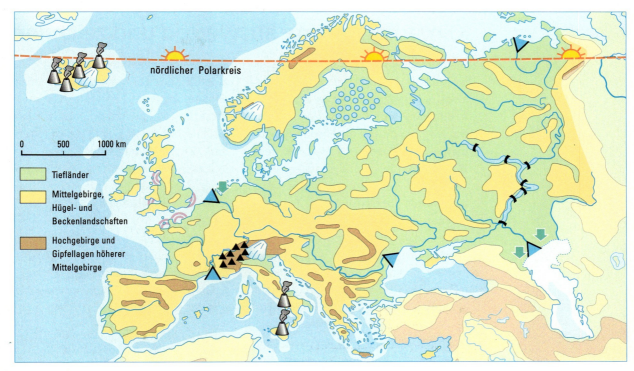

5 *Landschaften Europas*

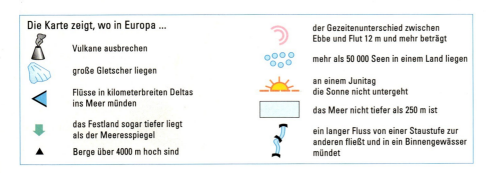

1. Beschreibe die Fotos 1–4. Welche Naturkräfte haben das Relief geformt?
2. Wer ist älter? Begründe jeweils:
   a) Poebene oder Alpen,
   b) Pyrenäen oder Ural.
3. a) Im Süden Europas erstreckt sich ein Gürtel junger Hochgebirge. Nenne die wichtigsten.
   b) Nenne je drei Mittelgebirge und Tiefländer in Europa.
4. Notiere mit Hilfe des Atlas zu den Symbolen in der Kartenlegende 5 jeweils ein Beispiel.

TERRAMethode
Europa

Klimadiagramme auswerten und zeichnen

Das Klima eines Ortes kann man nur mit einem Klimadiagramm veranschaulichen und beschreiben. Es zeigt für das ganze Jahr die Durchschnittswerte für Temperatur und Niederschlag. Im Erdkundeunterricht lernst du das Klima vieler Länder auf unterschiedlichen Kontinenten kennen.

Als **Wetter** wird das Zusammenspiel aller Erscheinungen in der Luft während eines bestimmten Tages an einem Ort bezeichnet. Entscheidend sind dabei die Temperatur und die Niederschlagsmenge eines Tages. Das Wetter ändert sich nahezu täglich und ist selten überall gleich. Im Laufe eines Jahres kann das Wetter aber auch einige Tage bis Wochen annähernd gleich bleiben. So stellt sich bei uns fast in jedem Jahr gegen Ende September warmes und trockenes Wetter mit ersten Nachtfrösten ein. Solche typischen Merkmale eines über mehrere Tage gleich bleibenden Wetters nennen wir **Witterung**.

Das Mittel der Wetterabläufe, die über einen langen Zeitraum in einem bestimmten Gebiet beobachtet werden, ergibt das **Klima**. Während das Wetter schnell wechseln kann, ist das Klima beständig. Es schwankt erst im Laufe von vielen Jahren. Das Klima wird von der Sonneneinstrahlung, aber auch von Meeresströmungen, der Entfernung zum Meer und der Höhe eines Ortes beeinflusst.

Die über Jahre berechneten mittleren Monatsniederschläge und Monatstemperaturen werden vereinfacht und übersichtlich in einem **Klimadiagramm** dargestellt. Die Summe der an jedem Tag eines Monats gefallenen Niederschläge ergeben den Monatsniederschlag. Die mittlere Monatstemperatur ergibt sich aus der Addition aller Tagesmitteltemperaturen eines Monats. Anschließend wird diese Summe durch die Anzahl der Tage des Monats dividiert. Das Klimadiagramm gibt außerdem die Jahresmitteltemperatur und den Jahresniederschlag eines Ortes an.

Klimadiagramme auswerten

1. Schritt: Lies den Namen und die Höhe der Station ab.
2. Schritt: Lies die mittlere Jahrestemperatur ab und ermittle dann den kältesten und den wärmsten Monat.
3. Schritt: Berechne die Jahresschwankung, dass heisst den Unterschied zwischen dem wärmsten und dem kältesten Monat.
4. Schritt: Lies den Jahresniederschlag ab und ermittle die Monate mit dem höchsten und dem niedrigsten Niederschlag.
5. Schritt: Beschreibe Temperaturverlauf und Verteilung der Niederschläge.

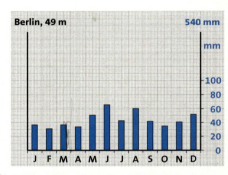
❶ *Mittlere Monatsniederschläge 1971–2000*

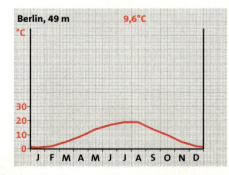
❷ *Mittlere Monatstemperaturen 1971–2000*

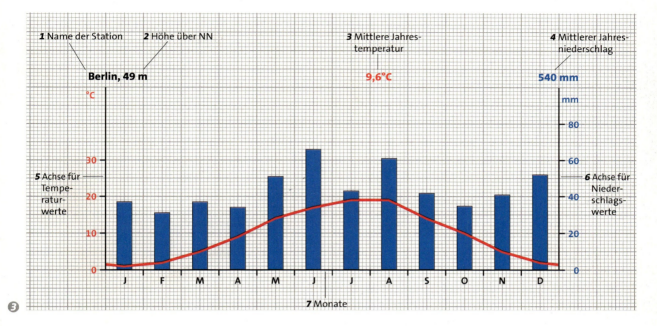

Klimadiagramme zeichnen

1. Schritt: Zeichne eine waagerechte 12 cm lange Grundlinie und teile sie für die Monate ein (1 Monat = 1 cm). Schreibe die Anfangsbuchstaben der Monate darunter.

2. Schritt: Zeichne links von der Grundlinie eine senkrechte Achse für die Temperaturwerte (rote Zahlen, 1 cm = 10 °). Trage den Wert für 0 ° an der Grundlinie ein. Wenn es Monate mit Werten unter 0 ° gibt, muss die Achse nach unten verlängert werden.

3. Schritt: Zeichne rechts von der Grundlinie eine senkrechte Achse für die Niederschläge (blaue Zahlen, 1 cm = 20 mm).

4. Schritt: Beschrifte die Achsen jeweils mit °C und mm und schreibe Name sowie Höhe der Station über das Diagramm.

5. Schritt: Markiere die mittleren Monatstemperaturen mit einem Kreuz in der Monatsmitte und verbinde sie mit einem roten Stift zu einer Kurve.

6. Schritt: Markiere die Höhe der mittleren Monatsniederschläge mit einem kleinen Punkt. Zeichne dann bis zu dieser Marke 4 mm breite blaue Säulen.

1. Das Wetter kann man beobachten und messen, das Klima nur berechnen. Erkläre diese Aussage.
2. Welche Bedeutung haben Wetter, Witterung und Klima für die Landwirte, für den Fremdenverkehr und für dich selbst? Nenne jeweils fünf Beispiele.
3. Werte das Klimadiagramm 3 von Berlin aus.
4. Suche unter den Klimastationen im Anhang eine Station aus. Zeichne dazu ein Klimadiagramm und werte es aus.
5. Temperatur- und Niederschlagswerte in einem Klimadiagramm dürfen nicht mit den wirklichen Werten eines beliebigen Tages im jeweiligen Monat verwechselt werden. Erkläre.

Vorsicht beim Lesen der Klimadiagramme

Wenn du in einem Klimadiagramm für den Monat August eine Temperatur von 18 ° abliest, dann kann es an mehreren Tagen eines Jahres sehr warm (mit Temperaturen über 30 °C) oder recht kühl (mit Temperaturen unter 15 °C) gewesen sein. Denke immer daran, der Wert 18 °C ist ein Mittelwert aus Monatsmitteltemperaturen eines Zeitraums von 30 Jahren.

→ Klimadaten
Weitere Stationen findest du auf den Seiten 272–273.

Europa

① **Klimazonen in Europa**

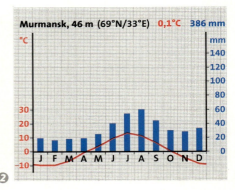
②

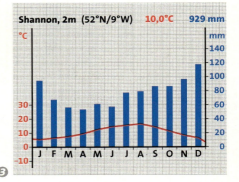
③

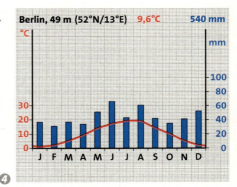
④

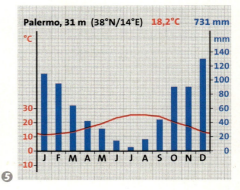
⑤

Vegetation und Klima in Europa

Europa Anfang März: In Murmansk liegt Oleg am Kachelofen, denn das Thermometer zeigt 8 °C unter Null. Gleichzeitig macht Barbara in Berlin einen Frühlingsspaziergang und entdeckt die ersten Knospen. In Rom dagegen sitzt Gina zur gleichen Zeit bei 17 °C unter blühenden Bäumen im Eiscafé.

Welch ein Gegensatz! Aber Europa reicht von der Polarzone im hohen Norden bis in die Subtropen im Süden. Die gürtelartig angeordneten Gebiete mit ähnlichen Klimamerkmalen werden als **Klimazonen** bezeichnet. Auch zwischen West und Ost bestehen große Unterschiede. Die ausgleichende Wirkung des Meeres auf das Klima nimmt nach Osten immer weiter ab – die **Kontinentalität** erhöht sich. Da sich die Pflanzen dem Klima sehr stark anpassen, haben sich durch diese Abhängigkeit natürliche Vegetationszonen ausgebildet.

→ Kontinentalität, siehe auch Seite 254.

In der **Tundra** (6) herrschen Rentierflechte (weiß), Zwergbirke, Heidelbeere (rot), Gräser und Moose vor. Der Zwergwuchs nutzt die Bodenwärme und schützt vor Austrocknung und Wind.

In der **Nadelwaldzone** (7) findest du vor allem Fichten, Tannen und Kiefern. Die immergrünen Nadeln nutzen die frühen Sonnenstrahlen und schützen die Bäume im Winter vor dem Austrocknen.

Buchen und Eichen sind kennzeichnend für die **Laubwaldzone** (8). Sie werfen ihr Herbstlaub ab und entfalten neues Laub im Frühjahr. Da die dichten Baumkronen viel Licht wegnehmen, gibt es kaum Unterholz.

Typisch für die Zone der **Hartlaubgewächse** (9) sind Olivenbäume, Agaven und Feigenkakteen. Das immergrüne, kleinblättrige Hartlaub kann in seinen dickfleischigen Blättern Wasser speichern.

1 Nenne die Abfolge der Klimazonen:
 a) vom Nordkap nach Sizilien,
 b) von Irland zum Ural.
2 Beschreibe mit Hilfe der Klimadiagramme (2 bis 5) die Klimaveränderungen in Europa von Westen nach Osten und von Norden nach Süden.
3 Erläutere anhand der Fotos die Abhängigkeit von Klima und Vegetation.

Europa

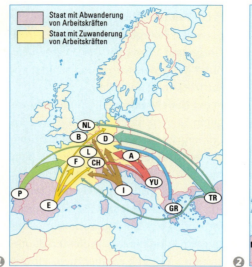

Warum verlassen Menschen ihre Heimat?

Überall triffst du Menschen, die eine andere Hautfarbe oder eine andere Herkunft haben als du. Sie haben ihre vertraute Umgebung und ihre Freunde verlassen und kamen in ein Land mit einer anderen Tradition, Kultur, Religion und anderen Denkweisen.
Warum nehmen Menschen eine solche Last auf sich? Vier Kinder schildern dir hier ihr Los, das sie gezogen haben.

Ich heiße Tüley und bin in Deutschland geboren. Mein Großvater kam schon 1968 als Gastarbeiter in die Bundesrepublik Deutschland, weil hier dringend Arbeitskräfte gebraucht wurden. Er fand in einer Eisengießerei Arbeit, die er so gut ausführte, dass er bleiben sollte. Deshalb sind meine Eltern 1972 auch nach Deutschland gezogen. Heute wird uns manchmal vorgeworfen, dass wir den Deutschen die Arbeitsplätze wegnehmen. Dabei verrichten wir Arbeiten, die viele Deutschen ablehnen und haben dazu beigetragen, dass der Wirtschaftsaufschwung erhalten blieb.

Meine Freunde hier im Norden Italiens nennen mich Tonia. Geboren bin ich allerdings in Sizilien, der größten Insel des Mittelmeeres.
Mein Vater hat als Kleinpächter Landwirtschaft betrieben. Doch trotz aller Reformversuche der Regierung war unsere soziale Lage gegenüber den Großgrundbesitzern sehr schlecht. Mein Vater konnte die naturgegebenen Möglichkeiten nie richtig ausnutzen, weil für eine wirtschaftliche Entwicklung kein Geld vorhanden war. Viele Menschen sind wie wir nach Oberitalien abgewandert, da Sizilien gegenüber dem Norden des Landes wirtschaftlich, kulturell und politisch rückständig war.

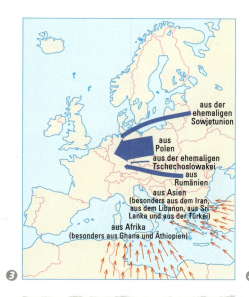
❸
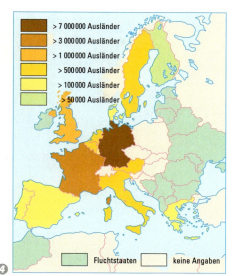
❹

Mein Name ist Helena und ich komme aus Tadschikistan. Wir sind 1997 als Aussiedler hierher nach Deutschland gekommen. Eigentlich sind wir keine Ausländer, denn meine Ururgroßeltern waren Deutsche, die 1762/63 nach Russland gerufen wurden, um das fruchtbare Gebiet der unteren Wolga gegen die Tataren zu sichern. Deshalb werden wir Russlanddeutsche genannt. Nach dem deutschen Überfall auf die Sowjetunion 1941 wurden die Russlanddeutschen zu Unrecht der Unterstützung der deutschen Angreifer beschuldigt und zwangsweise nach Kasachstan, Kirgisistan und Tadschikistan umgesiedelt. Die Rückkehr in unsere traditionellen Gebiete wurde nicht mehr ermöglicht. Deshalb sind wir schließlich nach Deutschland umgesiedelt, um hier wieder eine Heimat zu finden.

Ich bin Meles. In meiner Heimat Äthiopien kam es 1998 zu einem Grenzkrieg mit Eritrea. Ich habe viele Menschen sterben sehen, manche sind ermordet worden. Aber das war nicht das Einzige! Die übergroße Dürre führte auch noch zu Hungerkatastrophen. Wir hatten sehr wenig zu essen und ich kannte nicht das Gefühl, satt zu sein. Auf Grund dieser schlimmen Lebensbedingungen, haben meine Eltern entschieden, dass wir in Italien einen Neuanfang probieren.
Heute habe ich ein eigenes Bett, mein Vater hat Arbeit und meine Mutter kann jeden Tag etwas für uns kochen.

1 Beantworte die Überschrift des Kapitels.
2 Nenne verschiedene Bezeichnungen für Mitbürgerinnen und Mitbürger ausländischer Herkunft. Einige findest du im Text.
3 Welche Gründe hatten Menschen, ihre Heimat zu verlassen, die zur Wanderungsbewegung in Karte 2 und 3 gehören?
4 Zeichnet in eine Europakarte mit Pfeilen und Namen ein, woher zugewanderte Klassenkameraden gekommen sind.

Europa

Auf dem Weg zum ...

Immer wieder sind in Europa Kriege geführt worden. Der letzte große Krieg, der Zweite Weltkrieg, forderte in Europa über 50 Millionen Tote.
In vielen Staaten brach dann eine Epoche friedlichen Zusammenlebens und der Zusammenarbeit über die Grenzen hinweg an. Man spricht deshalb von der Europäischen Integration. Im Laufe dieser Zeit wurden **Staatenbündnisse** mit wirtschaftlichen, politischen wie auch militärischen Zielen gegründet.
Darunter ist die **Europäische Union (EU)** das bedeutendste Bündnis. Ursprünglich war dieses ein Wirtschaftsbündnis von sechs Staaten.

Durch Beitritte in vier Etappen ist die Union auf 15 Mitgliedstaaten gewachsen. Die EU nimmt heute ein Drittel der Fläche des Kontinents ein und zu ihr gehört mit 375 Millionen Menschen mehr als die Hälfte der Bevölkerung Europas. Weitere zwölf Staaten möchten der EU beitreten. Die Zusammenarbeit umfasst heute neben dem wirtschaftlichen auch kulturelle, soziale, militärische und politische Bereiche. Deshalb benannte sich der Staatenbund 1993 zu einer Union um.
Die 1960 gegründete European Free Trade Association, oder EFTA erlebte eine Schrumpfung. Von ihren ehemals zehn Mitgliedstaaten sind inzwischen sechs in die EU gewechselt.

1949 Europarat Zusammenschluss von Staaten u.a. zum Schutz von Menschenrechten und Demokratie

1958 EWG Gründung der Europäischen Wirtschaftsgemeinschaft

1959 EFTA Gründung der Europäischen Freihandelszone

1965 EG Bildung der Europäischen Gemeinschaft

1973 Erweiterung der EG durch Beitritt von Dänemark, Großbritannien und Irland

1981 Erweiterung der EG durch Beitritt von Griechenland

1986 Erweiterung der EG durch Beitritt von Portugal und Spanien

1991 GUS Gründung der Gemeinschaft Unabhängiger Staaten

Etappen auf dem Weg nach Europa

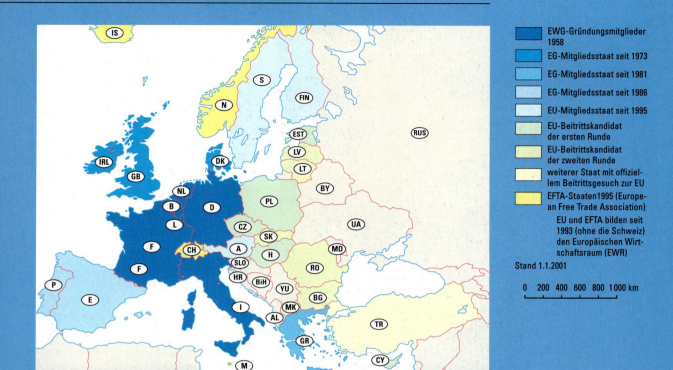

Bündnisse in Europa

Im Osten Europas wurde 1991 die Gemeinschaft Unabhängiger Staaten (GUS) gegründet. Ihr gehören heute 12 Mitgliedstaaten an.
Im Südosten Europas dagegen kommt es nach wie vor zu gewaltsamen Auseinandersetzungen um die politischen Grenzen. Hoffentlich wird auch dort bald die Einsicht einkehren, dass friedliche Zusammenarbeit über die Grenzen hinweg die Zukunft Europas bedeutet.

1 Die Etappen zur EU: 6–9–10–12–15: Nenne die Gründungsstaaten der damaligen EWG und die jeweils hinzugekommenen Staaten.

2 „Europa zwischen Einigung und Trennung" – sammelt Informationsmaterial und gestaltet damit zwei Poster.

1993 EU Schaffung des europäischen Binnenmarktes und Umbenennung der EG in Europäische Union

1995 Erweiterung der EU durch Beitritt von Finnland, Österreich und Schweden

1998 Gründung der Europäischen Zentralbank

2002 Europäische Währungsunion von 12 EU-Ländern

④ *Gebäude der EU in Brüssel*

... Vereinten Europa

Brüssel

Die belgische Hauptstadt ist gleichzeitig Sitz der **Europäischen Kommission** mit einem Präsidenten an der Spitze und 20 Kommissaren. Ihre Rolle kann man mit derjenigen von Ministern vergleichen, die aus den verschiedenen europäischen Ländern stammen. Jeder Kommissar verwaltet einen besonderen Aufgabenbereich.

20 000 Beamte sind damit beschäftigt Europa zu verwalten. Zu den Aufgaben der Kommission gehört es, Gesetzesentwürfe vorzulegen und einen Plan darüber aufzustellen, wie das Haushaltsgeld ausgegeben werden soll. Das moderne Brüssel ist eine ständige Baustelle. Überall entstehen neue Hochhäuser: Wohnkomplexe und Bürobauten für Tausende von EU-Angestellten.

⑤ **Was macht ein Europaabgeordneter?**
Die wichtigste Voraussetzung eines MdEP (Mitglied des Europäischen Parlaments) ist seine Mobilität. Eine Wohnung und ein Büro braucht er sowohl in Brüssel als auch in Straßburg und natürlich am Wohnort. Ein Parlamentarier pendelt also zwischen seinen Arbeitsstätten hin und her.

Charlotte Cederschiøld, Stockholm:
„Wir haben in Stockholm das Programm ‚Europäische Städte gegen Drogen' begonnen. Daraus wurde ein weltweites Netzwerk. Ich habe zur Information des Parlaments Stockholmer Polizisten aus ihrer Arbeit berichten lassen. Nun arbeite ich daran, dass wir eine laufende Gesprächsrunde mit Bürgermeistern großer europäischer Städte bilden, die über ihre Probleme sprechen. Diese könnten dann im Europaparlament gemeinsam gelöst werden."

Michael N. Elliot, London:
„Ich habe mich für europäische Fördergelder eingesetzt, um jungen Behinderten aus London bessere Berufschancen zu ermöglichen. Das hat auch Arbeitsplätze für Ausbilder geschaffen. Außerdem habe ich erreicht, dass neue Hightech- und Dienstleistungsbetriebe angesiedelt wurden."

Joan Colóm Naval, Barcelona:
„Barcelona hat den wichtigsten Hafen im westlichen Mittelmeer. Es ist mir gelungen, unsere Partnerstadt Shanghai in China dazu zu bringen, Barcelona als einen der für sie wichtigsten Häfen in Europa zu wählen. Wichtig für Barcelona ist die Anpassung an die Europäischen Verkehrsnetze, vor allem der Hochgeschwindigkeitszüge. Zur Zeit wird eine neue Autobahn zwischen Barcelona und Toulouse gebaut, die mit EU-Geldern gefördert wird."

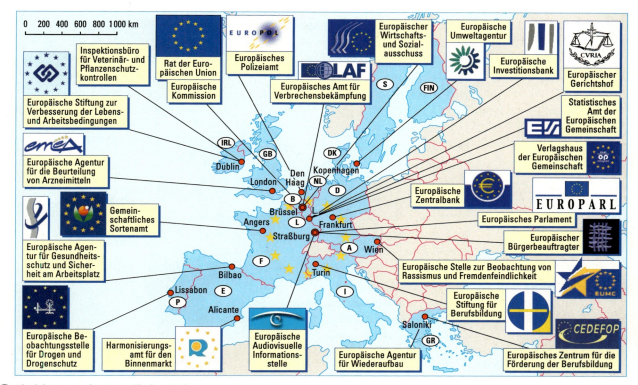

❻ *Einrichtungen der Europäischen Union*

Straßburg

626 Mitglieder hat das Europäische Parlament in Straßburg. Dazu kommen Berater, Büroangestellte, Dolmetscher, Fahrer und Boten. In Straßburg beraten die vom Volk gewählten Abgeordneten aller Mitgliedsländer, auch Parlamentarier genannt, und legen die Leitlinien der europäischen Politik fest. Hier wird debattiert wie im deutschen Bundestag oder im englischen Parlament. Elf bis zwölf Wochen im Jahr sind für Sitzungen in Straßburg vorgesehen. In der übrigen Zeit tagen die Parlamentarier in Brüssel oder halten sich in ihren heimatlichen Wahlkreisen auf.

❼ *Europäisches Parlament in Straßburg*

3 Liste die Einrichtungen der EU sortiert nach Ländern und Städten auf.

4 Suche in Tageszeitungen nach Themen, bei denen die EU eine Rolle spielt.

TERRATraining

Europa

1 Topografie-Merkwissen Europa
Benenne in der Karte 2
a) die Meere A–F,
b) die Inseln a–f,
c) die Flüsse a–n,
d) die Hauptstädte 1–39.

2 Der Hauptstadtbande auf der Spur
Elegant treten sie auf, rauben aber im günstigen Moment luxuriöse Schmuckgeschäfte aus. In neun Hauptstädten hat die Bande schon zugeschlagen.
Beim letzten Raub blieb ihr Geheimcode liegen. Neun Hauptstädte sind in dem Code versteckt. Die Anfangsbuchstaben der waagerechten und die Endbuchstaben der senkrechten Namen ergeben den europäischen Kleinstaat, in dem der nächste Einbruch stattfindet.

D	A	S	T	U	H	S	S	R	I	P	O
A	S	T	O	C	K	H	O	L	M	A	P
S	I	L	B	E	N	K	F	B	E	H	M
O	B	E	N	L	A	K	I	P	R	E	U
B	E	R	M	O	S	K	A	U	L	L	I
R	E	K	I	N	F	O	A	L	T	S	O
M	A	R	G	D	O	L	T	I	P	I	N
R	S	T	R	O	M	I	H	M	E	N	G
S	T	U	L	N	E	N	E	I	M	K	I
O	S	L	O	S	N	A	N	E	L	I	M
K	A	M	S	T	E	R	D	A	M	E	R
H	E	U	L	I	G	A	D	I	S	R	E

❶

3 Auf die Lage kommt es an
Welche Hauptstadt liegt am
nördlichsten: Helsinki – Oslo – Tallinn?
westlichsten: Dublin – Paris – Lissabon?
südlichsten: Athen – Madrid – Rom?
östlichsten: Kiew – Minsk – Moskau?

4 Nachbarstaaten Deutschlands
Benenne die Staaten mit ihren Hauptstädten in den Karten 1.

5 Suche und nenne
a) den Staat in Europa mit den meisten Nachbarstaaten;
b) den Fluss, an dem vier Hauptstädte liegen;
c) den Staat mit den meisten Bergen über 4 000 Meter Höhe, nenne die drei höchsten;
d) das längste Gebirge Europas.

6 Außenseiter gesucht
a) Dänemark – Finnland – Norwegen – Schweden;
b) Polen – Weißrussland – Ukraine – Russland;
c) Erfinde selbst zwei weitere Außenseiter und prüfe deine Nachbarn.

Wichtige Begriffe
Binnenmeer
Europäische Kommission
Europäisches Parlament
Europäische Union EU
Klima
Klimadiagramm
Klimazone
Kontinentalität
Mittelmeer
Nebenmeer
Niederschlag
Randmeer
Relief
Staatenbündnis
Temperatur
Wanderungsbewegung
Wetter
Witterung

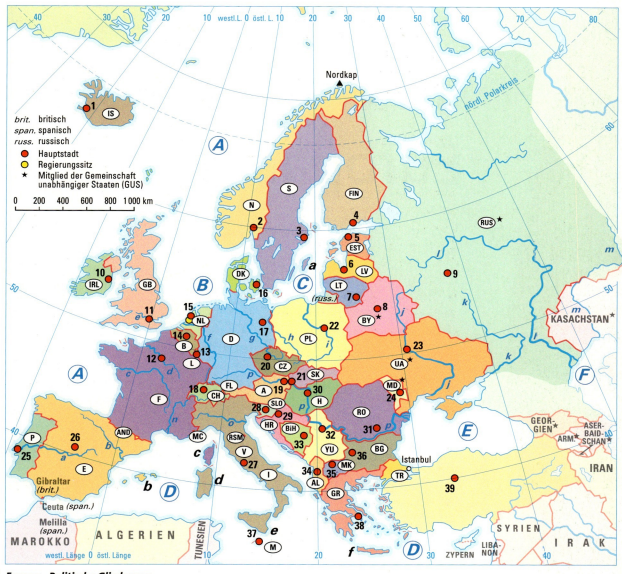

2 *Europa – Politische Gliederung*

7 Kennst du die Begriffe?

a) So bezeichnet man Menschen, die zeitweise in ein fremdes Land abwandern, um dort zu arbeiten.

b) So bezeichnet man eine große zusammenhängende Landmasse.

c) So nennt man Meere, die zwischen mehreren Kontinenten liegen.

d) So bezeichnet man Menschen, die aus ihrer Heimat vertrieben werden.

8 Bilderrätsel

Finde und erkläre den Begriff.

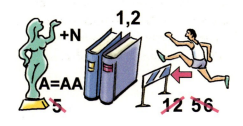

Im Westen Europas

Die Staaten Westeuropas haben die Entwicklung der Welt entscheidend mit beeinflusst.
England, Frankreich und die Niederlande beherrschten als große Seemächte über Jahrhunderte den Welthandel.
Französisch und Englisch wurden zu Weltsprachen.
Großbritannien ist das älteste Industrieland der Erde.
In England und Frankreich entstand die moderne Demokratie und strahlte von hier auf die übrige Welt.

Kreideklippen in Eastbourne, East Sussex

La Défense in Paris

Im Westen Europas

Von der Nordsee zu den Pyrenäen

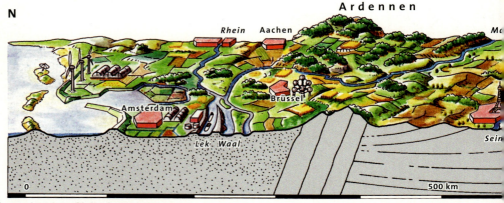

❶

❸ *Nord-Süd-Profil durch Westeuropa*

❷ *Entstehung eines Polders*

Unsere Flugreise beginnt unter dem Meeresspiegel! Die Niederländer haben weite Teile ihres Landes dem Meer abgerungen. Sie bauten Deiche und pumpten anschließend das Wasser aus dem eingedeichten Gebieten heraus. Das dadurch gewonnene Land nennen die Niederländer Polder. Da das Neuland unter dem Meeresspiegel liegt, muss ständig Wasser abgepumpt werden. Früher übernahmen diese Aufgabe die Windmühlen. Gewächshäuser und Tulpenfelder zeigen heute an, dass dort intensiv Gartenbau betrieben wird.

Wir überfliegen nun eine der Hauptstädte der EU. Hier hat der Rat der Europäischen Union seinen Sitz. Am Horizont taucht ein Mittelgebirge auf. Tief haben sich Flüsse in seine runden Formen eingeschnitten. Kurz danach überqueren wir das Pariser Becken. Dort werden dank der natürlichen Gunst die höchsten Zuckerrüben- und Weizenerträge Europas erzielt. Außerdem liegen zahlreiche Weingärten an der Loire, dem größten Strom Frankreichs, der das Pariser Becken durchfließt.

❹ *Tulpenfelder bei Amsterdam*

❺ *Getreidefelder in der Picardie*

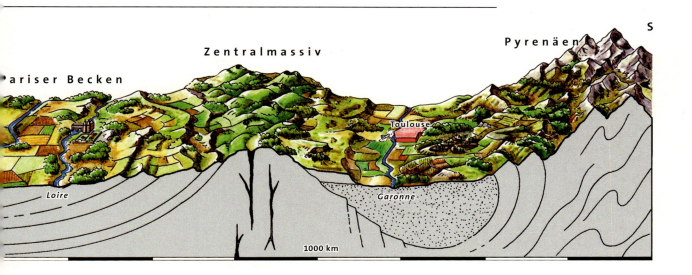

Im Zentralmassiv ändert sich das Landschaftsbild. Kühles, feuchtes Klima und Böden, in denen sich häufig Wasser staut, erschweren die Landbewirtschaftung. Vor einigen Millionen Jahren brachen in diesem Gebiet Vulkane aus. Da die erstarrte Lava sehr hart ist, trugen Wind und Wasser nur das weichere Gestein der Umgebung ab. Die Vulkankegel, die man hier Puys nennt, blieben als höchste Erhebung stehen. Noch einmal weitet sich das Land zu einer Ebene. Dahinter tauchen schon die Gipfel der Pyrenäen auf.

1 *Atlasarbeit:* Welche Staaten, Städte, Flüsse, Landschaften und Gebirge überfliegt ein Flugzeug auf seinem Flug von Amsterdam nach Barcelona?

2 Welche landwirtschaftlichen Nutzungen kannst du für einzelnen Regionen feststellen? Lege dazu eine Tabelle an.

3 Ordne die Fotos 4 bis 7 in das Profil ein. Begründe deine Entscheidung mit Hilfe des Textes.

4 Stellt die Flugroute auf einer Wandkarte vor. Verwendet dabei möglichst viele der Begriffe aus dem Text und dem Profil.

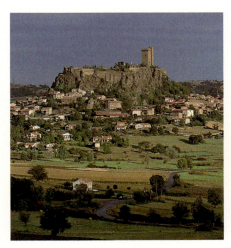

❻ *Burgfelsen von Polignac nahe Le Puy*

❼ *Lavendelfelder in der Provence*

Im Westen Europas

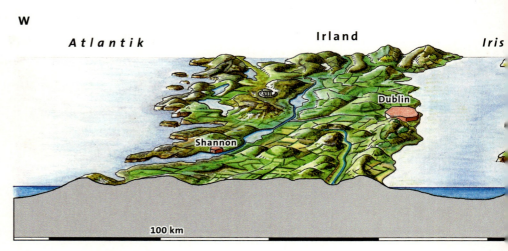

② *West-Ost-Profil durch die Britischen Inseln*

The British Isles

Die Britischen Inseln liegen wie ein schützender Wellenbrecher vor dem europäischen Festland. Diese Insellage war eine wichtige Voraussetzung für den Aufstieg Englands zur Seefahrts- und Handelsnation. Sie bedeutete aber auch eine Randlage in Europa. Viele Eigenheiten, wie zum Beispiel der Linksverkehr, blieben dadurch bis heute erhalten.

Vor 10 000 Jahren gehörten die Inseln noch zum europäischen Festland. Die Themse war ein Nebenfluss des Rheins. Erst als der Meeresspiegel durch das Abschmelzen des Inlandeises anstieg und sich gleichzeitig das Gebiet der Nordsee absenkte, entstand der Kanal. Er ist heute eine der meist befahrenen Schifffahrtsstraßen der Welt.

The Green Isle
Irland trägt seinen Beinamen zu Recht. In den kühlen Sommern kann das Getreide kaum reifen. Deshalb steht die Viehwirtschaft mit großen Wiesen- und Weideflächen im Vordergrund und prägt das Landschaftsbild der Insel.

Highlands and Lowlands
Das schottische Bergland, die Bergländer von Wales und das Dartmoor gehören zu **Highland** Britain. Diese dünn besiedelten Hochländer mit ihren ausgedehnten Mooren, Heiden und Grasfluren sind beliebte Urlaubsziele in Großbritannien.

Zu **Lowland** Britain werden die Gebiete im Südosten Englands gezählt. In beiden Landesteilen gibt es so gut wie keine größeren Waldgebiete mehr. Die einst weit verbreiteten Wälder wurden seit dem Mittelalter gerodet.

In den waldarmen Lowlands entstand eine **Parklandschaft** mit Baumgruppen und Gehölzen. Reiche Adlige und Grundbesitzer zwangen einst die Bauern, ihre

❸ *Landschaft in Schottland*

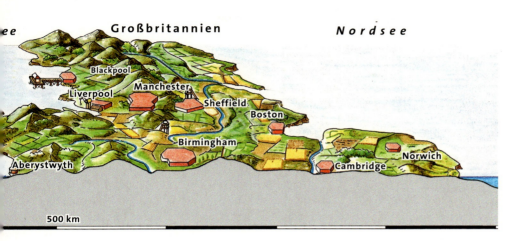

Höfe zu verlassen. Sie grenzten dann die Felder mit Hecken und Baumreihen ab und wandelten diese in Weideland für Schafe um. In riesigen Parks bauten sie prächtige Herrenhäuser und Schlösser. Die Highlands werden heute überwiegend als Weidegebiet genutzt, in den Höhenlagen vorwiegend für Schafe, in den Tallagen für Rinder. In den Lowlands herrscht dagegen Ackerbau vor.

1 Ordne die Fotos 3 und 4 den Landschaften im Profil 2 zu.
2 Stelle in einer Tabelle die Unterschiede zwischen Highland und Lowland Britain zusammen. Werte dazu Profil 2, die Fotos 3 und 4 und die Karte 5 aus.

❹ Landschaft in Südengland

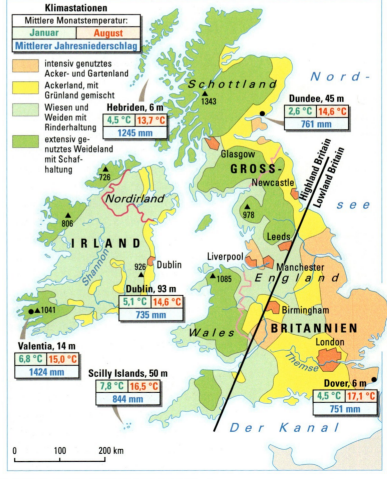

❺ Britische Inseln: Bodennutzung und Klima

Im Westen Europas

① London im Winter ...... und im Sommer.

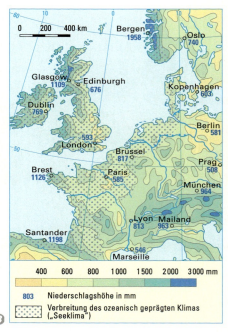

③

Sommerkühl– wintermild

② **Mittlerer Jahresniederschlag in mm auf 52,5 °N**

Station	
Shannon	929
Aberystwyth	1051
Cambridge	558
Utrecht	757
Berlin	587

Der Einfluss des Meeres auf das Klima

Warum sind die Winter an der Atlantikküste mild und die Sommer kühl? Die Luft über den Wasserflächen des Atlantiks erwärmt sich langsamer als über dem angrenzenden Festland. Das liegt daran, dass zur Erwärmung von Wasser eine größere Wärmemenge erforderlich ist. Außerdem sorgt die Bewegung des Wassers für eine ständige Durchmischung des erwärmten Wassers an der Oberfläche mit dem kalten Wasser darunter.

Wasser ist aber auch ein guter Wärmespeicher. Im Winter gibt das Meer nur langsam Wärme an die Luft ab. Die Landmassen kühlen dagegen viel schneller aus. Deshalb sind die Winter an der Atlantikküste mild und die Sommer kühl.

Über den Meeresflächen können große Wassermengen verdunsten, so dass es ganzjährig zu relativ hohen Niederschlägen kommt. Durchschnittlich ist an jedem zweiten oder dritten Tag mit Niederschlag zu rechnen. Kein Wunder, dass der „englische Rasen" so gut wächst!

Der Meereseinfluss wird durch den **Golfstrom** verstärkt. Das relativ warme Wasser aus äquatornahen Bereichen sorgt vor allem im Winter für milde Lufttemperaturen in Küstennähe bis in den hohen Norden. An den südlichen Küsten gibt es kaum Schnee und Fröste. Hier können sogar Lorbeerbäume und Palmen gedeihen. Ein solches, vom Meer beeinflusstes Klima, nennt man **Seeklima** oder **ozeanisches Klima.**

Durch vorherrschende Westwinde werden auch große Teile des Festlandes von diesem Klima geprägt. Je weiter man jedoch ins Landesinnere fährt, desto geringer wird der Einfluss des Meeres auf das Klima.

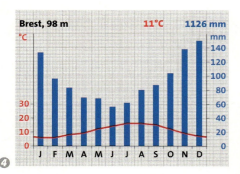

❹

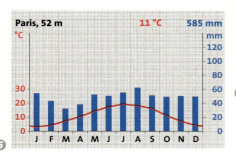

❺

❼ In Westirland

❻ **Experiment:**
Einfluss von Wasser auf die Temperatur
Material: zwei große Gläser, Wasser, trockener Sand, Folie, (Digital-)Thermometer
Durchführung: Fülle eines der beiden Gläser zur Hälfte mit kaltem Wasser, das andere zur Hälfte mit Sand; decke beide mit Folie möglichst luftdicht ab und stelle sie nebeneinander in die Sonne. Nach 30 Minuten kannst du vorsichtig die Folie an einer Stelle anheben und mit dem Thermometer die Lufttemperatur in beiden Gläsern messen.

Auswertung:
Vergleiche die Messwerte. Was hast du damit nachgewiesen?

1 Benenne Merkmale des ozeanischen Klimas und begründe diese.
2 Erkläre die Bedeutung des Golfstromes für das Klima in Großbritannien.
3 Obwohl das Klima der gesamten Britischen Inseln vom Atlantik beeinflusst wird, gibt es Gebiete mit sehr hohen, aber auch mit geringen Niederschlägen (Karte 3).
Begründe die regionalen Unterschiede.
4 Suche die Klimastationen 2 und 8 in einer Atlaskarte auf und erkläre die Temperatur- und Niederschlagsunterschiede.
5 Vergleiche die Klimadiagramme 4 und 5. Erkläre die Unterschiede von Temperatur und Niederschlag im Jahresverlauf.

❽ **Mittlere Januar- und Julitemperaturen auf 52,5 °N**

Station	Januar	Juli
Shannon	4,9 °C	15,5 °C
Aberystwyth	4,5 °C	14,9 °C
Cambridge	3,5 °C	17,0 °C
Utrecht	1,7 °C	17,0 °C
Berlin	−0,2 °C	18,7 °C

Hello. My name is John.
I take you to a famous bridge in London. Do you know its name and the name of the river?

I am Tzu Lee.
I lead you to one of the best-known buildings of the United Kingdom, because it's the home of the Royal Family.

Visit us at: www.britkid.org

Hi, there. My name is Nat.
London is also a business centre. For example, a building at West India Docks is very important. Can you tell me the name?

Hi, I am Bal.
I show you one of the big parks of London. Let's take the tube to Knights Bridge. There is a very nice park. What's the name of this park?

Hi, I am David.
On our tour we'll go to a very busy place in London with lots of people, cars and buses. It is part of Soho.

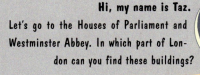

My name is Megan.
I give you some information about the history of London. At the time of the Romans, London was a small town called Londinium. In the 9th century, King Alfred of England made London the capital of his kingdom. Over the centuries London has become an important metropolis which surrounds the City of London and the City of Westminster. Today more than seven million people live in London.

My name is Anand.
London used to be a famous seaport. But in later centuries the ships grew bigger and bigger. Then the port became too small. Today there are offices, hotels and blocks of flats. What's the name of this part of London?

Hello. My name is Dani.
What about the British Museum? Come on, we are going to visit it now. London is well-known for its museums, theatres, galleries and concert-halls. Can you find one of the most important museums in the City of London?

Hi, my name is Taz.
Let's go to the Houses of Parliament and Westminster Abbey. In which part of London can you find these buildings?

1 Mit den Britkids auf Tour durch London: Bestimme mit Hilfe eines Stadtplans von London (Atlas) die von ihnen vorgestellten Sehenswürdigkeiten.

2 Plane eine Stadtrundfahrt durch London.

3 Sammelt Informationen über die Weltstadt London und gestaltet eine Wandzeitung oder ein Poster.

Im Westen Europas

London: eine Stadt – viele Kulturen

London übte als Wirtschaftsmetropole und weltoffene Stadt schon immer eine besondere Anziehungskraft auf Menschen anderer Länder aus. Nach 1945 kamen Einwanderer vor allem aus den früheren britischen Kolonien. Sie kamen in erster Linie wegen der Armut, aber auch wegen der militärischen Konflikte in ihren unabhängig gewordenen Heimatländern.

❷ *In der City*

Kolonien

durch Gewalt von anderen Staaten angeeignete und ausgebeutete Gebiete. Zwischen dem 16. und dem 19. Jahrhundert wurden immer mehr Regionen Amerikas, Afrikas, Asiens, Australiens und Ozeaniens hauptsächlich von europäischen „Mutterländern" in Besitz genommen.

Als Untertanen des britischen Weltreiches hatten ursprünglich alle Einwohner der Kolonien einen Anspruch als britische Staatsbürger nach Großbritannien zu kommen. Seit 1981 wurden die Gesetze aber mehrfach verschärft, so dass es immer schwieriger wurde nach Großbritannien einzuwandern. Heute gehört jeder Fünfte einer nichtbritischen Volksgruppe an. Fast 200 Sprachen werden in London gesprochen. Etwa ein Drittel der Londoner Bevölkerung stammt inzwischen aus Einwandererfamilien.

1 Suche im Atlas die in den Texten 3, 5 und 7 genannten Stadtviertel und Straßen.
2 Stelle Besonderheiten der drei vorgestellten Stadtviertel zusammen.
3 Erkläre, weshalb viele Menschen ihre Heimatländer verlassen.
4 Diskutiert in der Klasse über die Vorteile und Schwierigkeiten eines multikulturellen Zusammenlebens.

❸ **Sandy Witherspoon:**

Ich arbeite als Wertpapierhändlerin in einer Bank in der City. Ich wohne im Stadtteil Bromley, da die Mieten in der Innenstadt sehr teuer sind. Deshalb wohnen nur noch etwa 4 000 Menschen dort. Ich fahre eine gute Stunde mit der „Underground" zur Arbeit. Die letzten Meter gehe ich zu Fuß und dabei genieße ich das bunte Treiben, für das nicht nur die vielen Sightseeing-Touristen sorgen. Hier treffen sich unzählige Menschen aus aller Welt, um in den zahlreichen Banken, Versicherungs- und anderen Bürogebäuden zu arbeiten. Meine Kollegin Shirley z.B. stammt aus Trinidad. Wenn wir mittags in einem Pub ein Sandwich essen, sitzt manchmal ein indischer Richter am Nebentisch, der statt einer Perücke im Gerichtssaal einen Turban trägt. Manchmal bleiben wir abends noch in der City, um ins Theater zu gehen oder Freunde in einem Pub zu treffen. Hier ist eigentlich immer etwas los.

www.loncity.com

❹ **Notting Hill Carnival**

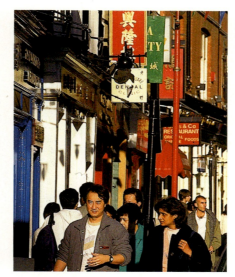

❻ **China Town**

❽ **Einwohner Londons nach Herkunftsgebieten (2001)**

Indien	416 000
Karibik	312 000
Schwarzafrika	297 000
Bangladesh	154 000
Pakistan	143 000
China	67 000
Übriges Asien	216 000

❺ **Marvyn Weaver:**
Meine Eltern sind aus Jamaika zugewandert. Ich habe einen Job am Flughafen Heathrow bei der Gepäckabfertigung. Wie die meisten Einwanderer haben sich meine Eltern dort niedergelassen, wo schon Freunde und Verwandte aus der alten Heimat wohnten, in Notting Hill. Heute wohnen die meisten Black Caribbeans hier. Der Notting Hill Street Carnival – das größte Straßenfest Europas – bringt Menschen aller Hautfarben zu ausgelassenem Feiern zusammen. Leider war das nicht immer so. 1958 gab es hier gewaltsame Auseinandersetzungen zwischen alten und neuen Bewohnern, da manche Briten dachten, wir würden ihnen Arbeit und Wohnung wegnehmen. Notting Hill zählt nicht gerade zu den wohlhabenden Vierteln in London, aber es lässt sich hier gut leben. Unser Stadtviertel ist ein gutes Beispiel für das Miteinander der verschiedenen Volksgruppen in London. Mehr dazu findest du unter:

www.thecarnival.tv/

❼ **Yan Yong-Ping:**
Ich habe mit meinen drei Brüdern gemeinsam ein kleines China-Restaurant in der Gerrard Street eröffnet – in China Town, einem kleinen Stück China inmitten der Metropole London. China Town ist nicht sehr groß, eigentlich nur einige Straßenzüge im Norden des Leicester Square. In unserem Viertel wohnen fast nur Chinesen. Viele arbeiten in den Restaurants oder in den asiatischen Supermärkten. Manche haben auch ein Reisebüro, das sich auf Flugreisen nach China spezialisiert hat. Viele Bewohner von London kommen zu uns, um zu essen oder einzukaufen. Am meisten ist sicherlich los, wenn wir das chinesische Neujahrsfest feiern.

Wir versuchen, hier in China Town unsere Traditionen für uns und unsere Kinder zu bewahren. Seit einiger Zeit ist unser Viertel auch im Internet mit einer Homepage vertreten, auf der man viel über China und unsere Kultur erfahren kann:

www.chinatown-online.co.uk

Im Westen Europas

❷ *Maschinensaal zur Garnherstellung*

Mutterland der Industrie

❶ *Britische Erfindungen*
1764 erste mechanische Spinnmaschine
1765 erste direktwirkende Dampfmaschine James
1785 erster mechanischer Webstuhl
1804 erste Dampflokomotive

Vor über 200 Jahren begann in England eine Entwicklung, welche die ganze Welt und das Leben der Menschen verändern sollte. In der Textilherstellung kam es durch mehrere Erfindungen zu einem Wandel in der Produktion.
Was bisher mühevoll in Handarbeit verrichtet wurde, fertigten nun Maschinen schneller und besser. Fabriken mit ihren großen Maschinenhallen entstanden, das Zeitalter der **Industrialisierung** hatte begonnen.

Dampf treibt an
Zum Antrieb der Maschinen nutzte man zuerst die Wasserkraft, manchmal auch Zugpferde. Nach der Erfindung der Dampfmaschine konnten die Maschinen viel besser angetrieben werden. Weil man zum Heizen der Dampfmaschinen Kohle benötigte, wurden die neuen Textilfabriken in der Nähe von Kohlebergwerken errichtet.

Um die neuen Maschinen bauen und betreiben zu können, brauchte man immer mehr Steinkohle und Eisenerz. Wo beide zusammen vorkamen, errichtete man Hüttenwerke. Immer schneller mussten die Rohstoffe zu den Fabriken und die Fertigwaren auf den Markt gelangen. Dazu legte man ein dichtes Netz von Kanälen an. Mit der Erfindung der Dampflokomotive entwickelte sich die Eisenbahn zum wichtigsten Transportmittel.

Kapital und Arbeit
Der Bau von Eisenbahnen und Fabriken verschlang viel Geld. Banken gaben Kredite für Betriebsgründungen und beteiligten sich an den Projekten der Industrie, um daran zu verdienen. Das Bank- wesen blühte auf. Die neuen Fabriken waren für viele Menschen, die auf dem Land keine Arbeit fanden, ein Ausweg: Bitterarm, schlecht bezahlt und von harter Arbeit gezeichnet, aber es war eine Möglichkeit zu überleben.

Industrie heute

Die Zeiten, in denen Großbritannien die bedeutendste Industrie- und Handelsmacht war, sind schon lange vorbei! Seit dem Zweiten Weltkrieg Jahren lässt sich ein tiefgreifender Strukturwandel beobachten, der zu einem Niedergang der einst blühenden Industriezweige geführt hat. Aufgrund billigerer internationaler Konkurrenz gingen besonders in der Textilindustrie viele Arbeitsplätze verloren. Aber auch der Maschinen- und Schiffbau, die Eisen-, Stahl- und Automobilindustrie sowie der Bergbau bieten heute nur noch einige zehntausend Arbeitsplätze. Gerade in Mittelengland ging der Anteil der Beschäftigten in diesen alten Industrien dramatisch zurück, Investitionen und Neuerungen blieben aus. Übrig blieb ein von Verfall, Armut und Rückständigkeit geprägtes Wirtschaftsgebiet.

Diese Entwicklung wurde dadurch verstärkt, dass sich viele neue Industrien und Branchen nicht im englischen Norden ansiedelten, sondern zunächst in der Gegend um London und in den West Midlands. Wachstumskern ist die Region Südosten, wo Hightech-Industrien der Elektrotechnik und der Telekommunikation entstanden. Vorteilhaft waren dabei die internationalen Flughäfen, Universitäten und Forschungseinrichtungen sowie eine moderne Infrastruktur.

In Mittelengland sind viele stillgelegte Zechen und Fabriken heute nur noch Denkmäler der industriellen Entwicklung. Teilweise werden sie als Museen und Veranstaltungsorte für Ausstellungen, Konzerte oder Filmvorführungen genutzt und dadurch erhalten.

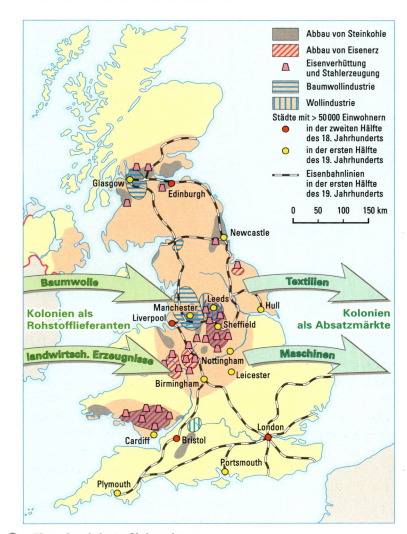

❸ *Frühe Industrie in Großbritannien*

1 Fertige eine Gedankenkarte zum Thema „Grundlagen der Industrialisierung in Großbritannien" an.

2 Mit welchen Erfindungen haben diese Personen zur Entwicklung der Industrie beigetragen: James Hargraves, James Watt, Henry Bessemer, Edmund Cartwright, Richard Arkwright, George Stephenson.

3 Suche mit Hilfe des Atlas heutige Zentren der Industrie in Großbritannien.

Im Westen Europas

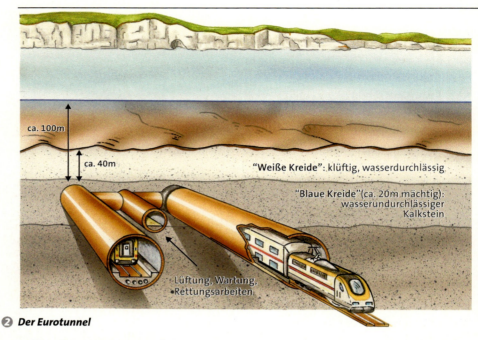

❷ Der Eurotunnel

Zügig unter dem Meer – der Eurotunnel

Am 2. Dezember 1990 krochen sie im Schein ihrer Lampen durch die staubige Öffnung. Glückwünsche auf englisch und französisch, man reichte sich die Hände – 22 km vor der englischen Küste und 50 Meter unter dem Meeresboden! Der Durchbruch war geschafft, beide Seiten des Kanals waren verbunden. Der Eurotunnel ist inzwischen ein wichtiger Bestandteil des europäischen Verkehrsnetzes.

Die Geschichte des Eurotunnels
Bereits 1751 hatte der Franzose Nicolas Desmarets einen Kanaltunnel geplant, 1870 folgte der erste britische Entwurf. Aber erst 1994 wurde der Tunnel eröffnet. Seitdem verbinden drei 50 km lange Röhren England mit dem Kontinent. Benutzt werden sie von Autozügen (shuttles) und dem Hochgeschwindigkeitszug Eurostar, der die Strecke London – Paris in nur 132 Minuten bewältigt.

Ein Lkw-Fahrer berichtet:
„Meine Firma liefert CDs nach England. Die werden am Wochenende bei uns bestellt und müssen montags schon in London im Regal stehen. Wir müssen dafür garantieren, dass die Lieferungen pünktlich sind. Unangenehm wurde es früher, wenn aufgrund der Stürme die Fähre nicht fuhr. Heute fahre ich nach Coquelles, setze meinen Lkw in den Zug und kann nach einer Stunde wieder rollen. So liefere ich schneller und verlässlicher."

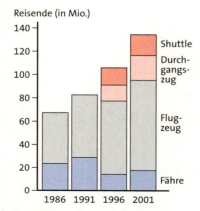

❶ Entwicklung des Kanalverkehrs

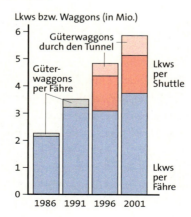

1. Virtueller Garten
2. Freizeitaktivitäten
3. Hotels
4. Multiplex-Kino
5. Einkaufszentrum
6. Hobby- und Baumarkt
7. Outlet-Center
8. Gewerbepark
(1 bis 8 geplant bzw. in Bau)

A = Ausfahrt von der Verladestation Eurotunnel
B = Zufahrt zur Verladestation Eurotunnel
C = Küstenautobahn A 16

❸ *Cité de l'Europe bei Coquelles*

Der Eurotunnel – ein günstiger Standort
Tausende von Reisenden passieren täglich das Nadelöhr zwischen Großbritannien und Frankreich. Briten, die mit dem Shuttle reisen, betreten hier französischen Boden. Deshalb wurde auf 700 ha bei Coquelles die „Cité de l'Europe" entworfen, Europas modernste und eleganteste Verkehrsdrehscheibe.
Attraktive Geschäfte und zahlreiche Freizeiteinrichtungen bieten die Möglichkeit, neben der Tunnelgebühr auch andere Einnahmequellen anzuzapfen.

1 Eine Reise von Stuttgart nach London: Beschreibe die Fahrtstrecke.
2 Welche Bedeutung hat der Eurotunnel für Großbritannien, welche für die Region Calais?
3 Vergleiche die Zahlen der Reisenden und der Lkws 1986 und 2001.
4 Diskutiert über die Zukunftsaussichten der Fähren über den Kanal.

Zum Vergleich
Eurotunnel
Länge: 50 km
Kosten: 13 Mrd. Euro
Fertigstellung: 1994

Öresundbrücke
Länge: 16 km
Kosten: 2 Mrd. Euro
Fertigstellung: Juli 2000

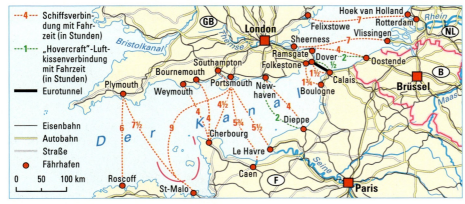

❹ *Fährverbindungen*

Im Westen Europas

Metropole Paris

Paris – eine Stadt mit vielen Gesichtern. Kim, Martin und Elena aus der 6a besuchen ihre Austauschpartner am Collège Georges Braque. Jeder hat sich diesmal etwas Besonderes vorgenommen.

Metropole
(griech. Metropolis = Mutterstadt, Hauptstadt) bedeutende Groß- oder Hauptstadt, die innerhalb eines Landes ein politisches und wirtschaftliches Zentrum darstellt.

Elena: Spaziergang durch Paris
Tour Eiffel – Arc de Triomphe – Champs-Elysées – Place de la Concorde – Madeleine – Opéra – Pyramide du Louvre – Hôtel de Ville – Notre-Dame

Kim: Shopping ohne Ende
Mode- und Schmuckgeschäfte am Place Vendôme – Kaufhäuser am Boulevard Haussmann und an der Rue de Rivoli – Flohmarkt an der Porte de Clignancourt – Arabermärkte am Boulevard de la Chapelle – Bouquinistes am Seineufer – Straßenhändler am Eiffelturm – Artisten am Centre Pompidou – Maler auf Montmartre

Martin: In der Metro
7 Millionen Menschen täglich; über 360 Stationen zum Umsteigen; unterirdische Gänge; Musiker, Zauberer und Bettler – viele Nationalitäten, besonders Schwarze und Araber; Pause nur zwischen 1 Uhr und 5 Uhr morgens; ohne Metro: Verkehrschaos an der Oberfläche gleicht riesigem Ameisenhaufen.

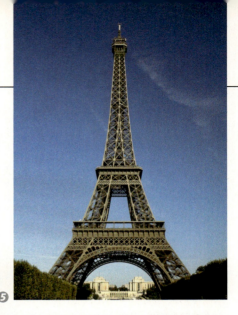

Metropole Paris

Schon im 16. Jahrhundert war Paris mit 200 000 Einwohnern nach Konstantinopel die zweitgrößte Stadt Europas. Heute wohnen hier mehr als 10 Millionen Menschen. Paris ist Hauptstadt, hat mehrere internationale Flughäfen, ist Sitz der UNESCO, der OECD und der ESA, beherbergt die wichtigsten Universitäten, Forschungseinrichtungen, Verwaltungen und Firmenzentralen Frankreichs. Und: jährlich kommen mehr als 20 Millionen Touristen. Täglich mehr als 1 Million Einpendler. Damit ist Paris nicht nur die bedeutendste Stadt Frankreichs, sondern auch eine Weltstadt und Metropole. Die Bedeutung der französischen Hauptstadt wird erst richtig deutlich, wenn man das Umland, die Ile de France, mit hinzunimmt. Denn längst ist Paris über seine Stadtgrenzen hinausgewachsen.

⑨ Stadtentwicklung

52 v. Chr. Die Römer erobern das gallische Lutetia auf der Seine-Insel

12. Jh. Ausdehnung auf das rechte Ufer der Seine

15. Jh. Bau des Louvre

18. Jh. Paris reicht von der Place de l'Etoile (West) bis zur Place de la Nation (Ost)

Ende 19. Jh. Modernisierung; Ausbau großer Boulevards, Bau der Metro

1889 Bau des Eiffelturms zur Weltausstellung

1970–2000 Bau der modernen Sehenswürdigkeiten von Paris: Centre Pompidou, Forum des Halles, Glaspyramide, La Grande Arche de la Défense u. a.

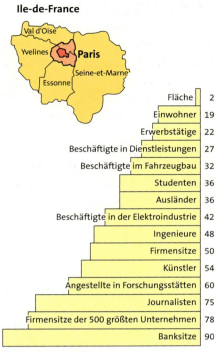

⑩ **Bedeutung Region Ile-de-France innerhalb Frankreichs 1998 in Prozent**

Merkmal	%
Fläche	2
Einwohner	19
Erwerbstätige	22
Beschäftigte in Dienstleistungen	27
Beschäftigte im Fahrzeugbau	32
Studenten	36
Ausländer	36
Beschäftigte in der Elektroindustrie	42
Ingenieure	48
Firmensitze	50
Künstler	54
Angestellte in Forschungsstätten	60
Journalisten	75
Firmensitze der 500 größten Unternehmen	78
Banksitze	90

UNESCO = Organisation der UN für Erziehung und Wissenschaft

OECD = Organisation für wirtschaftliche Zusammenarbeit und Entwicklung

ESA = Europäische Weltraumorganisation

1 Verfolge Elenas Spaziergang auf einem Stadtplan im Atlas und ordne die Fotos den besuchten Sehenswürdigkeiten zu.

2 Fertige eine Tabelle der von Kim genannten Einkaufstipps an und suche sie auf dem Stadtplan im Atlas.

3 Berichte über Martins Eindrücke von der Untergrundbahn.

Im Westen Europas

❶ *In der Picardie*

❷ *In der Normandie*

❸ *Im Elsaß*

Agrarriese Frankreich

Käse aus der Normandie, Mineralwasser aus dem Zentralmassiv, Schafskäse aus der Auvergne, Feingebäck aus der Ile de France, Oliven aus der Provence und unzählige Weinsorten und viele andere Produkte repräsentieren Frankreichs Landwirtschaft. Jede Region hat ihre Spezialitäten. Der Grund dafür: es gibt kaum ein zweites europäisches Land mit einer solchen Vielfalt des Klimas und der Böden. Hinzu kommt eine vorteilhafte Struktur der Betriebe. Mit ihren großen Flächen machen sie den Maschineneinsatz rentabel und ermöglichen ein hohes Betriebseinkommen.

Spitzenstellung in Europa

Frankreich nimmt als eine der wichtigsten Industrienationen auch bei der Landwirtschaft eine europäische Spitzenstellung ein. Frankreichs Bauern produzieren mehr als im eigenen Land verbraucht werden kann. Dadurch können französische Agrarprodukte weltweit exportiert werden. Deren hohe Qualität trägt dazu bei, dass Frankreich Jahr für Jahr einen hohen **Exportüberschuss** erzielt.

❹ **Vergleich der Betriebsstruktur in Deutschland und Frankreich 2000**

	D	F
Zahl der Betriebe	567 000	735 000
Ø Größe in Hektar je Betrieb	30	39
Milchkühe/Betrieb	26	29
Schweine/Betrieb	118	157
Arbeitskräfte insgesamt	1 325 000	1 507 000
Einwohner	82 050 000	58 850 000

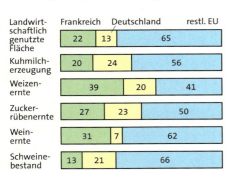

❼ Französische Speisen und Getränke:
Bordeaux
Brie
Champagner
Cognac
Camembert
Crème fraîche
Croissant
Roquefort
Sauce Béarnaise

❺ Landwirtschaft in Frankreich

❻ Der Anteil von Frankreichs Landwirtschaft in der Europäischen Union 1998 (in %)

	Frankreich	Deutschland	restl. EU
Landwirtschaftlich genutzte Fläche	22	13	65
Kuhmilcherzeugung	20	24	56
Weizenernte	39	20	41
Zuckerrübenernte	27	23	50
Weinernte	31	7	62
Schweinebestand	13	21	66

1 Erstelle mit Hilfe von Karte und Text eine Tabelle. Schreibe hinter den Namen der Region jeweils typische Anbauprodukte.

2 Beschreibe die Fotos und ordne sie in Karte 5 ein. Begründe die Entscheidung.

3 Nenne Gründe für die europäische Spitzenstellung der französischen Landwirtschaft.

4 Welche Namen französischer Speisen und Getränke sind von einer Region oder einer Stadt abgeleitet? Kennst du noch andere?

183

Im Westen Europas

① *TGV = Train à Grande Vitesse, deutsch: Hochgeschwindigkeitszug*

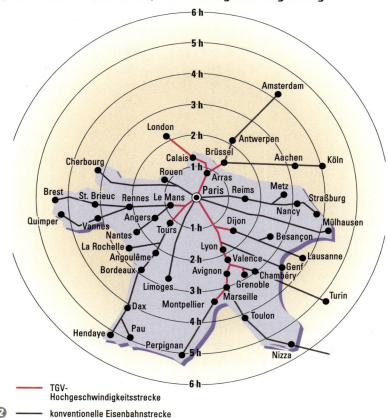

② TGV-Hochgeschwindigkeitsstrecke — konventionelle Eisenbahnstrecke

Paris – Marseille in drei Stunden

1981 begann in Europa eine neue Epoche des Schienenverkehrs: der erste TGV fuhr auf der Strecke Paris – Lyon und brauchte für die 400 Kilometer nur noch zwei Stunden. Das schafft unter normalen Bedingungen kein Auto!
Heute fährt der TGV bis nach Brüssel, Amsterdam und Köln. Nachdem durch den Bau des Eurotunnels auch London für den TGV erreichbar wurde, hat sich der Erfolg auf anderen Strecken fortgesetzt. Die Strecke Paris – Marseille ist inzwischen auf eine Fahrzeit von nur noch drei Stunden verkürzt worden, nach Montpellier fährt der Zug in 3 Stunden und 15 Minuten.

Entfernungen schrumpfen

Manche Arbeitnehmer nutzen inzwischen die Geschwindigkeit des Zuges. So wurde es möglich, weit außerhalb von Paris auf dem Land zu wohnen und in der Hauptstadt zu arbeiten. Die neuen TGV-Trassen führen in einiger Entfernung an den Provinzstädten vorbei. Die Nutzer sind deshalb gezwungen, einen der neuen und hochmodern angelegten Bahnhöfe mit anderen Verkehrsmitteln zu erreichen. Die meisten nehmen ihren Pkw und stellen ihn tagsüber auf den großen Park-and-Ride-Parkplätzen ab. Durch den TGV verringern sich die Fahrzeiten innerhalb Frankreichs so sehr, dass für große Unternehmen auch eine Ansiedlung außerhalb von Paris immer interessanter wird. Damit trägt der TGV indirekt dazu bei, dass das enorme Wachstum der Hauptstadt sich ein wenig verlangsamt.

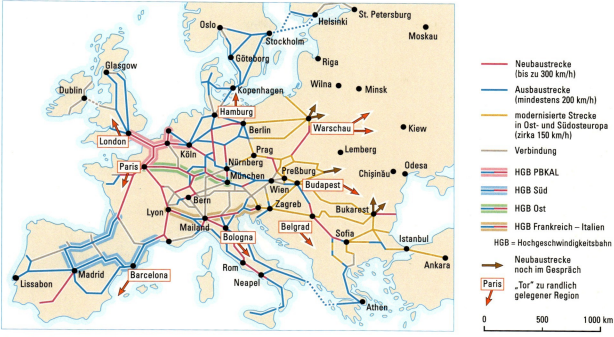

❸ *Europäisches Hochgeschwindigkeitsnetz*

❹ **Wichtige Eisenbahnprojekte in Europa:**
Hochgeschwindigkeitsbahn PBKAL
Neubaustrecke für schnellen Personenverkehr, Entlastung vorhandener Strecken für Güter- und regionalen Personenverkehr.
Länge: 1 176 Kilometer, fertig: 2007
Hochgeschwindigkeitsbahn Süd
Verbindungen Spanien – Frankreich; Verkürzung der Fahrzeit Madrid – Dax von 10,5 Std. auf 5 Std.
Hochgeschwindigkeitsbahn Ost;
Teil der Achse Paris – Österreich; Verkürzung der Fahrzeit Paris – München von 8 Std. 35 Min. auf 4 Std. 45 Min.
Länge: 551 Kilometer, fertig: 2005
Hochgeschwindigkeitsbahn Frankreich – Italien;
Verbindung Atlantik – Adria; u. a. 54-km-Tunnel unter dem Mont Cenis
Länge: 734 Kilometer, fertig: 2010

Im dicht besiedelten Westeuropa wird die Hochgeschwindigkeitstechnik in Zukunft eine noch wichtigere Rolle spielen. Die politischen und wirtschaftlichen Verflechtungen werden immer enger, der Vorteil schneller und verlässlicher Transportverbindungen erleichtert die Ansiedlung von Unternehmen. Davon profitieren besonders die Staaten mit einer großen Fläche.

1 *Beschreibe das Foto 1. Achte auf den Zug und die Strecke.*
2 *Der TGV gilt als Aushängeschild der französischen Industrie. Begründe.*
3 *Erkläre die merkwürdige Form Frankreichs in der Karte 2.*
4 *Nenne weitere Hochgeschwindigkeitsstrecken in Europa und erläutere deren Bedeutung (Materialien 3 und 4).*

❺ **Hochgeschwindigkeitszüge in Europa**
Zug (Land), Inbetriebnahme; Reisegeschwindigkeit
TGV (F)
Train à Grande Vitesse
1991; 300 km/h
ICE (D)
Intercity Express
1991; 250 – 300 km/h

TERRATraining

Im Westen Europas

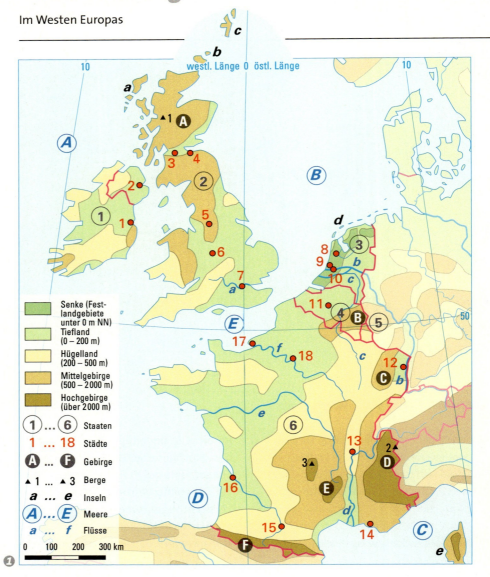

Wichtige Begriffe
Eurotunnel
Exportüberschuss
Golfstrom
Highland
Industrialisierung
Lowland
Metropole
Ozeanisches Klima
Parklandschaft
Polder

1 Wer kennt sich in Westeuropa aus?
Arbeite mit Karte 1 und benenne
a) die Staaten 1 bis 6,
b) die Städte 1 bis 18,
c) die Inselgruppen/Inseln a bis e,
d) die Gebirge und Landschaften A bis F,
e) die Berge 1 bis 3,
f) die Meere/Meeresteile A bis E,
g) die Staaten 1 bis 6.

2 Prima Klima?
Erläutere die Vorzüge und Nachteile des ozeanischen Klimas.

3 Topografie für Experten
Arbeite mit Karte 1 und benenne:
a) die Flüsse, die durch Hauptstädte fließen,
b) die Anrainerstaaten der Nordsee,
c) den Staat, der keine Küste hat,
d) den Staat, der vier Nachbarn hat.

4 Metropolen im Vergleich
Vergleiche die Weltstädte London und Paris. Sammle hierzu Daten und werte Karten im Atlas aus. Stelle Unterschiede und Gemeinsamkeiten in einer Tabelle zusammen.

5 Richtig oder falsch?

Die folgenden Aussagen sind entweder richtig (r) oder falsch (f). Notiere den entsprechenden Buchstaben. Von oben nach unten gelesen ergeben die dazugehörigen Buchstaben einen Grundbegriff.
– Die Ardennen liegen im Pariser Becken. (r:p/f:s)
– Die Highlands liegen teilweise im schottischen Bergland. (r:e/f:i)
– Wasser ist ein schlechter Wärmespeicher. (r:r/f:e)
– Die britkids stammen aus Paris. (r:r/f:k)
– In London wohnen viele Zuwanderer aus aller Welt. (r:l/f:e)
– Die „Rocket" war eine Lokomotive mit Raketenantrieb. (r:o/f:i)
– Der Eurotunnel wurde erst 1994 eröffnet. (r:m/f:s)
– In Paris ist der Sitz der UNO. (r:m/f:a)

6 Zum Knobeln

Er trennt und verbindet die Rechts- und die Linksfahrer.

7 Begriffe fischen

Fange 10 Fische, die zusammengesetzt fünf Begriffe aus dem Kapitel Westeuropa ergeben. Erkläre die fünf Begriffe.

8 Landschaften gesucht

Fotos 3 und 4 zeigen Landschaften aus Westeuropa. Bestimme mit Hilfe der Profile auf den Seiten 166–169 und des Atlasses, wo die Fotos aufgenommen wurden.

9 Bilderrätsel

a) Finde die Begriffe in Bilderrätsel 5.
b) Erkläre Begriff a.

Teste dich selbst
mit den Aufgaben 1c, 1d und 9a

Im Süden Europas

Hier am Mittelmeer begegnen sich drei Kontinente. Hier liegen die Ursprünge unserer abendländischen Kultur. Von hier stammen viele unserer ausländischen Mitbürger. Und hier sind heute die Zentren des europäischen Tourismus sowie einige der wichtigsten Wirtschaftsräume Europas.

Küste auf der griechischen Insel Mykonos

Bei Cordoba

Im Süden Europas

Landschaften in Südeuropa

Der Süden Europas wird bestimmt durch mehrere, zum Teil stark gegliederte Halbinseln, von denen jede ihr eigenes Aussehen hat. Sie werden im Norden durch markante Hochgebirge begrenzt und springen nach Süden weit ins Mittelmeer vor. Nirgendwo sonst in Europa sind Land und Meer so eng miteinander verwoben. In Mittel- und Südgriechenland gibt es zum Beispiel kaum einen Ort, der mehr als 60 Kilometer von der Küste entfernt ist. Die Küstenlinie des Landes mit seinen über 2 000 Inseln ist über 4 000 Kilometer lang.

Kennzeichnend für die Oberflächengestalt ist der Dreiklang von Küstenebenen, Hügelländern und Gebirgen. Dieses Nebeneinander unterschiedlicher Landschaftsformen ist auch auf den größeren und kleineren Inseln des Mittelmeeres anzutreffen.

Weitere Merkmale Südeuropas sind immer wieder auftretende Erdbeben und aktive Vulkane, die eine ständige Gefahr für die dort lebenden Menschen darstellen. Der aktivste Vulkan Südeuropas ist der Ätna auf Sizilien.

Flüsse formen Tieflandsebenen

Der wirtschaftliche Kernraum Italiens ist die Poebene mit den Metropolen Mailand und Turin. Diese Landschaft ist in vielen tausend Jahren durch Flüsse, die aus den Alpen kommen, geschaffen worden. Auf ihrem kurzen Weg ins Meer müssen die Flüsse ein großes Gefälle überwinden. Wegen der hohen Fließgeschwindigkeit und Wassermenge ist die Transportkraft sehr hoch. Lässt die Fließgeschwindigkeit nach, lagern die Flüsse das mitgeführte Material ab. So haben sich seit dem Ende der letzten Kaltzeit mächtige Ablagerungen angehäuft, vor allem Sand und Geröll.

Solche Ebenen, die durch Ablagerungen von Flüssen entstanden sind, werden in der Regel als **Aufschüttungsebenen** bezeichnet.

Der Po verschiebt seine Mündung unaufhaltsam weiter ins Meer, etwa 30 km in den letzten 1000 Jahren. Die ehemaligen Hafenstädte Adria und Ravenna liegen heute im Landesinnern über 27 bzw. 8 km von der Küste entfernt.

Längsküsten und Querküsten

Küstenabschnitte wie die Ostküste Italiens, wo die Gebirgszüge parallel zur Küste verlaufen, heißen **Längsküsten**. Sie sind in der Regel wenig gegliedert, meist hafenarm und für den Schiffsverkehr feindlich. Wo Gebirge quer zur Küste verlaufen, z. B. an der Ostküste Griechenlands, lösen sich die Bergketten teilweise in Inseln auf. An diesen so genannten **Querküsten** dringt das Meer tief ins Land ein und bildet gut zugängliche Hafenbuchten. Querküsten sind insgesamt sehr stark gegliedert.

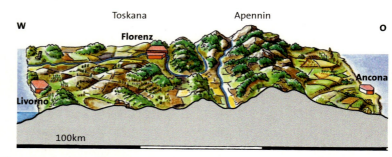

❹ *West–Ost–Profil durch Italien*

❺ *West–Ost–Profil durch Griechenland*

1 a) Atlasarbeit: Beschreibe die Lage der Profile 4 und 5 innerhalb Südeuropas.
b) Vergleiche die Oberflächengestalt beider Profile und formuliere Gemeinsamkeiten und Unterschiede.

2 Ordne die Landschaften auf den Fotos 1–3 den Begriffen Küstenebene, Hügelland und Gebirge zu. Begründe deine Entscheidung.

3 Erkläre die Entstehung einer Aufschüttungsebene.

Im Süden Europas

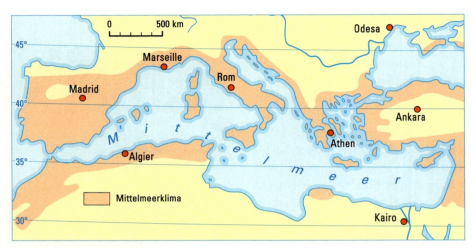

① **Verbreitung des Mittelmeerklimas**

Klima und Vegetation am Mittelmeer

Warum verbringen Jahr für Jahr Millionen von Touristen den Urlaub im Süden Europas? Es lockt vor allem das angenehme und zuverlässige Klima.

Die Länder am Mittelmeer liegen im Sommer im Einflussbereich des Azorenhochs. Dieses Hochdruckgebiet erstreckt sich von Nordafrika bis zum Nordrand des Mittelmeers und ist verantwortlich für das von den Touristen ersehnte „Sahara-Wetter": wolkenarm, heiß und trocken. Nur höchst selten bringen örtliche Gewitter etwas Abkühlung.

Ganz anders sind die Verhältnisse im Winter. Dann herrschen im Süden Europas ähnliche Klimabedingungen wie bei uns. Die Regen bringenden Westwinde erreichen im Winterhalbjahr nicht nur Mittel- und Westeuropa, sondern auch das Mittelmeergebiet. Dann ist der Himmel grau, es ist kühl und es regnet häufig in wolkenbruchartigen Güssen.

An den Küsten sind die Winter recht mild. Das Wasser des Mittelmeeres wirkt hier als Wärmespeicher. So sprießt gerade im Winter frisches Grün und schon Ende Januar beginnt die Blütezeit. Dagegen kann es im Landesinneren von Spanien, Griechenland und der Türkei sehr kalt werden. Vereinzelt treten sogar Fröste oder Schneefall auf. Deutliche Gegensätze zwischen Sommer und Winter kennzeichnen das **Mittelmeerklima**, das zum **subtropischen Klima** gehört.

Die natürliche Vegetation hat sich in vielfältiger Weise dem Mittelmeerklima angepasst. Die Pflanzen müssen hier vor allem die anhaltende Trockenheit und die hohen Sommertemperaturen

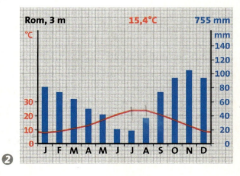

②

überdauern und sich vor zu starker Verdunstung schützen.

Kennzeichnend sind z. B. immergrüne Bäume und Sträucher. Sie haben kleine Blätter mit harter, lederartiger Oberfläche. Man nennt sie daher **Hartlaubgewächse**. Andere Anpassungen an die Trockenheit sind behaarte Blätter, Dornen oder Stacheln. Einige Pflanzen schützen sich, indem sie Harz, Wachs oder stark duftende Öle ausscheiden. Wieder andere speichern Feuchtigkeit in ihren fleischigen Blättern und Stängeln oder überbrücken die Trockenheit mit Zwiebeln und Knollen oder als Samen. Dies erklärt, warum das Land nach den ersten Herbstregen wieder rasch ergrünt.

Besonders gut angepasst sind auch die einheimischen Kulturpflanzen, die hier seit Jahrtausenden angebaut werden. Ein Beispiel ist der Ölbaum. Seine Früchte, die Oliven, brauchen die Sonne des Sommers zum Ausreifen und werden im Spätherbst geerntet. Der Ölbaum wächst nur im Bereich des Mittelmeerklimas. Die Ölbaumgrenze gilt daher auch als Grenze des Mittelmeerklimas. Der Ölbaum zählt zusammen mit der Weinrebe zu den **Dauerkulturen**, da er viele Jahre lang ununterbrochen genutzt werden kann.

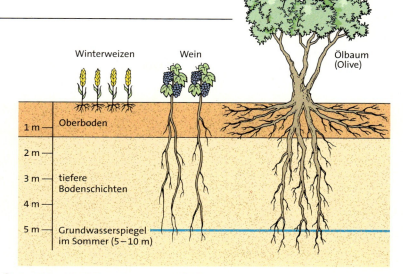

❹ *Traditionelle Kulturpflanzen am Mittelmeer*

Der Weizen dagegen ist als dritte traditionelle Kulturpflanze des Mittelmeerraumes eine einjährige Pflanze. Er wird wie der Ölbaum und die Weinrebe ohne künstliche Bewässerung im **Trockenfeldbau** kultiviert. Dabei säen die Bauern den Weizen zu Anfang der Regenperiode aus und ernten ihn noch vor Beginn der Trockenheit.

1 Beschreibe die Verbreitung des Mittelmeerklimas (Karte 2 und Atlas).
2 Werte das Klimadiagramm von Rom aus:
a) Bestimme den wärmsten und kältesten Monat und berechne den Unterschied. Beschreibe anschließend die Niederschlagsverteilung.
b) Formuliere die Merkmale des Mittelmeerklimas.
3 Beschreibe die Arbeitsabläufe beim Trockenfeldbau und erläutere die Zusammenhänge zwischen Klima und Anbau (Schema 3).

Herkunft fremder Nutzpflanzen am Mittelmeer:
Aus Asien: Orange, Zitrone, Pfirsich, Aprikose, Reis, Zuckerrohr, ...
Aus Afrika: Dattelpalme, ...
Aus Amerika: Agave, Mais, Opuntie (Feigenkaktus), Tomate, Kartoffel, Paprika, Tabak, ...
Aus Australien: Eukalyptus

❸ *Beispiel eines Anbaukalenders für Getreide*

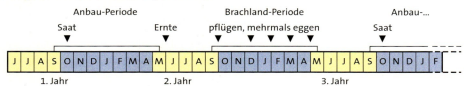

Im Süden Europas

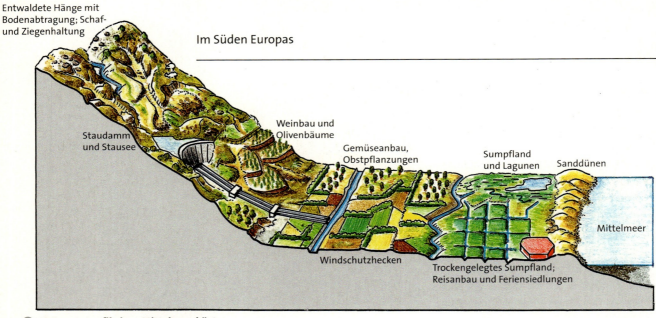

❶ *Nutzungsprofil einer Mittelmeerküste*

Labels: Entwaldete Hänge mit Bodenabtragung; Schaf- und Ziegenhaltung; Staudamm und Stausee; Weinbau und Olivenbäume; Gemüseanbau, Obstpflanzungen; Sumpfland und Lagunen; Sanddünen; Mittelmeer; Windschutzhecken; Trockengelegtes Sumpfland; Reisanbau und Feriensiedlungen

Bewässerung macht´s möglich

❷ **Wasserverlust bei verschiedenen Bewässerungsarten**
Furchenbewässerung: 50–80% Verlust
Sprenkler-Beregnung: 20–40% Verlust
Tropfbewässerung: 10–20% Verlust

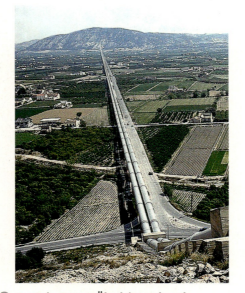

❸ *Der Tajo-Segura-Überleitungskanal*

Entlang der spanischen Mittelmeerküste erstrecken sich fruchtbare, vom Klima begünstigte Ebenen, in denen seit altersher eine große Vielfalt an Nutzpflanzen angebaut wird. Die Spanier nennen diese Gebiete Huerta, das heißt Obst- und Gemüseland. Die bekanntesten Huertas sind jene von Valencia und Murcia.

Ohne Wasser geht es nicht!
Die wichtigste Voraussetzung für die intensive Landnutzung in den Huertas ist der **Bewässerungsfeldbau**. Dabei wird das Wasser aus den Flüssen über ein weitverzweigtes Kanalnetz bis zu den Feldern geleitet. Um ganzjährig anbauen zu können, muss vor allem in der trockenen Jahreszeit ausreichend Wasser verfügbar sein. Deshalb wurden Stauseen am Oberlauf der Flüsse angelegt. Sie speichern die Niederschläge des Winterhalbjahrs und versorgen die Huertas im Sommer. Als man dort die Anbauflächen immer weiter ausdehnte, wurde sogar Wasser aus dem Tajo über

eine riesige Rohrleitung, den Tajo-Segura-Kanal, an die Ostküste umgelenkt. Heute wird das kostbare Wasser besser genutzt. Da bei der traditionellen Form der **Furchenbewässerung** zu viel Wasser durch Versickern und Verdunsten verloren ging, werden die Felder vielfach mit Sprenklern beregnet. Wo es sich die Bauern leisten können, wird **Tropfbewässerung** eingesetzt: Dabei gelangt das Wasser, oft zusammen mit Dünger und Schädlingsbekämpfungsmitteln, über Plastikschläuche direkt zu den Pflanzen und tritt dort in genau dosierter Menge durch kleine Öffnungen aus.

Anbau unter Plastik

In manchen Huertas bedecken im Herbst und Winter Plastikgewächshäuser weite Teile des ganzen Anbaulandes. Die Bauern können so den milden Winter an der spanischen Mittelmeerküste noch besser nutzen. Die Sonne liefert ihnen eine „Heizung zum Nulltarif". Sie produzieren preisgünstiger als ihre Konkurrenten in anderen Teilen Europas. Sie bringen ihre Produkte früher auf den Markt und erzielen so vor allem auf den Märkten in Mittel- und Nordeuropa bessere Preise.

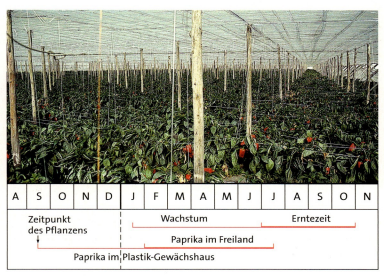

❹ *Anbau von Paprika im Plastikgewächshaus*

❺ *„Plastikküste"*

Sonnenlicht dringt ungehindert ein und erhitzt Boden und Luft; die Plastikfolie verhindert das Entweichen der Wärme und der Feuchtigkeit der Luft.

❻ *Unbeheiztes Plastikhaus*

1 Profil 1: Erläutere die Landnutzung an der spanischen Mittelmeerküste.
2 Erkläre die Wasserverluste bei den drei unterschiedlichen Bewässerungsverfahren.
3 Welche Vorteile bringt der Anbau unter Plastik?
4 Für die Bewässerung in den Gewächshäusern wird vor allem Grundwasser eingesetzt. Notiere mit Hilfe der Zeichnung 5 die Auswirkungen auf die Umwelt.

Im Süden Europas

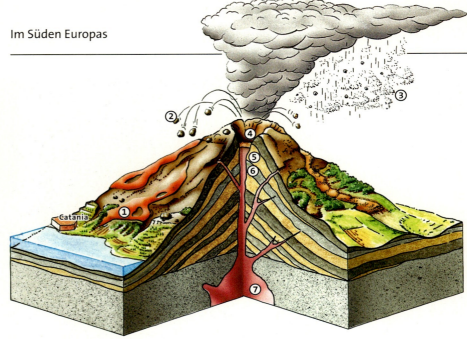

❷ Schnitt durch einen Schichtvulkan

Der Ätna – Leben mit und auf dem Vulkan

Surftipp:

*Hast du Lust, einmal einen Vulkan zu besteigen, einen Rundblick vom Krater zu genießen oder sogar einen Ausbruch aus nächster Nähe zu beobachten?
Dann schau im Internet nach unter:*
www.stromboli.net
Dort findest du auch top-aktuelle Bilder des Ätna.

❸ **Der Ätna ist wieder aktiv**

Alfio Mazzaglia aus Nicolosi berichtet: „Meine Familie hat große Angst vor einer Katastrophe. Seit Tagen schon stößt der Ätna bis zu 100m hohe Lavafontänen aus. Der Lavastrom ist nur noch 4km von unserem Dorf entfernt. Die Lava kommt! Tag und Nacht arbeiten Bautrupps daran, mit Baggern Erdwälle aufzuschichten, um die Lava zu stoppen. Ein Wettlauf gegen die Zeit! Die Behörden haben schon einen Katastrophenplan für die Evakuierung ausgearbeitet. Soll ich Haus und Hof, unser ganzes Hab und Gut, einfach verlassen und den Feuerfluten preisgeben? Wo sollen wir dann leben? Und wo arbeiten?"

Wo die Erdkruste von tiefen Rissen durchzogen ist, entstehen Vulkane. Aufgeschmolzenes Gesteinsmaterial, das glutflüssige **Magma**, quillt dort aus größeren Tiefen empor. Wenn es durch eine Erdspalte, den Schlot, an die Erdoberfläche tritt, spricht man von **Lava**.
Bei Vulkanausbrüchen werden explosionsartig Asche, Gesteins- und Lavabrocken ausgeschleudert. Lavaströme ergießen sich talwärts. Bevor sie erkalten und erstarren, walzen sie oft ganze Ortschaften nieder. Häufig geht dichter Ascheregen in der Umgebung nieder und behindert den Verkehr.
Trotz der Gefahren haben die Menschen die Vulkanhänge dicht besiedelt. Auf verwittertem Lavagestein und vulkanischer Asche entstanden nährstoffreiche Böden, die auch gut Wasser speichern können. So werden auf den Vulkanböden am Ätna z. B. viel Wein und Obst angebaut. Ein Vulkan, der abwechselnd Asche und Lava auswirft und an seinen Seiten ablagert, heißt **Schichtvulkan**.

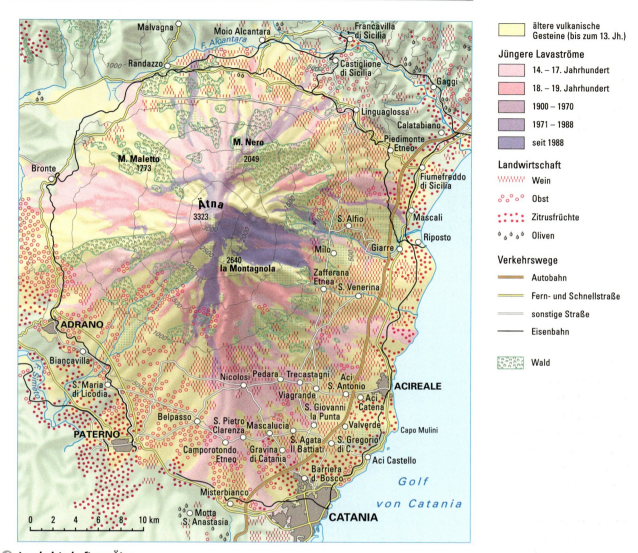

④ *Landwirtschaft am Ätna*

Viel zu erleben

Neben der Landwirtschaft ist der Tourismus in den letzten Jahrzehnten wichtig für die Menschen auf Sizilien geworden. Geführte Touren bis zur Gipfelregion werden ebenfalls angeboten. Und im Winter ist die schneesichere Hochregion des Ätna ein beliebtes Skigebiet.

So leben immer mehr Menschen von den Besuchern: Sie arbeiten in den Souvenirläden und Restaurants, als Touristenführer und als Skilehrer.

1 *Ordne den Ziffern des Blockbildes die richtigen Begriffe zu.*

2 *Erkläre die Entstehung eines Schichtvulkans.*

3 *Beschreibe mit Hilfe der Karte 4 die Nutzung des Gebietes rund um den Ätna.*

4 *Warum hat sich der Ätna zu einer touristischen Attraktion entwickelt? Führe Gründe an.*

Im Süden Europas

❶

Erdbeben

❷ Am Freitag, den 26. September 1997 bebte die Erde im Apennin. Zunächst erschütterte in der Nacht ein heftiger Erdstoß mit die Gegend um die mittelitalienische Stadt Perugia. Um die Mittagszeit folgte dann ein noch schwereres Nachbeben. Mindestens elf Menschen kamen bei den beiden Beben ums Leben. 126 Personen wurden verletzt, 23 000 obdachlos. Über 100 000 Menschen flohen aus ihren mehr oder weniger beschädigten Häusern und lebten aus Angst vor weiteren schweren Beben monatelang in Zelten oder Wohnwagen. Neben zahlreichen Wohnungen wurden auch Gebäude von teils hoher kultureller Bedeutung zerstört oder schwer beschädigt.

Warten auf die nächste Katastrophe
Der Erdboden bewegt sich! Mit dieser Bedrohung leben viele Millionen Menschen in Italien, im gesamten Mittelmeergebiet und weltweit. Niemals wissen sie, wann das nächste Beben eintreten und welche Auswirkungen es haben wird. Oftmals ist nur eine feine Erschütterung des Bodens spürbar, manchmal klirren die Gläser im Schrank, aber dann werden auch innerhalb weniger Sekunden ganze Städte zerstört, die Erdoberfläche verändert sich, tiefe Risse entstehen, Berghänge rutschen ab.

Kann man Erdbeben vorhersagen?
Seit langem versuchen Wissenschaftler festzustellen, welche Anzeichen ein bevorstehendes Erdbeben ankündigen, denn dann wäre eine frühzeitige Warnung der Menschen möglich. Alle bisherigen Versuche zur Vorhersage haben bisher keine zufriedenstellenden Ergebnisse gehabt. Egal ob man die Messverfahren mit dem Seismographen verfeinerte oder ob man die natürlichen Reaktionen etwa von Ratten oder Hühnern beobachtete: bislang kamen die verheerenden Erdstöße immer ohne jegliche Vorwarnung.

Schutz vor Erdbeben

Auf drei Ebenen wird versucht, Vorsorgemaßnahmen zum Schutz vor den Auswirkungen eines Erdbebens zu treffen. Häuser versucht man so zu bauen, dass sie bei Erdstößen nicht einstürzen und die Versorgungsleitungen nicht beschädigt werden. In Italien funktioniert dies nur unzureichend, und insbesondere in Süditalien halten sich die Menschen an keinerlei Auflage seitens der Baubehörden. In anderen Staaten werden Schutzräume eingerichtet und Katastrophenpläne ausgearbeitet, um im Notfall zumindest schnellst möglich helfen zu können. Zudem ist es notwendig, die Bevölkerung in gefährdeten Gebieten über Verhaltensregeln zu informieren und diese mit ihnen regelmäßig zu üben.

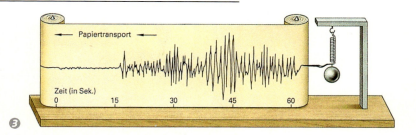

❸

So funktioniert ein Seismograph

Wenn sich der Boden auf und ab bewegt, schwankt die schwere Kugel kaum, da sie federnd aufgehängt ist. Auf einem Papierstreifen, der mit der Vorrichtung verbunden ist und am Zeichenstift vorbeigeführt wird, kann so das Beben aufgezeichnet werden, da sich das übrige Gerät mit dem Boden bewegt.

Die geologische Situation im Apennin

Die Beben im Apennin haben ihre Ursache in der allmählichen Verkleinerung des Mittelmeeres. Afrika bewegt sich langsam auf Europa zu. Italien ist dazwischen eingeklemmt und wird der Länge nach zusammen „geknautscht". Die Bergkette des Apennin ist das sichtbare Ergebnis dieser Bewegung.

1 Beschreibe Folgen eines Erdbebens.
2 Erkläre die Entstehung von Erdbeben.
  a) Atlasarbeit: Nenne Gebiete, in denen Erdbeben und Vulkanausbrüche besonders häufig vorkommen.
  b) Warum ist Italien häufig von Erdbeben betroffen?

❹ *Die wahre Ursache von Erdbeben!*

Im Süden Europas

❷ *El Arenal*

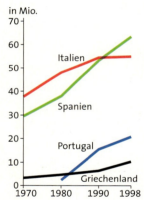

❶ *Ausländische Touristen in Südeuropa*

Urlaub am Mittelmeer

Sonne, Strand und Meer: das sind seit Jahrzehnten die wichtigsten Gründe für einen Urlaub am Mittelmeer.
Traditionelle Hauptziele des Tourismus in Südeuropa sind Spanien und Italien. Hier begann die Entwicklung bereits zwischen 1950 und 1960. Der wirtschaftliche Aufschwung in Mittel- und Westeuropa mit steigenden Einkommen und längerer Freizeit ermöglichte schon bald immer mehr Menschen eine Urlaubsreise ans Mittelmeer. Mit dem Bau neuer Autobahnen sowie der Einführung des Ferienflugverkehrs schlug die Stunde des **Massentourismus**. Nun entstanden entlang der Küsten immer mehr große Hotelkomplexe und Ferienhaussiedlungen. Die zunächst noch offenen Strandabschnitte zwischen den „Bettenburgen" bebaute man mit Einzelhäusern und Villen für den anspruchsvollen Touristen. Zwischen 1970 und 1990 wurden auch die entfernter gelegenen Feriengebiete im östlichen Mittelmeer erschlossen.

Heute ist der Mittelmeerraum die bedeutendste Touristenregion der Welt. Hier werden mehr als ein Viertel aller Einnahmen des internationalen Tourismus erwirtschaftet. Allein in Spanien, Italien und Griechenland verbringen jährlich mehr als 130 Millionen Touristen ihren Urlaub.
Der Massentourismus bringt für die Touristengebiete nicht nur Vorteile, sondern auch Probleme. Die spanische Insel Mallorca ist hierfür ein gutes Beispiel.

1 Notiere Gründe für die Entstehung des Massentourismus.
2 Erläutere das Diagramm 1.
3 Werte die Karte 3 aus:
   a) Bestimme die wichtigsten Badeküsten.
   b) Berichte über die Einkünfte aus dem Tourismus 1987 und 1997.
4 Arbeite mit den Materialien 1–5:
   a) Stelle Vorteile und Probleme des Massentourismus in einer Tabelle dar.
   b) Mit welchen Maßnahmen soll den Problemen begegnet werden?

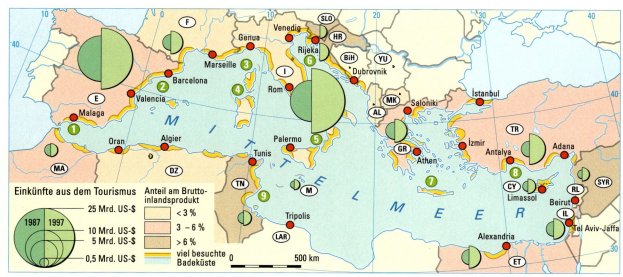

❸ *Fremdenverkehr am Mittelmeer*

❹ **Zum Beispiel Mallorca**

Ein Wirtschaftsexperte

Der Tourismus ist eine wichtige Einnahmequelle für unsere Bauern und Fischer. Er hat viele neue Arbeitsplätze im Baugewerbe, im Handel, in den Hotels und anderen Dienstleistungsbetrieben gebracht.

Ein Bürgermeister

Fremde bringen nicht nur Devisen, sie kosten auch Geld: für neue Straßen, Häfen und Flugplätze, für Kläranlagen und Müllentsorgung. Der Tourismus verändert unsere Landschaft und Kultur. Immer mehr Leute fragen, wie denn die begrenzte Fläche zwischen den Einheimischen und den Touristen aufgeteilt werden soll.

Ein Regionalpolitiker

Klasse statt Masse, so lautet das Motto für die Zukunft. Deshalb haben wir einen Baustopp für Hotels verfügt. Wir wollen den Naturschutz verstärken und die Schönheit Mallorcas bewahren. Neben den Pauschaltouristen werden wir verstärkt um Touristen mit gehobenen Ansprüchen werben. Wir haben eine Ökosteuer eingeführt und wollen den Wandertourismus im Inneren fördern.

Ein Umweltschützer

Die Grenzen der Belastung von Natur und Umwelt sind erreicht, wenn nicht überschritten. Rund acht Millionen Menschen verbrachten im Jahr 2000 ihre Ferien auf Mallorca. Auf 1000 Einwohner kommen im Schnitt 900 Autos, darunter viele Mietwagen. Kilometerlange Staus sind keine Seltenheit mehr. Strom- und Wasserverbrauch steigen weiter. Das Müllaufkommen ist doppelt so hoch wie im restlichen Spanien. Küsten werden überbaut. Safari-Jeeps und Motorräder belasten Boden und Vegetation. Die Abwanderung aus dem Landesinneren verstärkt die Gegensätze zwischen Binnenland und Küste.

Ein Reisebüroinhaber

Wir erwarten in Zukunft deutliche Veränderungen im Tourismus: Natürlich bleibt Urlaub am Mittelmeer zunächst vor allem Badetourismus. Gefragt sind aber auch Studien- und Bildungsreisen, Wander-, Trecking- und Abenteuerreisen, Golf-, Reiter- und Tauchferien, Segeltörns und Kreuzfahrten, Mal- und Töpferkurse sowie allerlei andere Aktivitäten.

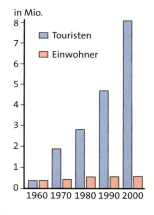

❺ *Verhältnis von Touristen zu Einheimischen auf Mallorca*

→ TERRATraining
Im Süden Europas

Wichtige Begriffe
Aufschüttungsebene
Bewässerungsfeldbau
Dauerkultur
Erdbeben
Hartlaubgewächs
Längsküste
Lava
Magma
Massentourismus
Mittelmeerklima
Querküste
Schichtvulkan
Subtropisches Klima
Trockenfeldbau
Vulkan

❶

❷

1 Wer kennt sich in Südeuropa aus?
a) Schreibe die Namen der Staaten 1 bis 5 auf.
b) Bestimme die Städte 1 bis 16.
c) Benenne die Flüsse a bis d und die Meere A bis E.

2 Inseln im Mittelmeer
a) Zu welchen Staaten gehören die Inseln Kreta, Korsika, Mallorca, Menorca, Sardinien, Rhodos und Sizilien?
b) Welche Mittelmeerinseln bilden einen eigenen Staat?

3 Ein Vulkanrätsel
suv-bo-strom-ät-ve-san-li-to-rin-na-ca-vul-no.
a) Nenne die fünf Vulkane.
b) Zu welchen Ländern gehören sie?

4 Staatensuche Südeuropa
Welcher Staat ist gemeint?
a) Er hat die meisten Inseln.
b) Hier liegt die größte Hochfläche.
c) Sie liegen nicht am Mittelmeer.

5 Mittelmeerlandschaften erkennen
Welche typischen Merkmale des Mittelmeerraumes sind auf den beiden Fotos erkennbar?

6 Außenseiter gesucht
a) Tiber, Ebro, Tajo, Loire, Po.
b) Apennin, Pyrenäen, Sierra Nevada, Tatra, Taurus.
b) Turin, Athen, Sofia, Istanbul, Sevilla.
c) Magma, Schwemmland, Asche, Lava, Gesteinsbrocken.
d) Oregano, Lavendel, Petersilie, Rosmarin, Thymian.
e) Pizza, Paella, Porridge, Pasta, Risotto.

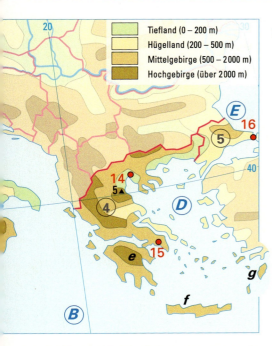

8 Speisen und Früchte raten

a) Ich bin sehr anspruchslos, aber frostempfindlich. Zur Reife benötigen meine Früchte einen trockenen, heißen Sommer. Sie werden im Spätherbst oder Winter durch Schütteln und Auflesen geerntet.

b) Ich stamme aus China. Im Süden Europas kann ich nur wachsen, wenn ich bewässert werde.

c) Ich komme aus der Gegend um Valencia, denn dort wächst der Reis, den man für meine Zubereitung benötigt. Frischer Fisch, allerlei Meeresfrüchte, Erbsen, Tomaten und Paprika sind weitere Zutaten. Der Safran gibt mir die gelbe Farbe. Serviert werde ich in einer großen, flachen Pfanne.

Teste dich selbst
mit den Aufgaben 1c, 4b, und 9c

7 Pflanzenexperte für das Mittelmeer?

Bei uns müssen die Pflanzen „überwintern", im Mittelmeerraum dagegen „übersommern".

a) Beschreibe Merkmale des Mittelmeerklimas.
b) Erkläre, wie sich die Pflanzen an dieses Klima angepasst haben.
c) Welche Pflanze markiert die natürliche Grenze des Mittelmeerklimas?

9 Bilderrätsel

Löse das Bilderrätsel. Erkläre Begriff c.

a

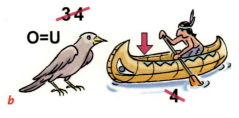

b

c

203

Im Norden Europas

Nordeuropa ist dort, wo sich Europas größte Gletscher befinden, wo weite Gebiete von endlosen Nadelwäldern und tausenden von Seen bedeckt sind, wo es Sonnenschein um Mitternacht und Dunkelheit zur Mittagszeit gibt. Nordeuropa ist aber auch dort, wo man in modernen Fabriken Papier herstellt und mit neuen Ideen Möbel entwirft, wo Fabrikschiffe und Fischfarmen die Schätze des Meeres nutzen.

An einem See bei Tampere

FIN

Helsinki

Stockholm

Stockholm

11

205

Im Norden Europas

Polartag – Polarnacht

Bei Dunkelheit zur Schule gehen, das ist nichts Außergewöhnliches. Aber dass es bei Schulschluss um 13 Uhr immer noch nicht Tag ist, das gibt es nur nördlich des Polarkreises. Viele Europäer freuen sich, wenn es im Sommer abends länger hell ist. Doch wenige Europäer erleben, dass es nachts überhaupt nicht dunkel wird. In Tromsø in Norwegen zum Beispiel geht die Sonne vom 21. Mai bis zum 23. Juli nicht unter. Es ist **Polartag**, die Zeit der Mitternachtssonne. Für die Menschen in Tromsø ist dies die schönste Zeit im Jahr. Am 21. Juni feiern sie, wie überall in Nordeuropa, das Mittsommernachtsfest.

❷ *Tromsø an einem Dezembertag um 13 Uhr*

Ein Mittwinterfest gibt es nicht. Den Menschen ist nicht nach Feiern zu Mute, wenn vom 25. November bis 18. Januar in Tromsø **Polarnacht** ist. In Häusern, Ställen und Straßen leuchten dann zwar 24 Stunden am Tag die Lampen, ein Ersatz für das fehlende Sonnenlicht ist dies aber nicht.

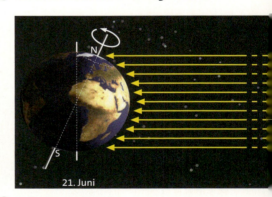

❸ *Beleuchtung der Erde*

Polartag
Zeit, in der die Sonne nicht untergeht, d. h. dauernd über dem Horizont steht.

Polarnacht
Zeit, in der die Sonne nicht aufgeht, d. h. dauernd unter dem Horizont steht.

❶ *„Tageslauf der Sonne" zur Zeit des Polartages*

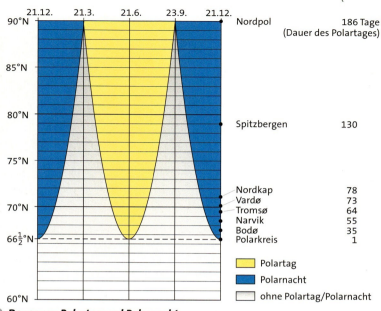

④ **Dauer von Polartag und Polarnacht**

Polartag
Polarnacht
ohne Polartag/Polarnacht

Ort	Breitenkreis	Dauer des Polartages
Nordpol	90°N	185 Tage

Nordpol — 186 Tage (Dauer des Polartages)
Spitzbergen — 130
Nordkap — 78
Vardø — 73
Tromsø — 64
Narvik — 55
Bodø — 35
Polarkreis — 1

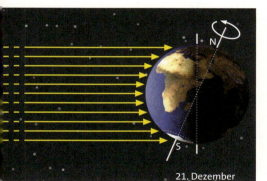

1 Im Norden Europas wird das Leben ganz besonders vom Sonnenstand bestimmt. Nenne mögliche Auswirkungen im Mittwinter und im Mittsommer.

2 Erkläre mit Hilfe der Grafik 3 wie Polartag und Polarnacht entstehen.

3 Lege zur Zeichnung 4 eine Tabelle an:

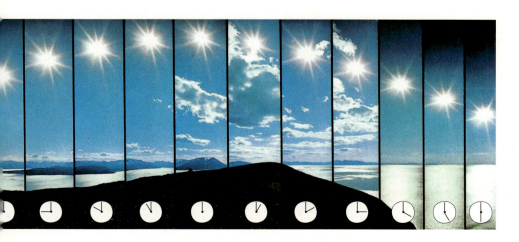

Im Norden Europas

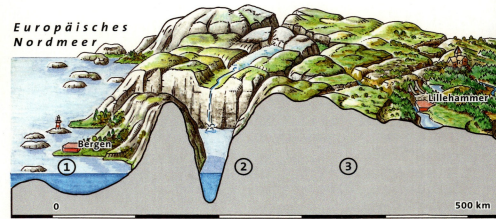

❸ *West-Ost-Profil durch Nordeuropa*

Vom Eis geformt

Die Landschaften Nordeuropas sind von einer reizvollen Vielfalt. Entlang der Küsten liegen unzählige kleine, meist vegetationslose Inseln: die **Schären**.

Beeindruckend sind insbesondere die **Fjorde**, jene steilwandigen, vom Meerwasser gefüllten Trogtäler, die weit ins Landesinnere hineinreichen. Beide Oberflächenformen verdanken ihre Gestalt den enormen Schürfkräften des Eises.

❷ *Bei Geiranger in Norwegen*

Vor dem Eiszeitalter hatten Flüsse tiefe Kerbtäler in das Gebirge eingeschnitten.

Trogtäler entstanden, als in den Kaltzeiten das Inlandeis in die Kerbtäler eindrang und diese umformte.

Ein Fjord bildete sich, als mit dem Abschmelzen des Inlandeises der Meeresspiegel anstieg. Das Wasser drang weit in die Trogtäler ein.

❹ *Vom Kerbtal zum Fjord*

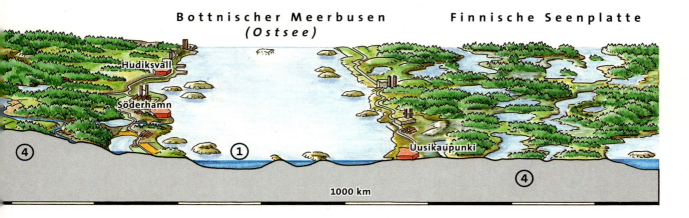

In den Kaltzeiten des Eiszeitalters bildeten sich in Nordeuropa gewaltige Eismassen. Dieses Inlandeis war bis zu 3 000 Meter mächtig. Die Eismassen bewegten sich nach Süden, nahmen dabei viel Gesteinsschutt mit und schliffen die scharfkantigen Felsmassive zu Rundbuckeln ab. Solche glatt gehobelten Felsen finden wir im Bergland, dem Fjell, und vor den Küsten als Schären.

Kerbtäler wurden zu Trogtälern, den bis zu 1 200 Meter tiefen Fjorden, umgeformt. Im Flachland schuf das Eis Vertiefungen, die heute mit Wasser gefüllt sind. Es sind die unzähligen Seen der **Seenplatten**.

Fjorde, Fjelle, Schären und Seenbecken gehören zu den Abtragungsformen des Eises. Als am Ende des Eiszeitalters das Inlandeis abschmolz, lagerte sich das mitgeführte Material vor allem im Süden Finnlands und Schwedens sowie in Dänemark und Norddeutschland ab. Dabei entstanden als Ablagerungsformen die Grund- und Endmoränen sowie Sanderflächen aus Kies und Sand.

🔵 *Bei Gävle in Schweden*

1 Suche im Atlas eine Karte zur Eisbedeckung Nordeuropas im Eiszeitalter und werte diese aus. Wie weit reichte das Eis nach Süden?

2 Foto 2 und Zeichnungen 4:
Beschreibe die Entstehung eines Fjords.

3 Arbeite mit Profil 3: Erstelle eine Übersicht wie folgt:

	Fjord	Schäre	Fjell	Seenplatte
Ziffer im Profil				
Beschreibung der Form				
Entstehung der Form				

→ *Vergletscherung, siehe Seite 124.*

Im Norden Europas

① Vegetation, Anbaugrenzen und Meeresvereisung in Nordeuropa

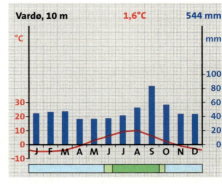

② Klimadiagramm von Vardø

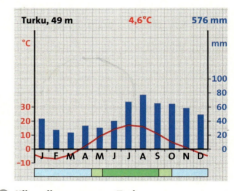

③ Klimadiagramm von Turku

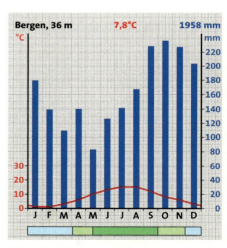

④ Klimadiagramm von Bergen

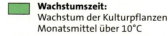
Wachstumszeit:
Wachstum der Kulturpflanzen
Monatsmittel über 10°C

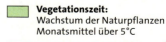
Vegetationszeit:
Wachstum der Naturpflanzen
Monatsmittel über 5°C

Monatsmittel unter 5°C:
fast kein Pflanzenwachstum

Klima und Vegetation

Vegetationszonen
Dehnt sich eine vorherrschende Vegetation gürtelartig um die Erdkugel aus, spricht man von einer Vegetationszone.

Große Teile Nordeuropas sind von Nadelwäldern bedeckt. Fichten, Kiefern und Lärchen herrschen vor. Die Birke ist der einzige Laubbaum. Alle Baumarten des **Nördlichen Nadelwaldes** überstehen die langen, kalten Winter. Ihre Zweige sind kurz und stehen weit auseinander. Im äußersten Norden und in den Hochlagen der Skanden reicht die Vegetationszeit selbst für Bäume nicht aus. Hier erstreckt sich die **Tundra**. Es gedeihen nur noch Flechten, Moose, Gräser, Sträucher und vereinzelt kümmerliche Bäume. **Laub- und Mischwälder** treten dort auf, wo Klimabedingungen wie in Deutschland herrschen.

⑤ *Tundra*

⑨ *Januarmittel entlang 60° Nord*

⑥ *Nördlicher Nadelwald*

Der **Golfstrom** ist Teil eines weltweiten Systems von Meeresströmen. Dieser transportiert Oberflächenwasser aus tropischen Meeresgebieten in den Nordatlantik. Da man früher glaubte, der Warmwasserstrom entstünde im Golf von Mexiko, gab man ihm den Namen Golfstrom. Dieser strömt mit einer Geschwindigkeit von 1 bis 2,5 Meter pro Sekunde, das heißt schneller als du gehst.

1 *Übertrage die Tabelle 8 in dein Heft und fülle sie aus.*

2 *Arbeite mit der Karte 1 und den Klimadiagrammen 2 bis 4:*
   a) Beschreibe die Verbreitung der Vegetation.
   b) Stelle Zusammenhänge zwischen Vegetation und Klima her. Formuliere Merksätze: „In Turku ist die Jahresmitteltemperatur um …°C höher als in Vardø. Es gedeiht hier …".
   c) Die norwegische Küste bleibt auch nördlich des Polarkreises eisfrei, während der Bottnische Meerbusen ein halbes Jahr mit Eis bedeckt ist. Erkläre.

⑦ *Laub- und Mischwald*

⑧ Station	Geogr. Breite	Temperatur	Vegetationszone	Pflanzen	Vegetationszeit	Wachstumszeit	Möglicher Anbau
Bergen	60°N	7,8°C	Nördlicher Nadelwald	Fichten, Kiefern	240 Tage	140 Tage	Obst, Gemüse
Turku							
Vardø							

Im Norden Europas

❶ Holzernter in Finnland

Holzwirtschaft im Nadelwald

Rohstoff Holz
Holz bringt Natur in unsere Wohnungen: Möbel, Türen und Fensterrahmen sind meist daraus gefertigt. Aber auch in Textilien und Getränketüten ist dieser Rohstoff enthalten. Nur 14% des weltweiten Holzverbrauchs wird für Papier verbraucht. Die steigende Flut von Zeitschriften und Prospekten besteht überwiegend aus Altpapier.

Das „grüne Gold" Finnlands
Finnland steht beim Export von Rohholz, Holzerzeugnissen und Papier an erster Stelle in Europa. Jeder fünfte Industriearbeiter ist in der **Holz verarbeitenden Industrie** tätig. Kein Wunder, dass man das Holz als das „Grüne Gold des Nordens" bezeichnet.

Nachhaltige Holzwirtschaft
Damit auch zukünftige Generationen die Wälder nutzen können, hat der finnische Staat zusammen mit der Holzindustrie Zukunftspläne ausgearbeitet. Diese erlauben die Nutzung der Wälder, ohne den Bestand der Tier- und Pflanzenwelt zu gefährden. Jährlich darf nicht mehr Holz geerntet werden als nachwächst. Es werden immer nur kleine Flächen geschlagen und einige alte Bäume bleiben als Samenbäume stehen.

❷ **Holzernte**
Was früher 15 Waldarbeiter mit Axt, Säge, Schäleisen usw. in mühevoller Handarbeit erledigten, schafft dieses technische Wunderwerk ganz allein. Computergesteuert, von einem Maschinisten in einem klimatisierten und schallisolierten Führerhaus bedient, packt der klobige Greifer einen Baum und sägt ihn kurz über dem Boden ab. In einem Arbeitsgang entfernt er die Äste, schneidet den Stamm in Stücke und stapelt sie auf. Musik aus der Stereoanlage vertreibt dem Maschinisten die Einsamkeit. Kein Wunder, dass diese Maschine ein Exportschlager der finnischen Industrie ist. Andererseits mussten sich viele Waldarbeiter nach einem neuen Beruf umsehen. Ein unsachgemäßer Einsatz des Holzernters kann zu Schäden an Waldpflanzen und auch zu einer Verdichtung des Waldbodens führen.

1 Vergleiche die Holzernte früher und heute.
2 Suche im Atlas die Standorte der Holz verarbeitenden Industrie in Nordeuropa. Erkläre ihre Lage.
3 Beschreibe den Produktionsverbund mit Hilfe von Foto 3 und Schema 4.

❸ **Werksgelände der Stora Enso AG in Varkaus**

Stora Enso AG in Varkaus

2 000 Beschäftigte
1. Kraftwerk
2. Zeitungspapierwerk
3. Biologische Abwasserkläranlage
4. Altpapieraufbereitungsanlage
5. Papierwerke 1–3
6. Zellstoffwerk
7. Holzbehandlung (Entrindung, Holzschnitzel)
8. Sägewerk
9. Holzschliffproduktion
10. Holzschnitzel
11. Holzhafen
12. Eisenbahngleise
13. Transportbänder

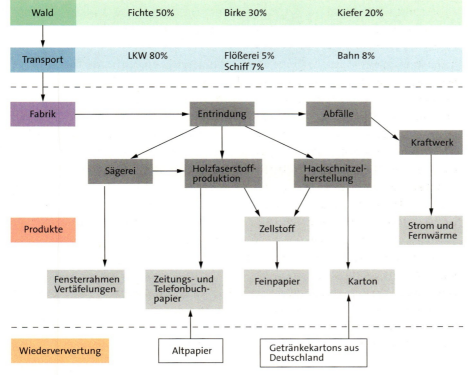

❹ **Produktionsverbund im Werk Varkaus**

Zellstoff ist ein Rohmaterial für die Papier- und Textilindustrie sowie die Chemische Industrie, das aus den Zellwänden von Bäumen und anderen Pflanzen gewonnen wird.

213

Im Norden Europas

IKEA in Zahlen
Umsatz: 9,5 Mrd. Euro
Mitarbeiter:
  Einzelhandel 43 300
  Einkauf 6 200
  Produktionsgruppe 8 500
weltweite Kundenzahl:
230 000 000 pro Jahr

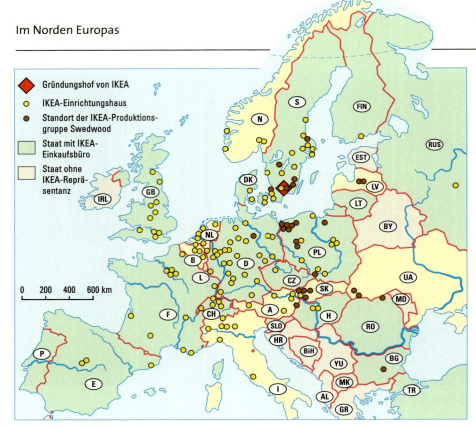

① **IKEA 2001: Standorte in Europa**

IKEA-Standort Europa

Rohstoff: Ideen

Nach dem Ende des Zweiten Weltkriegs überlegte sich **I**ngvar **K**amprad vom Bauernhof **E**ltaryd in **A**gunnaryd in Südschweden, wie er Möbel zu einem günstigen Preis für viele Menschen anbieten könnte. Er ließ die zerlegten Möbel in flache Pakete verpacken und verschickte sie an die Kunden zum Selbstaufbau. 1958 eröffnete er dann sein erstes Einrichtungshaus mit Selbstbedienung.
Für den Heimtransport bot er den Kunden Dachgepäckträger zum Selbstkostenpreis, d.h. ohne Gewinn für IKEA an.

Weltweiter Erfolg

Mit diesen Ideen war Ingvar Kamprad so erfolgreich, dass die Firma IKEA heute 157 Einrichtungshäuser in 29 Ländern betreibt. Seit 1998 gibt es sogar in China und seit 2000 in Russland die „typisch schwedischen" Möbel.

1 *Bestimme je zwei Staaten, in denen es viele Einrichtungshäuser oder Produktionsstätten von IKEA gibt. Begründe die unterschiedliche Verteilung.*
2 *Stelle in der Tabelle den Produktionsprozess des Sessels 3 dar.*

② **IKEA-Sessel: Von der Produktion bis zur Vermarktung**

	Produktentwicklung	Ablaufplanung	Serienfertigung	Vermarktung
Ort				
Arbeitsschritt				

❸ Auftrag: Faulenzer-Sessel

Björn Evedal, Designer, Älmhult
Der Sessel darf nur 98 Euro kosten, gleichzeitig soll er unverwechselbar aussehen, viele Jahre halten, leicht zu montieren sein und in ein möglichst kleines Paket passen: eine verdammt schwierige Aufgabe!

Heinrich Klopfer, Einkäufer, Berlin
Aufgrund unserer weltweiten Verbindungen haben wir in China eine preiswerte Weberei gefunden, bei der wir den Bezugsstoff einkaufen. Zusammen mit dem Polsterhersteller wurde der Produktionsablauf so organisiert, dass wir den Sessel zu dem von uns gewünschten Preis anbieten können. Während der Produktion führe ich Qualitätskontrollen durch.

Lech Zobel, Torun, Polen
Vor zehn Jahren hat uns der schwedische Konzern aufgekauft. Seitdem stellen wir Holzteile für IKEA-Möbel her. Ich habe den Produktionsablauf für das Gestell des Sessels organisiert.

Tom Seeger, Leipzig
In unserem Zentrallager werden die verpackten Sessel angeliefert und an die Einrichtungshäuser weitergeleitet. Sobald bei uns nur noch kleine Stückzahlen vorhanden sind, ordere ich beim Hersteller nach.

Aleks Groszdanski, Fabrikant, Lodz, Polen
Wir sind froh, dass wir den IKEA-Auftrag zur Herstellung des Polsters bekommen haben. Das liegt wahrscheinlich daran, dass unsere Näherinnen nicht so viel verdienen wie die in Westeuropa und weil wir schon verschiedene Aufträge für IKEA gut ausgeführt haben.

Kristin Paltos, IKEA-Angestellte, Hanau
Eine Idee von mir für eine Präsentation ist immer willkommen, denn ich weiß, worauf die Kunden anspringen. Dass wir gerne mitdenken, liegt an unserem guten Betriebsklima. So sind zum Beispiel alle untereinander „per du", auch mit den Chefs.

Heike Carlsson, Marketing, Älmhult
Wie wär's mit „Väner" als Namen für den Sessel? Jedes Produkt bekommt einen schwedisch klingenden Namen. Wir entscheiden hier, wie der Sessel in den Katalogen für die verschiedenen Länder präsentiert wird.
Auch die Werbung für Zeitschriften und Fernsehen wird bei uns entworfen. Wir sind hier eine richtige „Denkfabrik".

Im Norden Europas

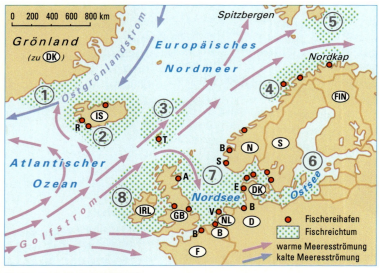

① Fischgründe im Nordatlantik

④ Rotbarschfang im Europäischen Nordmeer

Vom Fischfang zur Fischmast

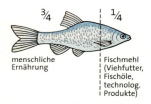

② Die Verwendung von Fisch

Fischfang in Island

Die Isländer sagen: „Unsere Lebensgrundlage ist das Meer." Fast zwei Millionen Tonnen Fisch holen Islands Fischer jährlich aus dem Europäischen Nordmeer. Bei den Speisefischen nimmt der Kabeljau etwa die Hälfte der Fangmenge ein. Hinzu kommen Rotbarsch, Schellfisch, Seelachs und Hering. Der meist gefangene Fisch jedoch ist mit rund einer Million Tonnen im Jahr die Lodde, ein arktischer Lachs. Sie dient zur Herstellung von Fischmehl und Fischöl. Täglich warten in zirka 50 Häfen die Angestellten der Fischverarbeitungsbetriebe auf die Fänge der Kutter und Trawler. Durch die Ausfuhr von gefrorenem, gesalzenem oder getrocknetem Fisch sowie Fischmehl, Fischöl, Garnelen, Hummer und Muscheln erwirtschaftet Islands Fischindustrie mehr als drei Viertel aller Exporteinnahmen.

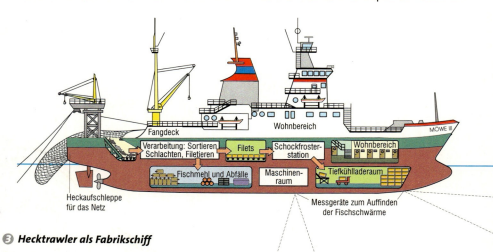

③ Hecktrawler als Fabrikschiff

Fischmast in Norwegen

Er darf auf keiner Speisekarte und bei keinem kalten Buffet fehlen – der Lachs, „Wanderer zwischen Meer und Fluss". Doch heute wandert nur noch der Wildlachs und dieser spielt gegenüber dem Farmlachs wirtschaftlich eher eine unbedeutende Rolle.

Anfangs hielten norwegische Fischer ihren Kollegen Thor Morwinkel für einen Spinner, als dieser 1968 begann einjährige, daumenlange Junglachse in Meereskäfige auszusetzen, zu mästen, nach gut einem Jahr mit dem Kescher abzufischen und zu verkaufen. Aber seine enormen Gewinne regten sie bald zur Nachahmung an und der Siegeszug des Fjordlachses begann. Heute ist Norwegen bei der Erzeugung von Farmlachs führend in der Welt. Doch die Haltung in **Fischfarmen** hat wie jede Massentierhaltung auch seine Kehrseite!

❻ **Lachsfarm bei Tromsø**

❺ **Entwicklung der Farmlachserzeugung in Norwegen 1975 bis 2000 in Tonnen**

1975	1 000
1980	4 200
1985	30 000
1990	150 000
1995	290 000
2000	330 000

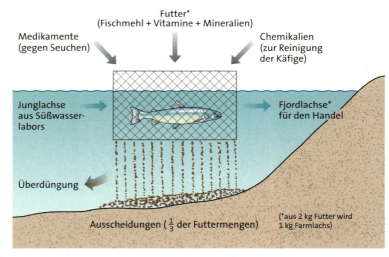

❼ **Aufzucht von Lachsen in einem Fischmastbetrieb**

1 Arbeite mit Karte 1: Nenne die fischreichen Gewässer des Nordatlantiks (Ziffern 1 bis 8).
2 Begründe, warum Islands Lebensgrundlage das Meer ist.
3 Beschreibe die Arbeitsvorgänge auf einem Fabrikschiff 3.
4 Erläutere das Prinzip einer Fischfarm.
5 Die Fischmast führt auch zu Problemen. Erkläre dies anhand Zeichnung 7.

TERRAMethode

Im Norden Europas

Immer wieder müsssen wir Texten Informationen entnehmen. Doch Texte richtig auszuwerten, erfordert viele Fertigkeiten: lesen, unterstreichen, klären, erkennen, Ergebnisse darstellen. Wer diese beherrscht, kann aus Informationen fundiertes Wissen werden lassen.

❶ **Ein neuer Weg zwischen Dänemark und Schweden**
Europa wächst zusammen. Für das stetig anwachsende Verkehrsaufkommen müssen die Verkehrswege weiter ausgebaut werden. Dies gilt besonders für Stellen, wo es natürliche Hindernisse wie Meeresarme gibt. Der 16 km breite Öresund zwischen Kopenhagen (Dänemark) und Malmö (Schweden) war so eine Barriere. Doch seit dem 1. Juli 2000 ist dies vorbei. Eisenbahnen und Fahrzeuge können jetzt ungehindert von einem Land ins andere rollen.

Dänemark und Schweden sind nun fest miteinander durch ein Bauwerk verbunden, das aus drei Teilen besteht: Einem 4050 m langen Senkkastentunnel unter dem Meeresboden, einer genauso langen künstlichen Insel sowie einer 7845 m langen Brücke.

Barriere (franz.): Schranke, Schlagbaum, Sperre.
(Quelle: Duden)

Senkkastentunnel: Er besteht aus mehreren an Land vorgefertigten kastenförmigen Abschnitten, die auf den Meeresboden abgesenkt werden. Dort werden die Bauteile dann verbunden und bilden so den Tunnel.
(Quelle: Lexikon)

Texte auswerten

Der Text 1 ist nicht sehr umfangreich, und doch enthält er eine Menge Informationen, für dich Bekanntes und Unbekanntes, Nebensächliches und Wichtiges. Es ist nicht immer leicht, Wichtiges zu erkennen. Immer wieder gilt es, Unbekanntes mit geeigneten Hilfsmitteln zu klären und Ergebnisse einprägsam darzustellen.

Einen Text auswerten
1. Schritt: Frage zum Text beachten
Mach dir zunächst klar, welche Frage mit Hilfe des Textes beantwortet werden soll.

2. Schritt: Lesen
Lies den Text aufmerksam durch.

3. Schritt: Textstellen markieren
Untersuche den Text im Hinblick auf die Fragestellung. Markiere oder unterstreiche hierzu wichtige Schlüsselbegriffe und Schlüsselaussagen.

Zwei Teile der „festen Verbindung" von Dänemark nach Schweden haben Rekordausmaße: Der Senkkastentunnel und die Schrägseilbrücke, das Kernstück der doppelstöckigen Hochbrücke, sind die größten der Welt.
Doch das Bauwerk verbessert nicht nur die Verkehrsverbindung zwischen den beiden skandinavischen Ländern, es schließt gleichzeitig auch die letzte Lücke im europäischen Straßennetz zwischen dem Nordkap und der Straße von Messina.
Die Arbeiten an der Verbindung über den Öresund dauerten sieben Jahre und kosteten zwei Milliarden Euro. Die Betreibergesellschaft rechnet mit 139 Millionen Euro Einnahmen aus der Maut pro Jahr. Hinzu kommen über 40 Millionen Euro an Benutzergebühren von der dänischen und schwedischen Staatsbahn.

Nach wie viel Jahren hat die Betreibergesellschaft ihr eingesetztes Geld wieder erhalten und arbeitet von da ab mit Gewinn?
(Rechenbeispiel)

Schrägseilbrücke:
Die Fahrbahnplatte wird durch Stahlseile getragen, die schräg zu den tragenden Pfeilern der Hängebrücke gespannt sind.
(Quelle: Lexikon)

Maut: Gebühr für Straßen- und Brückenbenutzung.
(Quelle: Duden)

4. Schritt: Unbekanntes klären
Kläre die unbekannten Begriffe. Nutze dabei Hilfsmittel wie Atlas, Lexikon, Glossar im Schulbuch, Internet, Fremdwörterbuch sowie das Fachwissen von Experten.

5. Schritt: Stichwörter notieren
Notiere der Fragestellung entsprechend die wichtigen Begriffe und Aussagen. Finde die Zusammenhänge heraus, kläre die Beziehungen zwischen einzelnen Aussagen und stelle Ursachen und Folgen fest.

6. Schritt: Ergebnis darstellen
Stelle das Ergebnis in Form einer Tabelle oder Gedankenkarte dar. Auch die Darstellung als Wirkungsschema bietet sich an.

1 Welche Länder musst du durchfahren, wenn du auf dem schnellsten Weg vom Nordkap zur Straße von Messina gelangen willst?

TERRATraining
Im Norden Europas

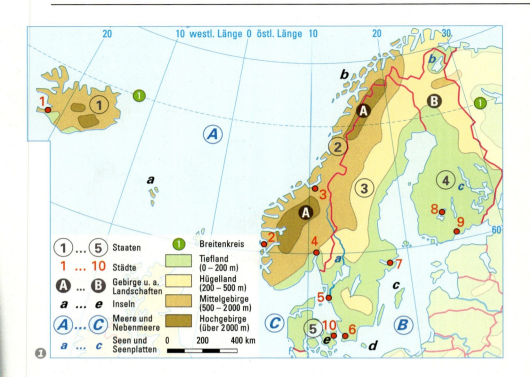

Wichtige Begriffe
Fischfarm
Fjell
Fjord
Golfstrom
Holz verarbeitende Industrie
Laub- und Mischwald
Nachhaltige Holzwirtschaft
Nördlicher Nadelwald
Polarnacht
Polartag
Schäre
Seenplatte
Tundra
Vegetationszone

1 Teste deine Topografie-Kenntnisse
Fertige einen Reisebericht an.
a) 1. Woche ⑤, 10, ③, 6, a, ②, 4, Ⓐ, ①
b) 2. Woche 1, ①, b, ④, Ⓑ, b,
c) 3. Woche 9, Ⓑ, 7, c, 5, 10.

2 Was gehört zusammen?
Gib jeweils zwei Lagemerkmale an.

Fünen	Fluss
Turku	Meerenge
Kebnekaise	Insel
Vättern	Meer
Vatnajökull	Stadt
Lofoten	Berg
Öresund	See
Hardanger Vidda	Inselgruppe
Klarälv	Hochebene
Barentssee	Gletscher

3 Staat gesucht
Ordne die Inseln Spitzbergen, Jan Mayen, Faröer, Gotland, Åland jeweils einem Staat zu.

4 Finde die 9 Fehler und stelle richtig.

Liebe Sarah,
vor drei Wochen sind wir von Kiel mit der Fähre über die Nordsee nach Göteborg gefahren. Dort haben mir besonders die Gletscher gefallen. An der Ostküste von Norwegen sahen wir dann viele Heringsfarmen. Kurz nach der Stadt Mo i Rana überquerten wir den südlichen Polarkreis. In Narvik ging es in westlicher Richtung über das Skandinavische Gebirge nach Lappland.
Besonders beeindruckend war die wilde Landschaft am Nordkap, wo die Sonne ein ganzes Jahr lang nicht untergeht. Auf dem Rückweg kamen wir in Finnland an großen Fabriken vorbei. Dort wird Eichenholz zu Papier verarbeitet. Über die Öresundbrücke fuhren wir dann in die finnische Hauptstadt.
Viele Grüße aus Helsinki,
dein Tom

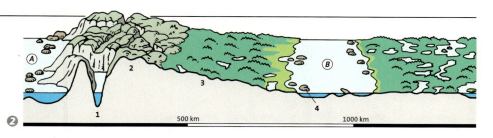

Teste dich selbst
mit den Aufgaben 1a, 5b und 7b

5 Landschaftsprofil
a) Zeichne den Querschnitt in dein Heft und setze die richtigen Begriffe (1–4) und Meeresnamen (A, B) ein.
b) Ordne Foto 3 dem Landschaftsprofil zu. Welche Vegetationszone ist dargestellt? Begründe.

7 Bilderrätsel
a) Welche Begriffe sind dargestellt?
b) Erkläre Begriff b.

a

b

6 Findest du die Begriffe?
– Große Feier am 21. Juni in Nordeuropa.
– Steilwandige, vom Meerwasser gefüllte Trogtäler, die weit ins Landesinnere hineinreichen.
– Hier gedeihen nur noch Moose, Gräser, Flechten, Sträucher und vereinzelt kümmerliche Bäume.
– Transportiert Oberflächenwasser aus tropischen Meeresgebieten in den Nordatlantik.
– Fische werden hier nicht nur gefangen, sondern auch gleich weiterverarbeitet.
– Grünes Gold des Nordens.
– Schließt die letzte Lücke in der Straßenverbindung vom Nordkap bis zur Straße von Messina.
– Nutzung der Wälder, ohne den Bestand der Tier- und Pflanzenwelt zu gefährden.

c

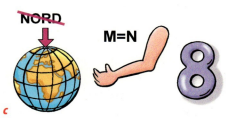

d

221

Im östlichen Mitteleuropa

Ganz nah und für viele doch unbekannt sind unsere östlichen Nachbarländer. Wer kennt schon die Masurischen Seen oder die Hohe Tatra, Europas kleinstes Hochgebirge? Wer weiß, dass in diesem Raum die Industrie eine lange Tradition hat?

Bei Breslau

Mlada Boleslav

Im östlichen Mitteleuropa

Von der Ostsee ins Ungarische Tiefland

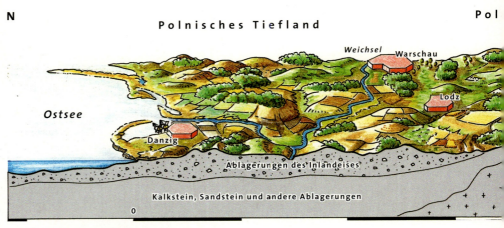

❷ *Nord-Süd-Profil durch Ostmitteleuropa*

An der polnischen Ostseeküste

Wie an der deutschen Ostseeküste wechseln auch in Polen Steil- und Flachküstenabschnitte miteinander ab. Weite Teile der Küste sind aber viel geradliniger als bei uns. Stärkere Winde und Küstenströmungen haben hier lange **Ausgleichsküsten** geschaffen. Dort, wo größere Buchten ins Land hinein ragten, lagerte sich Sand in schmalen Landzungen, den **Nehrungen,** ab. Mit der Zeit wurden die dahinter liegenden Buchten fast vom Meer getrennt. Es entstanden die **Haffs.** Durch die Transportkraft des Windes wird der Sand im Hinterland der Flachstrände in Dünen abgelagert.

Alföld und Kisalföld

So nennt man das Große und das Kleine Ungarische Tiefland, die von den Flüssen Theiß, Donau und Raab durchflossen werden. Die ungarischen Mittelgebirge, zum Beispiel der Bakonywald, trennen diese beiden Ebenen. Für Geologen gehört dieses Gebiet zum Pannonischen Becken. Als im Tertiär die Alpen, die Karpaten und das Dinarische Gebirge langsam emporgehoben wurden, zerbrach das Gebiet dazwischen in einzelne Schollen und senkte sich ab. So entstand ein Becken, das von einem Meer überflutet wurde. Mächtige Sand- und Tonschichten füllten das Meeresbecken fast vollständig auf. Danach lagerten die Flüsse aus den Gebirgen Kiese, Sande und feineres Material im Becken ab. Am Ende der letzten Kaltzeit bildete sich noch eine Lössdecke aus. Die Ablagerungen sind an einigen Stellen über 2 000 Meter mächtig.

❸ *Entstehung einer Ausgleichsküste*

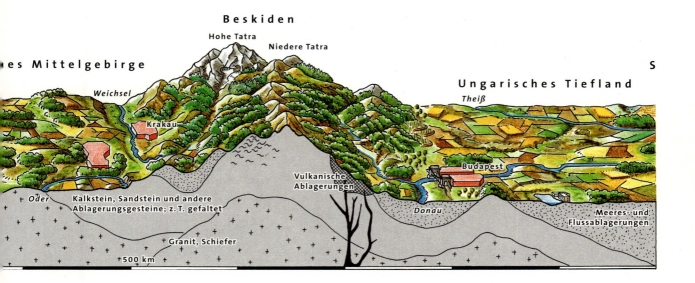

Die ungarischen Mittelgebirge sind Schollen, die wieder gehoben wurden. Viele Thermalquellen (heiße Quellen) zeigen an, dass dieses Gebiet noch immer nicht zur Ruhe gekommen ist. Aus Spalten innerhalb der Erdkruste steigen heißer Dampf und heißes Thermalwasser auf.

Das Böhmische Becken hat eine ähnliche Entstehungsgeschichte wie das Pannonische Becken.

1 Fertige eine Tabelle mit den vier Großlandschaften im östlichen Mitteleuropa an. Trage jeweils Vegetation, Gewässer und landwirtschaftliche Nutzung ein.

2 Vergleiche die Abfolge der Großlandschaften mit derjenigen in Deutschland und benenne Gemeinsamkeiten sowie Unterschiede.

3 Die Ausgleichsküste ist nur eine von vielen Küstenformen an der Ostsee. Suche im Atlas nach weiteren Küstenformen, notiere ihre Namen und beschreibe ihre Formen.

4 *Landschaft auf der Halbinsel Hela*

5 *Gänsefarm in der Puszta*

Im östlichen Mitteleuropa

❶ *Kleinbäuerlicher Betrieb*

Landwirtschaft in Polen

❷ **Ein Landwirt in Polen**
Auf dem Hof leben 20 Kühe, 8 Schweine, ein Pferd, 20 Kaninchen, 50 Enten, 50 Hühner und ein Hund. Jeden Morgen um fünf Uhr schafft der Landwirt 100 Liter Milch zur Aufkaufstelle. Dafür erhält er 50 Zloty, umgerechnet etwa 13 Euro. Neben den normalen Kosten muss er davon die Investitionen auf seinem Hof abzahlen: Melkanlage, Traktor, Heuwagen, Heugebläse, Jeep. Er lebt von dem, was er der Erde abringt. Neben Milch verkauft er manchmal auch Fleisch. Er gehört zu den 20 % Polen, die in der Landwirtschaft beschäftigt sind. Nach dem bevorstehenden EU-Beitritt Polens soll sich ihre Anzahl auf 5 % verringern.

❸ **Größe der landwirtschaftlichen Betriebe in Polen 1996**

Größe der Betriebe in ha	Anteil an der Zahl der Betriebe in %		
	Polen		Deutschland
	Privat (91,2 %)	Staat (8,8 %)	
bis 1,0	3,0	0	k. A.
1,0–9,9	46,0	1,5	44,8
10,0–19,9	27,9	5,4	17,8
20,0–49,9	13,5	14,5	23,8
über 50	9,6	78,6	13,6

Die Bauern mit weniger als 10 Hektar Besitz können von den Erträgen ihrer Betriebe kaum mehr leben. Vor allem die jungen Landwirte gehen in die Stadt oder ins Ausland, um dort mehr zu verdienen. Viele Kleinbauern versuchen durch eine zusätzliche Beschäftigung in einem anderen Wirtschaftszweig oder aber durch Angebote für den Fremdenverkehr über die Runden zu kommen. Trotzdem müssen viele die Landwirtschaft aufgeben. Sie stehen vor der Wahl, ihre Flächen zu verkaufen oder zu verpachten.

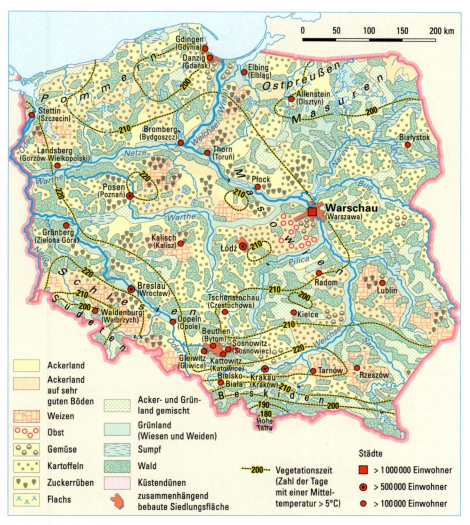

④ Landwirtschaft in Polen

⑥ Polens Stellung in Europa und in der Welt ( )

nach Produktionsmenge

Roggen	1. (3.)
Kartoffeln	2. (3.)
Johannisbeeren	2. (3.)
Kohl	2. (7.)
Erdbeeren	3. (4.)
Zwiebeln	2. (11.)
Raps	3. (8.)
Himbeeren	3. (3.)
Äpfel	3. (9.)
Schweinefleisch	5. (8.)
Rindfleisch	10. (23.)
Zuckerrüben	5. (7.)
Weizen	6. (14.)

1 Fertige mit Hilfe der Karte 4 eine Tabelle, in der du die wichtigsten Anbaugebiete für Getreide, Kartoffeln, Obst, Gemüse und Zuckerrüben auflistest.

2 Im Gegensatz zu Lebensmitteln aus Frankreich sind bei uns Lebensmittel aus Polen nur wenig bekannt. Erarbeite mögliche Gründe.

3 Beschreibe mit Hilfe der Tabelle 3 und des Textes 2 die Probleme der Landwirtschaft in Polen.

⑤ Bodennutzung in Polen und Deutschland

	Polen	Deutschland
Landwirtschaft gesamt	59,1 %	48,5 %
darunter		
Ackerland	45,1 %	33,9 %
Gärten	0,8 %	0,6 %
Wiesen	8,8 %	5,9 %
Weiden	4,4 %	8,2 %
Wald	28,2 %	30,1 %
Sonstiges	12,7 %	21,4 %

Im östlichen Mitteleuropa

② **Endmontage in Mlada Boleslav**

Škoda – Motor für Tschechiens Wirtschaft

Die Stellung von Škoda innerhalb der tschechischen Wirtschaft 2001
- *Unternehmen mit dem größten Umsatz: 4,7 Mrd. €*
- *9,6 % Anteil am tschechischen Gesamtexport*
- *290 tschechische Zuliefererbetriebe mit einem Umsatz von 1,2 Mrd. €*

③ **Boom in Škoda-City (Juli 2001)**
„Wir sind eine glückliche Stadt", stellt Svatoklup Kvaizar der Bürgermeister von Mlada Boleslav zufrieden fest. Dazu hat er auch allen Grund. In der 70 km von Prag entfernten Stadt blüht die Wirtschaft. Hier sind innerhalb der Tschechischen Republik die Löhne am höchsten und die Arbeitslosenzahlen am niedrigsten. Grund für diese Ausnahmestellung sind die Škoda-Automobilwerke, die hier ihren Hauptsitz haben. Gut 25 000 Beschäftigte arbeiten bei Škoda und noch mehrere Tausend bei Zulieferern in der Stadt und in der Region.

Das vergleichsweise hohe Einkommen beflügelt alle Wirtschaftszweige. Supermärkte und Einkaufszentren entstehen und auch die Gastronomie profitiert.
Inzwischen sieht Svatoklup Kvaizar aber schon die Schattenseiten des Erfolgs für seine Stadt. In Mlada Boleslav und Umgebung gibt es keine Facharbeiter mehr, die von der wachsenden Automobilbranche dringend gebraucht würden. Es gäbe genug, die aus anderen Teilen Tschechiens kommen würden. Für diese aber gibt es keine Wohnungen.

Deutsch-tschechische Zusammenarbeit
Der Erfolg von Mlada Boleslav ist eine Geschichte mit vielen Kapiteln. Das vorerst letzte Kapitel begann im April 1990. Wie überall in der Tschechischen Republik gab es zu diesem Zeitpunkt auch bei Škoda große wirtschaftliche Probleme.

Durch die politischen und wirtschaftlichen Veränderungen in vielen Staaten Europas war der Markt für Škoda-Automobile eingebrochen. Neue Kunden waren nicht zu gewinnen, weil die Qualität der Autos nicht dem Standard der Autos aus Westeuropa entsprach.

4 Stolze Mutter

Stolz berichtet die Mutter VW über die Entwicklung ihrer Tochter Škoda in Mlada Boleslav in Tschechien. Als der Volkswagen Konzern 1991 bei dem traditionsreichen Automobilhersteller einstieg, steckte dieser in einer schweren Krise: Veraltete Produktionsanlagen und ein schlechtes Image in Westeuropa standen auf der Negativseite. Dagegen konnte Škoda eine gut ausgebildete Facharbeiterschaft und gute Beziehungen zu den wachsenden Märkten in Osteuropa bieten. Ein wichtiger Pluspunkt war auch das sehr niedrige Lohnniveau in der Tschechischen Republik.

VW stattete die Tochter mit Kapital und dem modernsten Know how im Automobilbau aus. Damit wurden neue Modelle entwickelt und Produktionsanlagen errichtet, die dem neusten Stand der Technik entsprechen. Mit Hilfe von Robotern werden die 4000 Einzelteile, aus denen ein Octavia besteht, montiert. Täglich verlassen 1700 Pkw das Band.

Für Tschechien ist der Erfolg von Škoda sehr wichtig. Überall im Land entstehen Zulieferer für die Automobilindustrie, die auch an andere europäische Automobilfirmen liefern. Allein Škoda ist mit 10 Prozent an den Exporten Tschechiens beteiligt.

7 Monatslohn

Mlada Boleslav	468 €
Tschechien	369 €

Arbeitslosenquote

Mlada Boleslav	3,7 %
Tschechien	8,6 %

5 Entwicklung der Produktion und der Beschäftigten von 1991–2001

Jahr	produzierte Automobile	Beschäftigte
1991	172 074	13 200
1995	208 297	15 000
1998	403 515	17 900
2001	460 886	19 000

1 Nenne die Vorteile der Zusammenarbeit von VW und Škoda für beide Seiten.

2 Begründe die Aussage, das Auto ist der Motor der tschechischen Wirtschaft.

3 Erstelle mit Hilfe einer geeigneten Atlaskarte eine Tabelle mit den wichtigsten Industriestandorten der Tschechischen Republik.

4 Fertige eine Kartenskizze mit den Herkunftsstaaten der Rohstoffe für einen Škoda (6) an.

6 Rohstoffe für Škoda

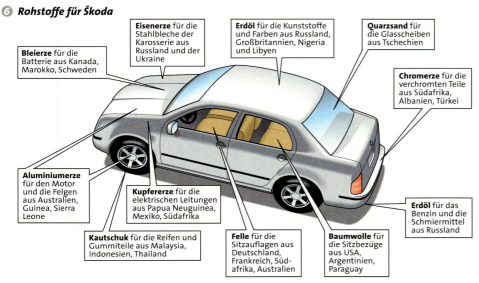

Bleierze für die Batterie aus Kanada, Marokko, Schweden

Eisenerze für die Stahlbleche der Karosserie aus Russland und der Ukraine

Erdöl für die Kunststoffe und Farben aus Russland, Großbritannien, Nigeria und Libyen

Quarzsand für die Glasscheiben aus Tschechien

Chromerze für die verchromten Teile aus Südafrika, Albanien, Türkei

Aluminiumerze für den Motor und die Felgen aus Australien, Guinea, Sierra Leone

Kupfererze für die elektrischen Leitungen aus Papua Neuguinea, Mexiko, Südafrika

Kautschuk für die Reifen und Gummiteile aus Malaysia, Indonesien, Thailand

Felle für die Sitzauflagen aus Deutschland, Frankreich, Südafrika, Australien

Baumwolle für die Sitzbezüge aus USA, Argentinien, Paraguay

Erdöl für das Benzin und die Schmiermittel aus Russland

TERRAMethode

Im östlichen Mitteleuropa

Ein Kartogramm ist die Verbindung von einem Diagramm und einer einfachen Karte. Die Anordnung der Aussagen des Diagrammes auf einer Karte ermöglicht die räumliche Zuordnung und Orientierung.

Ein Kartogramm erstellen

Oft werden in Tabellen und Diagrammen Länder oder Städte miteinander verglichen. Es ist nicht leicht die Informationen dem jeweils richtigen Land zuzuordnen. Um den Vergleich anschaulich zu machen, kann man die entsprechenden Angaben, wie z. B. die Bedeutung der einzelnen Wirtschaftszweige in einer Umrisskarte in das jeweilige Land eintragen. Damit kann man vergleichen, wie stark die Stellung der **Dienstleistungen** in den einzelnen Staaten ist, also des Wirtschaftszweiges, der keine Waren produziert, sondern in dem Menschen ihr spezielles Wissen anderen Menschen als „Ware" anbieten und verkaufen. Beispiele für Dienstleistungsberufe sind etwa Verwaltungsangestellte, Rechtsanwälte, Ärzte oder Lehrer.

Eine Kombination von einfacher Karte und Diagrammen oder anderen Informationen wird Kartogramm genannt. Ein Kartogramm ist nur sinnvoll, wenn Informationen über mehrere Länder miteinander verglichen werden sollen.

Ein Kartogramm erstellen
1. Schritt: Zeichne eine Umrissskizze der Länder, die miteinander verglichen werden sollen.
2. Schritt: Wähle eine geeignete Darstellungsart für den zu vergleichenden Sachverhalt (Piktogramm, Säulendiagramm, Kreisdiagramm usw.) aus.
3. Schritt: Zeichne die gewählte Darstellung an der entsprechenden Stelle der Kartenskizze ein.
4. Schritt: Erstelle eine Legende und eine Überschrift für das Kartogramm.

1 Nenne die Vorteile der Darstellung als Kartogramm bei den Karten 5 und 6
2 Zeichne nach den Angaben in Tabelle 4 ein Kartogramm der Bodennutzung in den Ländern Ungarn, Tschechische Republik Slowakische Republik und Polen. Wähle dazu ein geeignetes Diagramm für die Darstellung.

① Anteil der Beschäftigten im Jahr 2000 nach Wirtschaftszweigen in 1 000

	PL	SK	CZ	H
Landwirtschaft	3 750	298	291	336
Industrie	3 750	962	1 664	1 134
Dienstleistung	7 500	2 058	3 173	2 730

② Anteil der Beschäftigten im Jahr 2000 nach Wirtschaftszweigen in %

	PL	SK	CZ	H
Landwirtschaft	25	9	6	8
Industrie	25	29	32	27
Dienstleistung	50	62	62	65

③ Umrissskizze

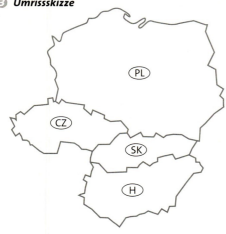

④ Bodennutzung im Jahr 2000 in %

	PL	SK	CZ	H
Ackerland	47	31	41	51
Grünland	13	17	11	12
Wälder	29	41	34	19
Sonstiges	11	11	14	18

⑤ Beschäftigte nach Wirtschaftszweigen in 1000

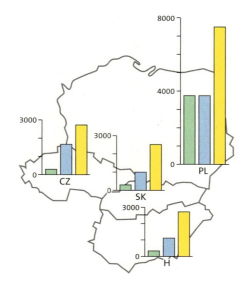

⑥ Anteil der Beschäftigten nach Wirtschaftszweigen in %

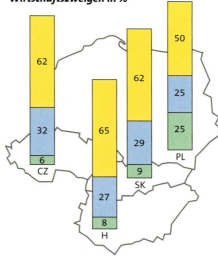

Im östlichen Mitteleuropa

❷ *Hohe Tatra bei Štrbské Pleso*

TANAP – Tatranský národný park

Die Bergseen in der Tatra heißen Oko, Auge. Die Sage erzählt, dass durch das Morskie Oko, das Meerauge, das Mittelmeer in die Tatra schaut. An seinen Ufern werden die Schiffe angespült, die in der Adria gesunken sind.

Štrbské Pleso, Javorina in der Slowakei und Zakopane in Polen sind bekannte Wintersportorte in der Hohen Tatra. Sie ist das kleinste Hochgebirge Europas. Nur 26,5 Kilometer lang ist der Hauptkamm und doch gibt es hier 25 Gipfel, die über 2 500 Meter hoch sind.

Schützenswerte Naturlandschaft ...
Weil die Hohe Tatra so klein ist, konnte sie leicht umgangen werden. Dies war ein Grund dafür, dass der Mensch nur an wenigen Stellen in das Gebirge vordrang. Um diese in Mitteleuropa in ihrer Ursprünglichkeit einmalige Hochgebirgslandschaft auch weiterhin zu erhalten, wurde das Gebiet schon 1946 zum Nationalpark erklärt.

... und Urlaubslandschaft
Für viele Naturfreunde im Osten Mitteleuropas und in Osteuropa ist die Hohe Tatra das nächst gelegene Hochgebirge. Aber auch Bergwanderer und Wintersportler aus anderen Teilen Europas verbringen dort ihren Urlaub. Seit der Mitte des 19. Jahrhunderts entwickelte sich hier der Tourismus. Auf slowakischer Seite entstanden die Ferienzentren von Štrbské Pleso, Tatranska Lomnica und Smokovec, die mit einer Eisenbahn und einer Zahnradbahn leicht zu erreichen sind. Damit die vielen Besucher die Natur dieses Hochgebirges nicht zerstören, müssen sie strenge Regeln beachten.

❸

Regeln für den Besuch

– Innerhalb des Nationalparks (TANAP) dürfen Wanderer nur öffentliche Straßen oder markierte Wege benutzen und müssen außerdem auch alle saisonalen Beschränkungen respektieren. Mit wenigen Ausnahmen sind die Wanderwege vom 1. November bis 15. Juni eines jeden Jahres gesperrt.

– Touren außerhalb der markierten Wege sind nur unter der Führung eines registrierten Bergführers erlaubt.

– Übernachtungen in der Natur sind nicht erlaubt, auch nicht auf Straßen, Wegen oder Parkplätzen.

– Die Natur des Parks als Ganzes ist geschützt, auch das Pflücken von Pflanzen ist nicht erlaubt.

– Es ist verboten, Tiere in allen ihren Entwicklungsstadien zu töten, zu fangen oder zu sammeln. Der natürliche Lebensraum der Tiere darf nicht durch Lärm oder Fotografieren außerhalb der markierten Wege, durch Werfen mit Steinen und durch Füttern gestört werden.

– Es ist verboten die Natur durch Schwimmen und Baden in Bergseen und Flüssen zu beeinträchtigen. Auch Steine dürfen nicht bewegt werden. Hunde sind im Nationalpark nicht erlaubt. Sie müssen bei Wanderungen in den Städten bleiben!

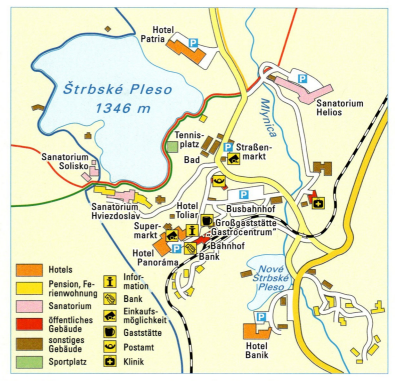

❹ **Štrbské Pleso – Touristenzentrum Nationalpark Hohe Tatra**

1 Stelle fest, für welche Länder Europas die Hohe Tatra das nächst gelegene Hochgebirge ist.

2 Text 3 zeigt die Verhaltensregeln für Besucher der Hohen Tatra.
 a) Welche Unterschiede kannst du im Vergleich mit einem dir bekannten Gebirge feststellen?
 b) Diskutiert über die Tauglichkeit der Regeln.

3 Erarbeite mit Karte 4, welche Einrichtungen für Touristen in Štrbské Pleso vorhanden sind.

TERRATraining
Im östlichen Mitteleuropa

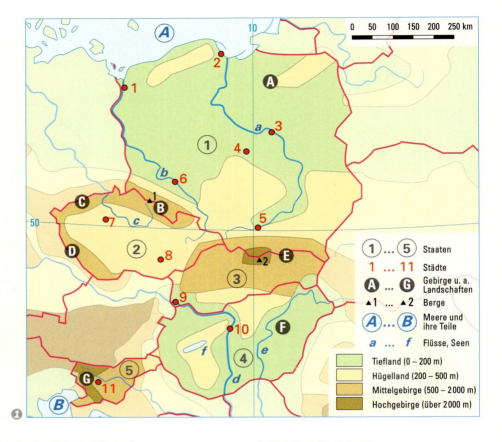

Wichtige Begriffe
Ausgleichsküste
Dienstleistung
Haff
Kartogramm
Nationalpark
Nehrung

1 Wer kennt sich aus?
Arbeite mit Karte 1 sowie dem Atlas:
a) Notiere die Staaten im Östlichen Mitteleuropa, die als Binnenstaaten keinen Zugang zu einem Meer haben.
b) Welche der Städte 1–11 sind Hauptstädte?
c) Die c entspringt in B. Welcher Fluss und welches Gebirge verbergen sich hinter den Buchstaben?

2 Buchstabensalat
Bei folgenden Staaten sind die Buchstaben durcheinandergeraten. Sicher kannst du sie wieder richtig zusammensetzen:
cceehhinst, aeiklosw, elnop, eeilnnosw, agnnru.

3 Richtig oder falsch?
Die folgenden Aussagen sind entweder richtig (r) oder falsch (f). Notiere den entsprechenden Buchstaben. Von oben nach unten gelesen ergeben die dazugehörigen Buchstaben einen Grundbegriff.
– In Polen spielt der Weinanbau eine bedeutende Rolle. (r:m/f:u)
– In Mlada Boleslav liegen die Monatslöhne niedriger als in Tschechien insgesamt. (r:o/f:n)
– In der Hohen Tatra darf man nur auf markierten Wegen wandern. (r:e/f:l)
– Škoda-Automobile sind das wichtigste Ausfuhrprodukt Tschechiens. (r:s/f:d)
– Ein Kartogramm ist die Maßeinheit für das Gewicht einer Karte. (r:a/f:c)
– Eine Ausgleichsküste entsteht durch das Zusammenspiel von Winden und Meeresströmungen. (r:o/f:u)

Teste dich selbst
mit den Aufgaben 1c, 2 und 5a

4 Haff gesucht
a) Welche der drei Zeichnungen 2 stellt eine Haffküste dar?
b) Benenne die übrigen Küstenformen und ordne alle drei Abbildungen jeweils Abschnitten der Ostseeküste zu.

5 Wichtige Begriffe
Benenne das gemeinsame Merkmal und erkläre jeweils den Begriff.
a) Niedersächsisches Wattenmeer, Hohe Tatra, Bayerischer Wald
b) Mährische Senke, Böhmisches Becken, Kisalföld

6 Fehlerteufel
In den folgenden Text haben sich einige Fehler eingeschlichen. Bei welchen Aktivitäten wird gegen die Verhaltensregeln im Nationalpark verstoßen?

Der Spaziergang des Ehepaars Schröder beginnt am Sanatorium Solisko. Zunächst folgen sie dem roten Wanderweg, dann biegen sie ab und streben den nächsten Gipfel direkt über die Wiesen an. Frau Schröder erfreut sich an der reichhaltigen Flora und pflückt sich einen bunten Blumenstrauß. Auf dem Gipfel fotografiert Herr Schröder einen Adler, der in großer Höhe über sie hinwegzieht. Auf dem Rückweg machen die beiden ein Picknick, nehmen aber selbstverständlich ihre Verpackungen wieder mit. Kurz vor dem Ziel entspannen sie sich noch bei einem Bad im Štrbské Pleso.

7 Becken und Randgebirge
Vergleiche das Klima in den Becken und Randgebirgen und erkläre die Unterschiede.

Langjährige Mittelwerte	Böhmisches Becken	Sudeten
Temperaturen im Juli	18 bis 20 °C	um 12 °C
Temperaturen im Januar	0 bis –2 °C	um –6 °C
Jahresniederschlag (in mm)	500–760	1 000–2 000

8 Bilderrätsel
a) Löse das Rätsel.
b) Erkläre den Begriff.

9 Zum Knobeln
Von meiner Hauptstadt ist es mit dem Flugzeug bis zur Ostsee genau so weit wie bis zum Schwarzen Meer.

Der Kontinent Asien und seine Menschen aus der Sicht des Zeichners Steffen Butz:
Was erkennt ihr auf dem Bild?
Was stimmt überein mit euren Vorstellungen von Asien?
Viele Situationen sind sicherlich übertrieben gezeichnet.
Was hättet ihr anders dargestellt?
Was fehlt euch?

Asien

Asien

Riesiges Asien

In Asien leben die meisten Menschen, mehr als in allen anderen Erdteilen zusammen. Hier gibt es die unterschiedlichsten Religionen, Wirtschaftsformen, Sprachen und Kulturen. Ein Ölscheich aus den Wüsten Arabiens ist genauso Asiat wie ein Rentierzüchter am Eismeer oder ein Bankangestellter aus Tokyo. Asien ist auch mit Abstand der größte Erdteil, größer als Europa und Afrika zusammen. Dass hier die Entfernungen riesig sind, versteht sich dann wie von selbst. So erstreckt sich der Kontinent von den Regionen des ewigen Eises bis zum Äquator und noch darüber hinaus. Allein die Halbinseln und Inseln sind oft um ein Vielfaches größer als Deutschland, und selbst Europa kann man als eine Halbinsel Asiens betrachten.

Bei einer Gliederung Asiens helfen die Hochgebirge im Inneren: Sie teilen den Kontinent in einen nördlichen und einen südlichen Teil und bilden für die Flüsse eine natürliche Grenze.

Die gewaltige Ausdehnung Asiens wird auch dadurch deutlich, dass es sich über so viele **Zeitzonen** erstreckt wie kein anderer Erdteil. Die Zeitzonen, in denen jeweils alle Orte die gleiche Zeit haben, legte man 1883 fest. Vorher wurden die Uhren nach dem Stand der Sonne gestellt. Beim Sonnenhöchststand war es 12 Uhr. Jeder Ort in östlicher oder westlicher Richtung verfügte demnach über eine andere Zeit.

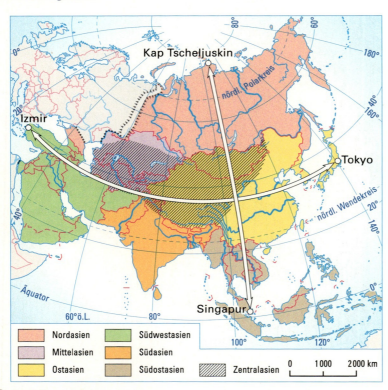

❶ Gliederung Asiens

❷ Großräume Asiens

1 a) Bestimme die Ausdehnung Asiens von Westen nach Osten und von Norden nach Süden.
b) Ermittle die Ausdehnung Europas. Vergleiche nun die Distanzen in beiden Erdteilen.

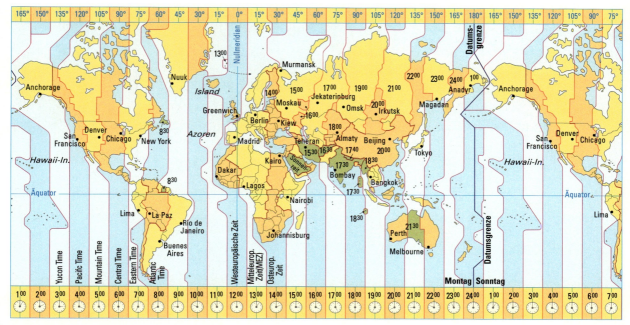

3 *Zeitzonenkarte der Erde*

2 Nenne die Asien umgebenden Meere.

3 Benenne die größten Inseln und Halbinseln und ordne sie den einzelnen Teilgebieten Asiens zu.

4 a) Vergleiche und erkläre die unterschiedlichen Ankunftszeiten der Nonstop Flüge (4):

Abflug in Frankfurt um 12.05 nach San Francisco: Ankunft 15.20 – Flugstrecke: ca. 9000 km

Abflug in Frankfurt um 14.50 nach Bangkok: Ankunft 6.50 – Flugstrecke: ca. 9000 km.

b) Bei Fernflügen muss die Uhr meist umgestellt werden. Finde eine Faustregel für Reisen nach Osten und Westen.

c) Arbeite mit der Tabelle und der Karte: Überprüfe die Zeitangaben bei den Flügen 1–3 und erkläre die Angaben.

d) Ersetze jeweils die Fragezeichen bei den Flügen 4–6.

e) Wie viele Zeitzonen weist Asien auf?

f) Wenn es in Kiew 12 Uhr mittags ist, wie spät ist es dann in Anadyr?

4 **Nonstop-Flüge von Frankfurt**

nach	Abflug um	Ankunft um	Flugzeit Std./Min.
1. Berlin	13.10	14.15	1.05
2. London	13.30	14.10	1.40
3. Moskau	13.05	18.05	3.00
4. Istanbul	13.20	17.10	?
5. New York	11.30	?	8.35
6. Tokyo	7.45	7.45	10.00

5 *Wartehalle im Frankfurter Flughafen*

Asien

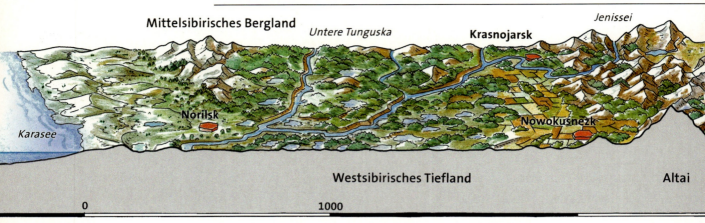

Die Großlandschaften Asiens

Asien verfügt nicht nur über die höchsten **Hochländer,** sondern auch über die ausgedehntesten Ebenen, die den gebirgigen Teil im Innern umgeben. Die massige Anordnung mit den Gebirgen im Zentrum kehrt in keinem anderen Erdteil wieder und ist kennzeichnend für Asien.

Legen wir einen Querschnitt durch den Erdteil, so finden wir im Norden das große Westsibirische Tiefland. Es ist das größte **Tiefland** der Erde, weist nur geringe Höhenunterschiede auf und steigt nicht über 200 m NN auf. Das Westsibirische Tiefland ist so flach, dass es immer wieder zu riesigen Überschwemmungen kommt, wenn die Eisschmelze zuerst im Oberlauf der Ströme einsetzt. Im zentralen Teil Asiens, auch Hochasien genannt, befinden sich Becken und Hochländer, darunter auch das größte und höchste Hochland der Erde. Unter **Becken** verstehen wir große Hohlformen, die gegenüber ihrer Umgebung mehr oder weniger abgeschlossen sind und längliche oder rundliche Grundformen zeigen und auch höher liegen können. Für die Hochländer gilt dies jedoch

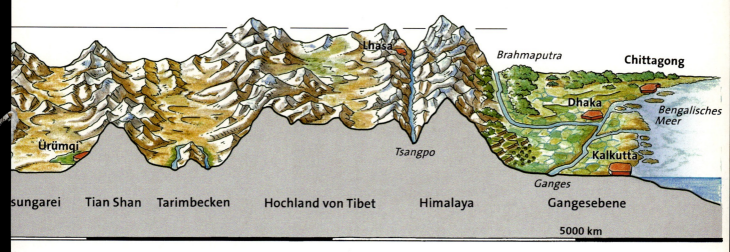

sungarei Tian Shan Tarimbecken Hochland von Tibet Himalaya Gangesebene

5000 km

immer, wie der Name schon verrät. Sie können auch sehr flach sein und werden dann als **Hochebenen** bezeichnet. In Zentralasien befinden sich auch die höchsten Gebirge Asiens und der ganzen Erde.

Südlich an die Gebirgswelt schließt sich wieder ein Tiefland an, die Gangesebene. Sie ist wie alle Tiefländer durch Aufschüttungen entstanden. Außer dem Wind bringen besonders die Flüsse Verwitterungsmaterial wie Steine und Sand mit und lagern es in den **Tiefebenen** ab. Dieser Vorgang hat auch die große Chinesische Ebene geschaffen.

1 Welche Anordnung der Großlandschaften ist für Asien kennzeichnend?
2 Beschreibe die Oberflächengestalt der hier genannten Großlandschaften Asiens. Nutze dazu das Profil 1, den Text und die Fotos 2–5.
3 Viele Flüsse in großen Teilen Zentralasiens verfügen über keinen Abfluss zu den Weltmeeren. Erkläre!
4 Übertrage die Tabelle und fülle sie aus.

	Tiefland	Becken/ Hochland	Hochgebirge
Merkmale der Oberfläche			
Beispiele			

Asien

Im größten Ballungsraum der Welt

Stell dir einmal vor, alle sechs Millionen Einwohner von Hessen müssten zwischen Frankfurt, Darmstadt und Wiesbaden leben. Das würde ein ganz schönes Gedränge geben!
In Japan leben sogar dreimal so viel Menschen auf der gleichen Fläche, nämlich in einem Umkreis von 50 km um den Kaiserpalast in Tokyo. Das sind 30 Millionen. Das ist etwa ein Viertel der Bevölkerung Japans! In Tokyo ist die Raummenge am größten. Dicht an dicht stehen deshalb die Eigenheime in den Vorstädten. Japanische Wohnungen sind winzig im Vergleich zu Deutschland oder den USA. Gewöhnlich gibt es keine Zwischenwände. Als Raumteiler dienen Vorhänge oder aber mit Papier bespannte Rahmen. Oft wird ein Raum zu verschiedenen Zwecken genutzt: Spärlich mit Möbeln ausgestattet ist dieser Wohnzimmer, Speisezimmer und Schlafraum zugleich. Gegessen wird häufig an einem kleinen Tisch auf dem Boden. Geschlafen wird nicht in Betten, sondern auf dünnen Matratzen (Tatamis), teilweise die gesamte Familie in nur einem Raum. Wegen des Parkplatzmangels darf in Tokyo nur derjenige ein Auto anmelden, der auch einen Stellplatz nachweisen kann. So wird in einigen Haushalten ein Teil des Wohnraums kurzerhand zur Garage umfunktioniert.

Samstagmittag im Schwimmzentrum Tokyo

Einfamilienhäuser am Stadtrand

Verkehrs an. Und dies, obwohl ein Netz von kreuzungsfreien Stadtautobahnen manchmal in acht Etagen übereinander oder in drei Tunneln untereinander die Stadt durchzieht. Öffentliche Verkehrsmittel spielen deshalb eine große Rolle. Selbst Manager nutzen die U-Bahn und legen die Strecke zu ihrem Arbeitsplatz zusammengepfercht in den überfüllten Bahnen zurück. Viele Pendler benötigen 90 Minuten pro Strecke. Bei 250 Arbeitstagen im Jahr verbringen sie zwei Jahre ihres Lebens im „sushizume".

Tokyo ist die teuerste Stadt der Welt. Grundstückspreise sind extrem hoch. Im Zentrum kostet ein Quadratmeter bis zu 500 000 €. Deshalb wachsen dort die Häuser in die Höhe, auf den Dächern werden Möglichkeiten zum Tennis- und Golfspielen geschaffen. Grünflächen gibt es nur wenige. Jedem Einwohner stehen nur 4,5 m² Wohnfläche zur Verfügung, in New York sind es 19 m². Und trotzdem behaupten drei Viertel der Einwohner, sie lebten gerne in Tokyo.

Auf den Straßen Tokyos ereignet sich täglich ein Chaos. Große Anzeigetafeln zeigen rund um die Uhr Staulängen, schreiben Kriechtempo vor und kündigen den totalen Zusammenbruch des

Kaum zu glauben
Im Verdichtungsraum Tokyo sind täglich 3,6 Millionen Menschen als Pendler unterwegs, sechsmal mehr als Frankfurt Einwohner hat.

sushizume = japanische Bezeichnung für Massenverkehrsmittel, entspricht unserem Wort „Sardinenbüchse"

❺ *Bevölkerungsentwicklung im Verdichtungsraum Tokyo*

1960	15,8 Mio. Ew.
1965	18,9 Mio. Ew.
1970	22,0 Mio. Ew.
1975	24,8 Mio. Ew.
1980	26,3 Mio. Ew.
1985	27,8 Mio. Ew.
1990	29,2 Mio. Ew.
1995	30,0 Mio. Ew.
2000	30,9 Mio. Ew.

❹ *Tokyo: Gebührenpflichtige Stadtautobahnen*

TERRATraining
Asien

1 Asien – Kontinent der Rekorde
Das Lösungswort nennt als weiteren Weltrekord das größte Bauwerk der Erde.

1) Zusammen mit dem Brahmaputra bildet dieser Fluss das größte Delta
   ■ _ _ _ _ _

2) Höchster Berg der Erde (8 850 m)
   _ _ _ _ _   _ _ _ ■ _ _ _

3) Größter Ballungsraum der Erde
   _ ■ _ _ _

4) Tiefster See der Erde (1 620 m)
   _ _ _ _ _ ■ _ _ _

5) Meerfernstes Gebiet der Erde
   _ ■ _ _ _ _ _ _ _

6) Tiefster Tiefseegraben (11 022 m)
   _ _ _ _ _ ■ _ _ _ _ _ _ _ _

7) Bevölkerungsreichster Staat der Erde
   ■ _ _ _ _

8) Höchstes Gebirge der Erde
   ■ _ _ _ _ _ _ _

9) Zweitgrößte Halbinsel der Erde
   _ _ _ _ _ ■ _ _ _ _ _ _

10) Längste Eisenbahnstrecke der Erde
    _ _ _ ■ _ _ _ _ _ _ _ _ _ _
    _ _ _ _ _ _ _ _

11) Größte Halbinsel der Erde
    _ _ _ _ _ ■ _

12) Am stärksten schrumpfender See
    _ _ _ _ ■ _

13) Staat mit der zweitgrößten Bevölkerung
    _ ■ _ _ _ _

14) Staat mit der größten Fläche
    _ _ ■ _ _ _ _ _

15) Größter See der Erde
    _ _ _ _ _ ■ _ _ _   _ _ _ _

16) Ehemalige britische Kolonie mit der höchsten Bevölkerungsdichte
    ■ _ _ _ _ _ _ _

17) Größtes und höchstes Hochland
    _ _ _ ■ _

18) Stadt mit dem höchsten Gebäude
    _ _ _ _ _   _ _ ■ _ _ _

19) Größtes Nadelwaldgebiet der Erde
    ■ _ _ _

20) Einzige Stadt auf zwei Kontinenten
    _ _ _ _ _ _ ■ _

21) Tiefste Senke der Erde (-400 m)
    _ _ _ ■ _   _ _ _ _

22) Größtes Tiefland der Erde
    _ _ _ _ _ _ _ _ ■ _ _ _ _ _ _
    _ _ _ _ _ _ _ _

Wichtige Begriffe
Ballungsraum
Becken
Ebene
Hochebene
Hochland
Tiefebene
Tiefland
Zeitzone

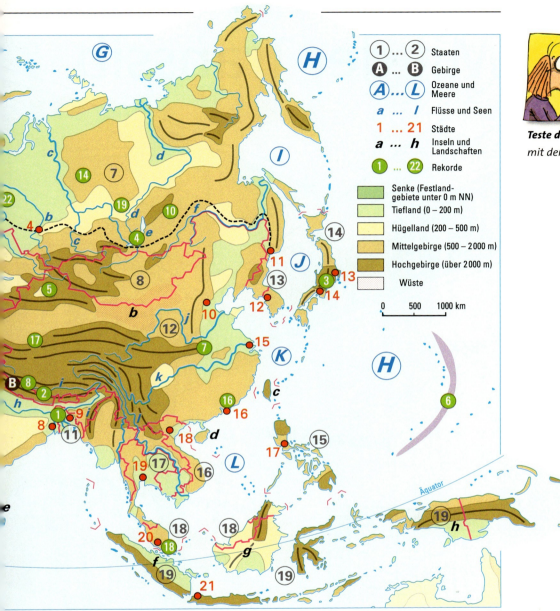

Teste dich selbst
mit den Aufgaben 1 und 3

2 Bearbeite Karte 1 mit Hilfe des Atlas:
a) Welche Städte 1–21 sind Hauptstädte? Schreibe sie mit den dazugehörigen Staaten auf.
b) Suche für jedes Gebirge den höchsten Berg.
c) In welche Meere münden die großen Flüsse a–l Asiens?
d) Zu welchen Staaten gehören die großen Inseln c–h Asiens jeweils?

3 Findest du die Begriffe?
– Ebene in größerer Höhe über dem Meeresspiegel.
– Große Hohlform, die von ihrer Umgebung mehr oder weniger abgeschlossen ist.
– Flachland in geringer Höhe (unter 200 m NN).
– Hochgelegene Gebiete der Erde.

Mit der Transsib

Bei einer Fahrt mit der Transsibirischen Eisenbahn kann man große Teile Russlands kennen lernen. Sie legt von Moskau nach Wladiwostok eine Strecke von 9 298 km zurück, benötigt dazu sieben Tage und durchquert dabei sieben Zeitzonen, die Taiga, Gebiete mit ewigem Frost, Sümpfe. Die Transsib ist nicht nur der Traum vieler Eisenbahnromantiker, sondern auch das Kernstück des russischen Verkehrsnetzes, das die Industriegebiete im Westen mit den Rohstoffvorkommen im Osten verbindet.

durch Russland

Mit der Transsib durch Russland

Moskau Jaroslawl Kirow Perm II Jekaterinburg Tjumen Omsk Nowosibirsk Krasnojarsk Ta

❶ *Zentrum Moskaus*

Moskau – das Herz Russlands ...

❷ *Moskau in Zahlen*
- über 80 Hochschulen mit etwa 250 000 Studenten
- etwa 4 000 Bibliotheken mit über 400 Millionen Büchern
- 60 Berufstheater, über 20 Konzertsäle, mehr als 100 Kinos und zwei Zirkusse
- 74 Museen
- 9 Bahnhöfe mit bis zu 2 Millionen Passagieren täglich
- 4 Flughäfen und 3 Binnenhäfen
- 598 Bus-, O-Bus- und Straßenbahnlinien mit einer Gesamtlänge von 9 344 km
- 10 U-Bahn-Linien mit 258 km Gesamtlänge

... ist die größte Stadt Europas und Hauptstadt des größten Landes der Welt.
... ist das Zentrum des politischen, wirtschaftlichen und wissenschaftlichen Lebens Russlands, aber auch Schauplatz von Weltpolitik und Gastgeber internationaler Konferenzen.
... ist das religiöse und kulturelle Zentrum des Landes. Das Oberhaupt der russisch-orthodoxen Kirche hat hier seinen Sitz.
... ist seit Ende des 15. Jahrhunderts die Hauptstadt von Russland. Zwischen 1712 und 1917 war Sankt Petersburg russische Hauptstadt.
... ist eines der bedeutendsten Handelszentren der Welt. Über 1 000 Banken haben hier ihren Sitz.
... ist die bedeutendste Industriestadt. Die Fabriken der Stadt erzeugen fast ein Sechstel der Industrieproduktion Russlands.
... ist Russlands wichtigster Verkehrsknotenpunkt.

Auf einem Hügel in der Mitte der Stadt liegt am Ufer der Moskwa der Kreml, eine Burganlage mit vielen Palästen und Kirchen. Der Kreml war immer das Zentrum der Macht. Er war die Residenz der Zaren im früheren Russland, dann Regierungssitz der zentral gelenkten Sowjetunion. Aber der Kreml erfüllt nicht nur Verwaltungsaufgaben. Er ist auch ein religiöses und kulturelles Zentrum mit Kirchen, Theatern und Museen, und auch eine der wichtigsten Touristenattraktionen.
Moskau ist mit ca. 10 Millionen Einwohnern die größte Stadt Russlands. Der Raum Moskau ist aber auch das weitaus wichtigste industrielle Zentrum des Landes. Hier sind praktisch alle Industriezweige vertreten. Den Anfang machte die Textilindustrie. Heute sind der Maschinenbau und die Automobilindustrie am wichtigsten. Allein die Lichacev-Autofabrik beschäftigt über 40 000 Arbeitskräfte.

Irkutsk   Ulan-Ude   Skoworodino   Chabarowsk   Wladiwostok

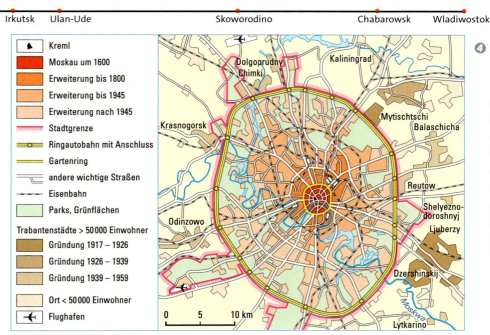

❹ Entwicklung Moskaus

	Einwohner (in 1000)	Fläche (in m²)
1600	35	21
1800	175	50
1917	1 854	228
1926	2 080	228
1939	4 542	310
1965	6 443	886
1980	8 100	878
1990	8 900	878
2000	10 000	1 004

❸ **Stadtentwicklung Moskaus**

Die Straßen in Moskau können den wachsenden Verkehr kaum mehr aufnehmen. Zum Glück verfügt die Stadt über ein dichtes Netz preiswerter öffentlicher Verkehrsmittel. Allein die Metro befördert täglich bis zu sieben Millionen Fahrgäste. Zur Entlastung Moskaus sind neue Städte ringförmig um das Zentrum angelegt worden.

Touristen bemerken es nur selten: In den letzten Jahren haben sich die Lebensbedingungen für die Menschen in Moskau, stärker sogar noch im übrigen Russland, immer mehr verschlechtert. Neben den täglichen Versorgungsschwierigkeiten ist die Wohnungsnot ein großes Problem. Schon bald soll jede Familie in der Stadt eine eigene Wohnung haben, das hat die Stadtverwaltung versprochen. Heute ist es aber noch so, dass mehrere Familien oder auch mehrere Generationen einer Familie in einer Wohnung leben. Küche und Bad werden gemeinsam genutzt, für jede Familie mit vielleicht drei oder vier Personen steht nur ein Zimmer zum Schlafen und Leben zur Verfügung.

Weiter stadtauswärts, besonders entlang der Hauptstraßen und Bahnlinien, liegen dann aber die Datschas, die kleinen Häuschen im Grünen, in denen sich die Moskauer Einwohner an den Wochenenden zu Hunderttausenden erholen und entspannen.

1 Beschreibe und begründe die Anlage des Moskauer Straßen- und Eisenbahnnetzes.
2 Welche Probleme ergeben sich aus dem Wachstum der Stadt für die dort lebenden Menschen und den Verkehr?
3 Beschreibe die Lage Moskaus innerhalb der Russischen Föderation und innerhalb Europas. Bestimme dazu die Entfernung von Moskau nach St. Petersburg, Astrachan, Irkutsk und Wladiwostok sowie nach ausgewählten europäischen Hauptstädten.

Mit der Transsib durch Russland

Moskau Jaroslawl Kirow Perm II Jekaterinburg Tjumen Omsk Nowosibirsk Krasnojarsk Taj

① *Jaroslawler Bahnhof in Moskau*

Kaum zu glauben
– *Die Transsib ist die längste Eisenbahnstrecke der Welt.*
– *Mit ihrem Bau wurde am 31. Mai 1891 in der Nähe von Wladiwostok begonnen. Bereits im Juli 1903 wurde der Eisenbahnverkehr zwischen St. Petersburg und Wladiwostok aufgenommen.*
– *Mit der Einweihung der Amurbrücke bei Chabarowsk im Oktober 1916 war die letzte Lücke im Schienenstrang endgültig geschlossen.*
– *Die Transsib überquert insgesamt 16 große Flüsse.*

So weit die Schienen führen

15:20 Uhr auf Gleis 3 des Jaroslawler Bahnhofs in Moskau. In wenigen Minuten startet die Transsibirische Eisenbahn zu ihrer Fahrt nach Wladiwostok. Hektisch eilen die letzten Reisenden zu den Waggons, wo sich andere schon häuslich eingerichtet haben und mit Interesse das Treiben auf dem Bahnsteig verfolgen.

Der Schaffner hebt die grüne Kelle, ein schriller Pfiff, der Zug setzt sich in Bewegung und die letzten Abschiedsgrüße werden von der anfahrenden Lok übertönt. Die Transsib ist ein Treffpunkt für Reisende aller Nationalitäten, aller Berufe und jeden Alters mit unterschiedliche Zielen. Doch in den nächsten Tagen haben sie alle etwas gemeinsam: Sie sind Reisende der Transsib.

Unter ihen befinden sich Peter, Olga, Pjotr, Sascha und Sergej:

Peter stammt aus Usingen in Hessen und studiert Physik. Er ist ein großer Freund Russlands und möchte einmal diesen riesigen Staat von West nach Ost durchqueren. Er ist bereits in Kaliningrad, dem früheren Königsberg, mit dem „Bernstein-Express" gestartet und hat beim Start in Moskau bereits 1000 km hinter sich.

Die 22jährige Olga, eine Russin aus Moskau, arbeitet als Dolmetscherin und möchte sich in ihrem Urlaub entspannen: Sie bleibt in der Transsib nur bis Jaroslawl, um von dort aus auf einem Wolgaschiff eine Kreuzfahrt bis zum Kaspischen Meer zu unternehmen.

Der Tatare Pjotr hat seinen Urlaub bei Verwandten in der Hauptstadt verbracht. Jetzt muss er zurück zu seiner Arbeitsstätte im „Kusbass" und verlässt deshalb den Zug in Nowosibirsk.

Der Holzfäller Sascha fährt bis Krasnojarsk. Von dort aus zieht er weiter nach Norden, hinein in die unendlichen Wälder Nordrusslands, um dort für eine japanische Firma Holz zu schlagen.

Ein Abenteurer ist Sergej. Nur mit dem Rucksack ist er unterwegs in Richtung Aralsee. Diesen möchte er zu Fuß umrunden. Da der Aralsee in Kasachstan liegt, reist Sergej mit der Transsib nur bis Omsk.

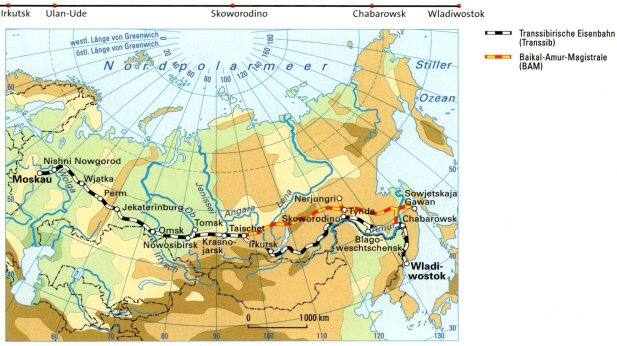

❷ **Streckenplan der Transsib**

❸ **Der Fahrplan der Transsib von Moskau nach Wladiwostok**

km	Bahnhof	Abfahrt	Zeitzone
0	Moskau	15:26	
282	Jaroslawl	19:22	
424	(Kazarinowo)	21:30	MOZ + 1
1437	Perm II	12:51	MOZ + 2
1777	Versina	17:00	
1818	Jekaterinburg	19:04	
2144	Tjumen	23:45	
2567	Nasyvaevskaja	05:14	MOZ + 3
2716	Omsk	07:13	
3343	Nowosibirsk	15:10	
3475	(Tyn)	17:00	MOZ + 4
3572	Taiga	19:09	
4105	Krasnojarsk	03:48	
4476	(Uralo-Kljuci)	10:00	MOZ + 5
5192	Irkutsk	21:45	
5648	Ulan-Ude	05:18	
5775	(Kiza)	07:00	MOZ + 6
6205	Tschita	15:14	
6594	Tschernyschewsk	22:55	
7314	Skoworodino	12:59	
7874	Belogorsk	22:22	
8170	(Esaulowka)	04:00	MOZ + 7
8532	Chabarowsk	10:15	
9298	Wladiwostok	23:53	

Die angegebene Abfahrtszeit ist stets Moskauer Ortszeit (MOZ). An der MOZ ist der gesamte Fahrplan der Transsib ausgerichtet. Auf jedem Bahnhof zeigen die Uhren, die am Bahnsteig der Transsib liegen, die MOZ an. Nur die Bahnhofsuhren in Richtung auf die Ortschaft zeigen die jeweilige Ortszeit an. Ortschaften in Klammern bezeichnen jeweils den Bahnhof, der dem Zeitzonenwechsel am nächsten liegt.

1 Verfolge die Strecke der Transsib im Atlas.
2 Notiere die Namen der 16 großen Flüsse, die die Transsib auf ihrer Fahrt von Moskau nach Wladiwostok überquert.
3 Berechne aus dem Fahrplan die Fahrtdauer für jeden der Reisenden.

Gegen 19:25 Uhr fährt die Transsib in den Bahnhof von Jaroslawl ein. Von hier aus startet Olga am nächsten Morgen ihre Kreuzfahrt auf der Wolga. Ihr Ziel ist die Mündung der Wolga ins Kaspische Meer.

Jaroslawl
Eine Stadt im weiteren Einzugsgebiet von Moskau mit 630 000 Einwohnern. Ihre deutschen Partnerstädte sind Kassel und Hanau.

Mit der Transsib durch Russland

Moskau Jaroslawl Kirow Perm II Jekaterinburg Tjumen Omsk Nowosibirsk Krasnojarsk Ta

Mütterchen Wolga

Mit kaum einem anderen großen Strom in Europa verbinden sich so viele Vorstellungen von Romantik, Weite und Wehmut wie mit der Wolga. Für den westlichen Menschen verkörpert die Wolga noch das alte Russland. An ihren Ufern entstanden große Städte und Klöster, reiche Handelsplätze und verträumte Fischerdörfer. In breiten Schleifen windet sich der Fluss durch wechselnde Landschaften: Wälder und Steppen, sanfte Hügel und weite Ebenen; ein schimmerndes Band, das sich am Horizont verliert. Eine Flussreise über die Wolga ist wie eine Reise durch tausend Jahre russische Geschichte. Die Zarenzeit wird ebenso lebendig wie die neue, vom Umbruch gekennzeichnete Gegenwart. Vor den Augen des Reisenden entfaltet sich eine faszinierende Welt mit immer neuen Eindrücken. Da sind die goldgekrönten orthodoxen Klöster, da sind die trutzigen Burganlagen und alten Stadtbefestigungen, und da ist das pulsierende Leben der Großstädte.
An Bord der MS Terrachow wird diese Reise zu einem wirklichen Erlebnis im Wechsel zwischen Erholung, Entspannung und interessanten Landausflügen.

Mythos Wolga – eine Entdeckungsfahrt

Tag	Station
1.	Jaroslawl
2.	Kostroma
3.	Nishni Nowgorod
4.	Kasan
5.	Uljanowsk
6.	Samara
7.	Saratow
8.	Wolgograd
9.	Ahtuba
10.	Astrachan

Landausflüge
Stadtrundfahrt, Erlöser-Kloster
Ipatjew-Kloster
Stadtrundfahrt mit Kreml-Besuch
Besuch des Raifa-Klosters,
Festabend mit Tataren
Besuch des Lenin-Wohnmuseums
Stadtrundfahrt
Stadt der Wolgadeutschen
Besichtigung des Wasserkraftwerks
Stadtrundfahrt, Besuch der Riesenstatue „Mutter Heimat"
Grüner Anleger
Stadtrundfahrt und Wolgadelta

MS Terrachow

Wolgograd, Denkmal Mutter Heimat

Irkutsk   Ulan-Ude   Skoworodino   Chabarowsk   Wladiwostok

❶ Staumauer Wolga-Kaskade

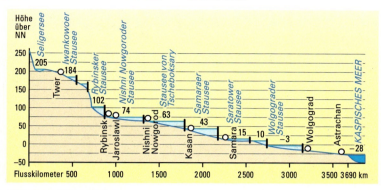

❷ Höhenprofil der Wolga

Aufgestauter Strom

Die Kreuzfahrt auf der Wolga ist eigentlich eher eine „See"-Fahrt als eine Flussfahrt. Die Wolga ist bis zu ihrem Eintritt in die Kaspische Senke hinter Wolgograd immer wieder aufgestaut worden, so dass sich heute ein riesiger Stausee an den anderen reiht. Für das Aufstauen gab es gleich mehrere Gründe: Man wollte den großen Strom bändigen, die Städte an seinen Ufern vor Überschwemmungen schützen und die Schifffahrt unabhängig vom Wasserstand machen. Zudem liefern Turbinen in den Staumauern Strom, der sowohl von der Bevölkerung in den Städten als auch von den Industriebetrieben benötigt wird.

Insgesamt waren die Regulierung der Wolga und ihres Nebenflusses Kama die Voraussetzung für die Industrialisierung Russlands. Entlang des Stromes entstanden zahlreiche Fabriken, welche die aus Sibirien herantransportierten Rohstoffe verarbeiteten.

Wie so oft bei großen technischen Projekten hat die Anlage der Wolga-Kaskade aber auch erhebliche Nachteile mit sich gebracht:

Insbesondere ist die Wasserqualität sehr schlecht geworden, denn die Industriebetriebe leiten ihre Abwässer direkt in den Fluss, in dem zudem auch die Abwässer aus der Kanalisation der Städte landen. So kann das Flusswasser nicht mehr als Trinkwasser verwendet werden.

Unter der schlechten Wasserqualität leidet auch die Fischerei. Der Stör, Lieferant des weltweit berühmten Kaviars, kann wegen der Staumauern nicht mehr zu seinen Laichplätzen. Die letzten frei lebenden Störe werden zudem illegal von Wilderern gefischt.

1 Drei der vier sibirischen Ströme werden von der Transsib überquert. Suche sie im Atlas und ermittle ihre Länge.

2 Verfolge den Weg Olgas auf der Wolga. Notiere mit Hilfe einer Tabelle die Namen der Städte, die sie passiert, die Sehenswürdigkeiten und die dort ansässigen wichtigsten Industriezweige.

3 Olga könnte ihre Kreuzfahrt auch stromaufwärts bis nach St. Petersburg machen. Stelle fest, welche Wasserstraßen sie zu diesem Zweck benutzen müsste.

Die Transsib fährt weiter: Die nächste große Stadt ist Perm, dann geht es in den Ural.
Bei Streckenkilometer 1 777 wird die Grenze zwischen Asien und Europa erreicht, die durch einen weißen Obelisken markiert wird.

Mit der Transsib durch Russland

Moskau Jaroslawl   Kirow   Perm II Jekaterinburg Tjumen   Omsk   Nowosibirsk   Krasnojarsk Ta

Klima und Vegetation Russlands

Peter schaut ständig aus dem Fenster, um die Landschaften und die Menschen entlang der Transsib-Strecke beobachten und fotografieren zu können. Er beobachtet, dass sich das Klima verändert und mit ihm die Vegetation, die von den klimatischen Gegebenheiten abhängig ist. An den ersten Tagen folgen Felder, Wiesen und Siedlungen rasch aufeinander, doch später bringt ein Blick aus dem Zugfenster kaum noch Abwechslung: Stunden- und tagelang fährt die Transsib durch sumpfige Landschaften, der Nadelwald der **Taiga** wirkt endlos. Aber auch jetzt wird Peter nicht müde, aus dem Fenster zu schauen. Die Russen im Zug haben ihn deswegen schnell als Fremden erkannt, denn für sie bietet die eintönige Landschaft nichts Besonderes.

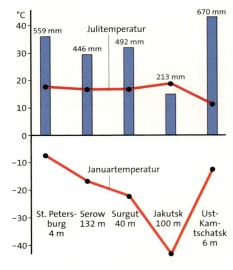

❷ *Klimaveränderungen von West nach Ost*

Kontinentalklima

Im Osten Europas wird das Klima durch das Festland geprägt. Wegen der großen Entfernung vom Meer und der Lage im Kontinent bezeichnet man es als **Kontinentalklima**.

Feuchte Luftmassen vom Atlantischen Ozean können nur sehr selten bis hier vordringen. Die Niederschläge sind deshalb ganzjährig relativ niedrig. Im Frühjahr und Sommer werden die Sonnenstrahlen von den Landflächen aufgenommen, in Wärme umgewandelt und die Wärme rasch an die Luft weitergeleitet. Deshalb sind die Sommer viel wärmer als in Mittel- und Westeuropa. Im Herbst dagegen kühlt die Erdoberfläche schnell ab. Die Winter sind sehr kalt. Die jährliche Temperaturschwankung zwischen dem wärmsten und dem kältesten Monat wird deshalb mit zunehmender Entfernung vom Meer immer größer. Die Übergangsjahreszeiten Frühling und Herbst sind nur gering ausgeprägt.

❶

Irkutsk Ulan-Ude   Skoworodino   Chabarowsk Wladiwostok

❸ *Tundra*

❹ *Taiga*

❺ *Steppen mit Getreideanbau*

❻ *Halbwüste*

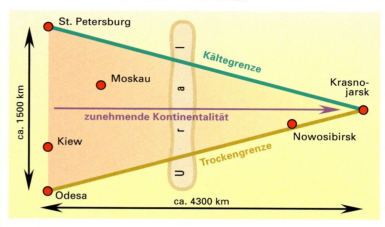

❼ *Agrardreieck*

Entsprechend den Klimaten verändert sich auch die Vegetation in Russland. Dies hat gravierende Auswirkungen auf die Landwirtschaft. Nur knapp 8 % der Fläche Russlands kann landwirtschaftlich genutzt werden. Diese bildet das **„Agrardreieck"**: Nach Norden hin begrenzt die Temperatur als **Kältegrenze** jeden Anbau, im Süden die **Trockengrenze.** Hier reicht der Niederschlag nicht mehr aus, um im Trockenfeldbau noch Landwirtschaft zu betreiben.

Nördlich des Agrardreiecks liegt die Taiga, ein riesiges Waldgebiet. Daran schließt sich die Tundra an, eine Kältesteppe, deren Pflanzen nur noch Zwergwuchs aufweisen.

Südlich der fruchtbaren **Steppen** liegen die nur durch Viehwirtschaft oder mittels Bewässerung nutzbaren Halbwüsten und Wüsten.

1 Beschreibe Zeichnung 1. Was will der Zeichner ausdrücken? Erkläre!
2 a) Zeichne die Klimadiagramme für Moskau und Kasan (S. 273).
  b) Beschreibe die Veränderungen.
  c) Kennzeichne nun das kontinentale Klima mit einer allgemeinen Aussage.
3 Erläutere den Begriff „Agrardreieck".

Mit der Transsib durch Russland

Moskau Jaroslawl Kirow Perm II Jekaterinburg Tjumen Omsk Nowosibirsk Krasnojarsk Ta

Sergej fährt bis Omsk. Von dort aus will er nach Kasachstan, quer durch die Steppe, vorbei am Weltraumhafen Baikonur zum Aralsee. Dort erwartet ihn eine der weltweit größten vom Menschen verursachten Umweltkatastrophen. Die Informationen darüber hat er aus einem Zeitungsbericht.

Vom Aralsee zur „Aralsteppe"

Stationen des Niedergangs

Blicken wir über dreißig Jahre zurück: Der Aralsee war ein blaues, endloses Meer, der viertgrößte See der Erde, mit Fischern, die reiche Fänge von Brassen und Barben anlandeten, mit Bauern, die Berge von Wassermelonen und Zuckermelonen an seinen Ufern anbauten und verkauften. Damals überlegte man, am Aralsee einen internationalen Kurort zu errichten. Doch der Staat brauchte dringend Baumwolle, nirgends sonst fanden sich geeignete Anbauflächen, und man wollte von der Einfuhr unabhängig werden.
Also kam kein Kurort – stattdessen förderte man in Usbekistan und Kasachstan den Anbau von Baumwolle. Das dazu benötigte Wasser entnahm man aus den beiden wichtigsten Zuflüssen des Aralsees, aus dem Amu-Darja und dem Syr-Darja. Dadurch erreichten aber nur noch weniger als ein Zehntel der bisherigen Wassermengen den Aralsee. Der Rest wurde auf den Baumwollfeldern zur Bewässerung eingesetzt und verdunstete. Die beiden ehemals gewaltigen Flüsse fließen nur noch auf veralteten Landkarten in den Aralsee. In Wirklichkeit enden sie bereits viele Kilometer vor dem Seeufer, weil sie nicht mehr genug Wasser führen.
Die Wasserfläche schrumpfte seit 1960 von 67 900 km² auf nur noch 33 000 km² im Jahre 2000. Der Seespiegel sank von 53 m auf 34 m, die Küstenlinie zog sich um mehr als 80 km zurück, so dass die Städte Aralsk und Muinak keine Hafenstädte mehr sind. Entsprechend verringerte sich die Wassermenge des Aralsees von 1090 km³ (1960) auf nur noch 220 km³, während der Salzgehalt des Wassers sich auf nunmehr 31 g/l verdreifachte. Der jetzt bloßgelegte Meeresboden ist durch Millionen Tonnen Salzstaub bedeckt, der von den Stürmen fortgeweht wird.

Die Katastrophe am Aralsee

Was am Aralsee geschieht, gefährdet die Gesundheit und das Leben von fast drei Millionen Menschen. Die Situation wird durch Düngemittel und Schädlingsbekämpfungsmittel, die in der Landwirtschaft verwendet werden, noch verschärft. Das Wasser des Amu-Darja ist schon in der Mitte seines Laufes für den menschlichen Genuss unbrauchbar.
In den letzten Jahren ist die Säuglingssterblichkeit rasch angestiegen. Typhus, Hepatitis und Magenerkrankungen breiteten sich aus, Pest und Cholera bedrohen die Gesundheit.

Die Mängel der Bewässerung:

Viele Milliarden Kubikmeter Wasser versickern nutzlos. Die einen sagen, dass der Aralsee dem Baumwollanbau geopfert wurde, die Katastrophe sei der Preis für die Unabhängigkeit von ausländischer Baumwolle. Die anderen betonen den unwirtschaftlichen Umgang mit dem Wasser und eine entsprechend übermäßige Wasserverschwendung. Man hat ausgerechnet, dass im Laufe von zehn Jahren 84 Milliarden Kubikmeter Wasser auf die Felder kamen, im gleichen Zeitraum aber 100 Milliarden Kubikmeter durch die Wände der Bewässerungskanäle in den Sand liefen, in versumpften Gebieten versickerten oder in abflusslose Seen eingeleitet wurden und dort verdunsteten. Als Folge davon sanken auch die Erträge des Baumwollanbaus.

Rettung des Aralsees:

Gibt es noch eine Chance? Viele sehen eine Lösung darin, den Baumwollanbau um zwei Drittel zu verringern. Dann könnte der Aralsee die für ihn lebensnotwendigen 35 Kubikkilometer Wasser pro Jahr erhalten, um den Wasserstand auf einer Höhe von ca. 40 Metern zu stabilisieren. Von großer Bedeutung ist aber auch die Einführung von Wasser sparenden Maßnahmen im gesamten Aral-Gebiet. (1)

❶

Irkutsk Ulan-Ude Skoworodino Chabarowsk Wladiwostok

❷ **Abnahme der Fläche des Aralsees 1960 - 2000**

❸ **Schüler gestalten eine Wandzeitung zur Katastrophe am Aralsee**

1 Lies den Bericht aufmerksam durch und notiere wichtige Begriffe und Sätze, versuche unbekannte Wörter zu klären.

2 Beschreibe die Abbildung. Verwende dazu auch die Informationen aus dem Zeitungsbericht.

3 Stelle die Vorteile und die Nachteile des Baumwollanbaus gegenüber. Wäge sie gegeneinander ab und erörtere die Zukunftsaussichten für den Aralsee und die Menschen an seinen Ufern. Erstelle dazu eine Wandzeitung.

→ TERRA**Methode**

Mit der Transsib durch Russland

Moskau Jaroslawl   Kirow   Perm II Jekaterinburg Tjumen   Omsk   Nowosibirsk   Krasnojarsk Ta

❶

Es gibt viele Quellen für Informationen: Zeitungen, Lexika als Buch oder CD-ROM, Internet.
Gerade das Internet ist spannend und hat viel zu bieten. Wer aber nicht gezielt sucht, wird sich in den vielen Informationen verlieren.

Aralsee – Informationen aus dem Internet

Wegweiser in der Informationsflut

In den letzten Jahren hat das Internet immer weiter an Bedeutung gewonnen. Dabei sind die Kommunikation und der Informationsaustausch schneller und unkomplizierter geworden. Daten können weltweit abgerufen und empfangen werden, und das sogar vom heimischen Computer aus. So kannst auch du das Internet bei Fragen oder Aufgabenstellungen als Informationsbörse nutzen. Am einfachsten verschaffst du dir einen Überblick über hilfreiche Informationen im Internet mit Hilfe einer Suchmaschine. Dazu benötigst du eine eindeutige Aufgabenstellung, denn sonst wirst du von unzähligen, aber meist unbrauchbaren Informationen aus dem Internet überschwemmt. Schließlich wählst du die interessanten Informationen aus und löst damit die Aufgabe.

Suche im Internet nach Informationen zum Aralsee. Benutze als Suchwörter Begriffe aus dem Zeitungsartikel, den Sergej gelesen hat. Also, den Computer einschalten und ab ins Internet!

1. Schritt: Da du Informationen suchst, solltest du eine so genannte „Suchmaschine" benutzen. Davon gibt es viele, Google, Yahoo, Lycos usw. Wir üben jetzt mit Google: Die Adresse von Google heißt www.google.de.

2. Schritt: Auf der Google-Startseite gibst du den Suchbegriff ein: „Aralsee". Die Suchmaschine durchforstet das ganze „Web" und du erhältst innerhalb kürzester Zeit auf dem Bildschirm eine Liste mit Internet-Adressen, die dir weiterhelfen sollen. In der Google-Statuszeile kannst du ablesen, wieviel Einträge diese Liste umfasst.

3. Schritt: Wenn diese Liste zu lang ist, kannst du die Auswahl durch die Suche mit zwei oder mehr Suchbegriffen (z. B. „Amu-Darja", „Verdunstung", „Wasserstand") erheblich einschränken.

258

2. Schritt

3. Schritt

4. Schritt

4. Schritt: Sobald du eine viel versprechende Adresse hast, klickst du mit dem Mauszeiger auf diesen Link. Automatisch wirst du zu dieser Internetseite geleitet.

Findest du unter der angezeigten Seite Informationen, die du zur Lösung deiner Fragestellung gebrauchen kannst, solltest du sie komplett oder in Auszügen auf der Festplatte deines Computers speichern und ausdrucken. Gib diese Adresse als „Quelle" in deinem Literaturverzeichnis an! Wenn du das nicht machst, verletzt du Urheberrechte!

5. Schritt: Wenn du auf den Seiten der gewählten Adresse nicht die gewünschten Informationen erhältst, kannst du mit dem „Zurück"-Button wieder zur Auswahlliste gelangen und die Suche fortsetzen.

1 Suche Informationen über andere ökologische Krisengebiete in der Russischen Föderation. Als Hilfestellung kannst du folgende Begriffe verwenden: Baikalsee, Usinsk, Norilsk, Nowaja Semlja.

2 Suche Informationen über den Tschadsee, der ähnliche Probleme hat wie der Aralsee.

Mit der Transsib durch Russland

Moskau Jaroslawl   Kirow   Perm II Jekaterinburg Tjumen   Omsk   Nowosibirsk   Krasnojarsk Taj

Der Zug fährt ratternd weiter und nähert sich Nowosibirsk, der größten Stadt östlich des Urals und „heimlichen" Hauptstadt Sibiriens. Auf der langen Bahnfahrt hat der Industriearbeiter Pjotr Zeit, über den derzeitigen Zustand der russischen Industrie nachzudenken: Warum liegt die Wirtschaft eines Landes am Boden, das über riesige Rohstoffvorkommen verfügt?

① *Industriegebiete in Russland*

Rohstoffreichtum – Menschenarmut

Industrie früher

Noch in den 20er-Jahren des 20. Jahrhunderts gab es bis auf die Räume Moskau, St. Petersburg sowie den „Donbass" kaum Industrie in Russland. Dann aber sollte mit einem Schlag der Anschluss an die westlichen Industriestaaten erreicht werden. Schließlich war Russland reich an Bodenschätzen und verfügte über große Energiereserven. Die Elektrifizierung wurde vorangetrieben, die Schwerindustrie aufgebaut und die Erschließung der großen Rohstoffvorkommen in den Weiten Sibiriens verstärkt.

Im Kusnezk-Becken oder „Kusbass", wie die Russen es kurz nennen, gibt es z.B. hochwertige Steinkohle, im Ural bei Magnitogorsk lagern große Eisenerzvorkommen. Mit der Transsib hat man jeweils Eisenerz und Steinkohle über 2200 km hinweg ausgetauscht, an beiden Standorten Hüttenwerke errichtet und Betriebe des Maschinenbaus eröffnet. Diese Form der Zusammenarbeit nennt man **Kombinat**.

Von der Transsib aus wurden durch Nebenstrecken die Rohstofflagerstätten im Norden erschlossen. Dort entstanden riesige Wohn- und Produktionsstätten für viele Menschen, die aus dem russischen Westen nach Sibirien strömten.

Damit sollte Sibirien flächenhaft wirtschaftlich entwickelt werden. Dieses Konzept war aber sehr teuer und konnte nicht konsequent umgesetzt werden.

Neue Entwicklungen

Mit dem Ende der Sowjetunion im Dezember 1991 begann die große Krise der russischen Industrie, ja der gesamten Wirtschaft. Die überregionalen Verflechtungen wurden unterbrochen, Industrieerzeugnisse konnten wegen mangelnder Nachfrage und häufig

Irkutsk　　Ulan-Ude　　　　　　Skoworodino　　　　　Chabarowsk　　Wladiwostok

❷ *Transportwege im Kombinat „Ural-Kusbass"*

❸ *Industriebetriebe in Bratsk*

auch aufgrund schlechter Qualität nicht mehr verkauft werden. Zudem kommen hochwertige Produkte aus dem Ausland auf den russischen Markt, die den Verkauf russischer Erzeugnisse zusätzlich erschweren.

Das Kombinat „Ural-Kusbass" existiert nicht mehr, denn die ehemaligen Staatsbetriebe hat man nach 1991 aufgelöst und zumeist in Aktiengesellschaften umgewandelt. Sie sind aber technisch so veraltet, dass sie kaum Geldgeber finden und daher schließen müssen. Andere Betriebe überleben zwar, haben es aber sehr schwer. So haben die Arbeiter z. B. in der großen Krise von 1997 keinen Lohn bekommen – aber immerhin hatten sie Arbeit und waren nicht arbeitslos geworden wie Millionen anderer Russen. Aus Sibirien wandern heute viele Menschen wegen der hohen Arbeitslosigkeit wieder in den europäischen Teil Russlands zurück. Dadurch besteht die Gefahr, dass ganze Landstriche im Osten entvölkert werden: Jenseits des Urals leben heute nur noch 27 Millionen Menschen auf einer Fläche, die größer ist als China und Indien zusammen. Von Süden her drängen allerdings schon Chinesen über die natürliche Grenze des Amurs in diesen Raum. Im europäischen Teil Russlands haben häufig junge, gut ausgebildete Unternehmer neue Firmen und Betriebe gegründet, die wegen Geldmangels allerdings meist nicht sehr groß sind.

1 Auf welchen Grundlagen basierte die Industrialisierung Russlands?

2 Arbeite mit der Karte 1.
 a) Beschreibe die Entwicklung der Industriegebiete.
 b) Vergleiche die Situation der unterschiedlichen Industriezweige westlich und östlich des Urals.

3 Beschreibe die Funktionsweise eines Kombinats (Karte 2).

4 Nenne Gründe für den Niedergang der russischen Industrie.

Sascha und Peter haben sich im Laufe der Fahrt angefreundet und unterhalten sich angeregt. Peter ist fasziniert von den großen Waldflächen der Taiga und lässt sich von dem Holzfäller, der den Zug bei Krasnojarsk verlassen wird, die Besonderheiten dieser einmaligen Landschaft erklären.

❶

Taiga – so weit das Auge reicht

Peter: Sag mal Sascha, du arbeitest doch in diesen riesigen Wäldern als Holzfäller. Was ist eigentlich die Taiga?

Sascha: Die Taiga in Sibirien ist der größte Wald der Erde. Hier wachsen gut ein Viertel aller Holzreserven weltweit. Die Taiga besteht hauptsächlich aus Nadelwald: aus Kiefern, Fichten und Tannen.

Peter: Wieso sehe ich entlang unserer Fahrtstrecke aber auch so viele Birken?

Sascha: Die Birkenwälder sind typisch für den Südrand der Taiga, dort wo es wärmer wird. Nördlich und besonders in Ostsibirien schließt sich die „helle" Taiga an, in der du Kiefern und Lärchen finden kannst. Die eigentliche Taiga nennen wir auch die „dunkle" Taiga.

Peter: Für wen arbeitest du denn als Holzfäller? Und gibt es bei euch so wie bei uns das Prinzip einer nachhaltigen Forstwirtschaft, nach der nur so viel Holz geschlagen wird wie auch wieder nachwachsen kann?

Sascha: Ich arbeite für eine Firma aus Japan, die Holz zur Produktion von Essstäbchen braucht. Dafür fällen wir durchschnittlich eine Fläche von 25 Fußballfeldern täglich! Die Firma hat vom russischen Staat eine Erlaubnis bekommen, und um Nachhaltigkeit brauchen die sich keine Gedanken zu machen – unser Staat macht sich aber auch keine. Es herrscht ein rücksichtsloser Raubbau an den Wäldern, und bei den klimatischen Bedingungen dauert es sehr lange, bis die abgeholzten Waldflächen wieder Bewuchs zeigen. Aber für mich persönlich ist das unwichtig. Ich bin froh, dass ich eine Arbeit habe und sogar regelmäßig meinen Lohn erhalte.

Peter: Die Bäume kommen mir aber relativ klein vor – in Deutschland erscheinen sie mir viel größer...

Sascha: Ich kenne zwar eure deutschen Nadelbäume nicht, Peter, aber die Wachstumsbedingungen unserer Bäume sind sehr hart, viel härter als die bei euch. Denke nur an den langen und sehr kalten Winter! In dieser Zeit wachsen die Bäume nicht, und die Sommer sind kurz.

Irkutsk   Ulan-Ude   Skoworodino   Chabarowsk   Wladiwostok

Außerdem gehen die Wurzeln höchstens 30 cm tief, sie sind gezwungenermaßen Flachwurzler und können im Sommer nur aus dieser geringmächtigen Bodenschicht Nährstoffe aufnehmen.

Peter: Das verstehe ich nicht. Ist denn überall unter dieser dünnen Bodenschicht sofort harter Felsen?

Sascha: Nein, absolut nicht. Aber dafür ist dort unten etwas ebenso Hartes, der **Dauerfrostboden**. Bis in eine Tiefe von 600 Metern ist der Boden durchgefroren, und nur in den heißen Sommern taut die oberste Schicht kurzzeitig auf.

Peter: 600 Meter Dauerfrostboden – kaum vorstellbar. Wie ist das möglich?

Sascha: Das stammt noch aus der letzten Eiszeit. Knapp die Hälfte der gesamten Fläche Russlands weist noch Dauerfrostboden auf! In diesem gefrorenen Boden finden wir sogar noch gut erhaltene Mammuts wie etwa das vor 39 000 Jahren gestorbene Mammut-Baby „Dima", das im Jahre 1977 am Ufer des Flusses Dima zum Vorschein kam.

Peter: Na, dann braucht ihr ja wenigstens keinen Kühlschrank!

Sascha: Da hast du durchaus recht. Viele Familien graben tatsächlich neben ihrem Haus ein Loch in den gefrorenen Boden und lagern darin ihre Lebensmittel. Aber die Häuser selbst muss man auf Stelzen bauen, damit sie nicht im Matsch versinken.

Peter: Die ganze Oberfläche taut auf und verwandelt sich in Matsch und Morast? Dann könnt ihr doch kaum Auto fahren?

Sascha: Nicht nur das... Das ganze Leben ist im Sommer erschwert, manchmal sogar wegen der riesigen Mückenschwärme unerträglich, die in dem Matsch ideale Brutstätten haben. Die Transsib berührt allerdings auf ihrer Strecke nur an wenigen Stellen Gebiete mit Dauerfrostboden. Deshalb verläuft sie nämlich so weit im Süden Sibiriens, wo der Dauerfrostboden höchstens noch inselhaft auftritt. Die Baikal-Amur-Magistrale, kurz nur „BAM" genannt, eine neue Eisenbahnstrecke, die die weiter nördlich gelegenen Rohstoffvorkommen erschließen hilft, musste zum großen Teil auf künstlich aufgeschütteten Dämmen gebaut werden, damit die Schienen nicht im Morast versinken.

1 Notiere die Merkmale der Taiga und des Dauerfrostbodens, die der Bericht von Sascha liefert.

2 Wo gibt es auf der Welt Dauerfrostboden? Beschreibe den Verlauf der Südgrenze des Dauerfrostbodens (Atlasarbeit).

Kaum zu glauben

– Die Temperaturgegensätze zwischen Sommer und Winter führen in Sibirien dazu, dass sich ein Gleisstück von 25 m Länge um bis zu 80 cm in seiner Länge verändert.

– Im Dauerfrostboden Sibiriens findet man immer wieder gut erhaltene, da tiefgefrorene Mammuts aus der Eiszeit. Sie waren in Vertiefungen im Boden gefallen, aus denen sie sich nicht mehr befreien konnten, und sind dort erfroren.

Mit der Transsib durch Russland

Moskau Jaroslawl   Kirow   Perm II Jekaterinburg Tjumen   Omsk   Nowosibirsk   Krasnojarsk Ta

Endstation Wladiwostok

23:51 Uhr: Zwei Minuten vor der fahrplanmäßigen Ankunft erreicht die Transsib den Bahnhof von Wladiwostok. Peter, seit Krasnojarsk ohne seine Mitreisenden unterwegs, bewundert zunächst den frisch renovierten Bahnhof mit der als Denkmal aufgestellten Dampflokomotive. Direkt daneben erinnert der Transsib-Obelisk daran, dass hier im Jahre 1891 mit dem Bau der Transsibirischen Eisenbahn begonnen wurde. Am nächsten Tag streift Peter durch Wladiwostok, und seine Eindrücke fasst er in einem Brief an seine Freunde zusammen.

Liebe Freunde zuhause,

bevor ich morgen den Rückflug antreten muss, möchte ich euch von meiner letzten Station der Reise mit der Transsib berichten: Wladiwostok. Ihr könnt euch nicht vorstellen, wie es hier aussieht. Wladiwostok ist im Grunde eine wunderschöne Stadt, aber dennoch habe ich den Eindruck, als ob hier die Zeit stillsteht, es findet keine Entwicklung statt, alle Menschen warten auf ein Wunder – und gleichzeitig verfällt alles und versinkt im Chaos.

Beherrsche den Osten!

Die Stadt am „Goldenen Horn" – ja, das gibt es hier auch, nicht nur in Istanbul! – wurde erst 1860 gegründet. Ihr Name war damals Programm, denn Wladiwostok bedeutet übersetzt „Beherrsche den Osten!". Die Zaren wollten von diesem eisfreien Hafen aus in den Pazifik vorstoßen, und die junge Stadt blühte bis zum Ersten Weltkrieg auf. Das sieht man auch noch im Stadtbild, viele Häuser stammen aus dieser Zeit.

Aber leider verfällt alles, denn nach dem Zweiten Weltkrieg war Wladiwostok wegen seiner militärischen Bedeutung Sperrgebiet. Zivilisten und erst recht Ausländer durften nicht in die Stadt, höchstens mit Ausnahmegenehmigungen, und das Fotografieren war selbstverständlich unter höchster Strafandrohung verboten. Insbesondere das Hafengebiet sollte geschützt werden.

Und heute? Im Hafen bewegt sich außer einigen wenigen Fähren nichts mehr. Die Flotte der Russen liegt still, weil der Staat kein Geld mehr hat, um seine Kriegsschiffe zu unterhalten und die Mannschaften zu bezahlen. Neben der Marine hatte Wladiwostok eine bedeutende Fischindustrie. Der Hafen war Stützpunkt für die Wal-, Krabben- und Fischfangflotte. Die Schiffe wurden in vielen Werften gebaut und gewartet, z.B. in der Dalsawod-Werft, dem größten Werk im Hafen.

Im Gegensatz zum Hafen herrscht auf den Straßen ein äußerst reger Autoverkehr. Ein Taxifahrer hat mir erzählt, dass von den 800 000 Einwohnern der Stadt

Irkutsk   Ulan-Ude   Skoworodino   Chabarowsk   **Wladiwostok**

mindestens jeder dritte ein eigenes Auto hat. Russische Modelle sieht man allerdings nicht, sondern fast ausschließlich japanische. Und die kommen direkt aus Japan, was bedeutet, dass sie ihr Steuer rechts haben – und das bei dem in Russland üblichen Rechtsverkehr! Das Überqueren von Straßen ist lebensgefährlich! Alles scheint sich in Wladiwostok ums Auto zu drehen, jeder scheint immer unterwegs zu sein. Das ist allerdings verwunderlich, denn eine rush-hour gibt es nicht, denn es gibt auch keine Arbeit. Und da es keine Arbeit gibt, haben die Menschen auch kein Geld. Ihnen geht es so schlecht, dass sie noch nicht einmal ihre Stromrechnung bezahlen können. Im Winter 2001/02 hatten alle Einwohner zusammen Schulden für verbrauchten Strom in Höhe von 50 Millionen Rubel, das entspricht nur 1,8 Millionen Euro! Die Stadt stellte daraufhin die Stromlieferung ein, und das bedeutete, dass die Einwohner den Rest des bitterkalten Winters ohne Strom und ohne Heizung überleben mussten! Stellt euch so etwas mal in Frankfurt vor ...

Tor zum Osten
Mit dem Taxi fuhr ich an die nah gelegene chinesische Grenze. Dort wird reger Handel betrieben. Hier eröffnen sich hervorragende Handelsmöglichkeiten. Die Region Primorje um Wladiwostok herum ist nämlich reich, obwohl es nicht so aussieht.
Eine Öffnung in Richtung Japan und Südkorea findet nur zögerlich statt. Aus Japan kommen die Autos, und wer Geld hat, macht einen Kurzurlaub zum Shoppen in Pusan oder Nagasaki.
Und so wird aus dem „Beherrscher des Ostens" hoffentlich bald „Russlands Tor zum Pazifik." Mal sehen, wie es bei meinem nächsten Besuch aussieht ...
Bis bald in Usingen
Peter

PS: Gefallen euch die Bilder vom Markt und vom Bahnhof?

1 Wie viele Kilometer und Stunden war Peter ohne seine Mitreisenden im Zug?
2 Bestimme mit Hilfe des Atlas die Entfernung Wladiwostoks zu folgenden Städten: Moskau, Tokyo, Peking, Seoul, Shanghai, Seattle.
3 Wladiwostok hat eine kurze, aber bewegte Vergangenheit. Informiere dich darüber im Internet und schreibe einen kurzen Aufsatz.
4 Die Zukunft Wladiwostoks liegt in einer Öffnung zum Pazifischen Raum. Informiere dich mit einer Wirtschaftskarte im Atlas über die Ressourcen der Region um Wladiwostok.

TERRATraining

Mit der Transsib durch Russland

1 Richtig oder falsch?
- Die Russische Föderation ist der bevölkerungsreichste Staat der Erde (r: w/f: t)
- Die Hauptstadt Russlands liegt in Europa (r: r/f: o)
- In Russland gibt es die längste Eisenbahnstrecke der Welt (r: a/f: l)
- Der Baikalsee ist der größte Süßwasserspeicher der Welt (r: n/f: t)
- Die Taiga ist ein lockerer Laubwald (r: g/f: s)
- Die russische Bevölkerung besteht nur zur Hälfte aus Russen (r: a/f: s)
- Die Wolga ist der längste russische Strom (r: k/f: i)
- Nowosibirsk ist die größte sibirische Stadt (r: b/f: k)

2 Lückentext
Schreibe den folgenden Text in dein Heft und fülle die Lücken mit den folgenden Begriffen: Sibirien, Qualität, Kusnezk-Becken, Industrieanlagen, Eisenerz, Unternehmen, Transsib, Arbeitslosigkeit, Transportkosten, Ural, europäischer Teil

Die .... bildete die wichtigste Achse bei der Erschließung .... Sie transportierte nicht nur Menschen, sondern auch Güter zwischen den Bestandteilen eines .... So wurde Steinkohle aus dem .... in den Ural gebracht und .... aus dem .... in den Kusbass. Heute aber sind die .... für die Industrieunternehmen zu hoch. Neben veralteten .... und der schlechten .... der Produkte führte dies dazu, dass viele .... unrentabel arbeiteten und schließen mussten. Damit stieg die .... stark an. Viele dieser Menschen wandern heute in den .... Russlands ab, da sie in Sibirien keine Perspektive sehen.

Wichtige Begriffe
Agrardreieck
Dauerfrostboden
Kältegrenze
Kombinat
Kontinentales Klima
Steppe
Taiga
Trockengrenze

3 Buchstabensalat
Bei den folgenden Wörtern ist die Reihenfolge der Buchstaben durcheinander geraten. Sicherlich kannst du sie zu vernünftigen Begriffen ordnen.
olgaw – komaus – nassbuirt – sulsrand – aalrees – tranud – raul – mosk

4 Außenseiter gesucht
Einer der vier Begriffe gehört nicht zu den anderen drei. Welcher? Begründe!
a) Wolga – Amur – Ob – Jenissei
b) Baikalsee – Aralsee – Kaspisches Meer – Schwarzes Meer
c) Kaliningrad – Murmansk – Wolgograd – Wladiwostok

5 Silbenrätsel
Finde und erkläre die Begriffe:
bi - bo - dau - de - den - er - frost - ga - ka - kas - klima - kom - kon – nat - nen - tai - tal - ti

6 Bilderrätsel
Löse das Bilderrätsel und erkläre den gesuchten Begriff.

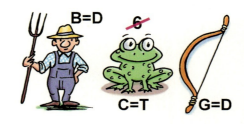

7 Internetsuche
Suche folgende statistische Daten zur Russischen Föderation und notiere im Heft: Staatsfläche, Einwohnerzahl, Anteil der städtischen Bevölkerung. Vergleicht eure Ergebnisse in der Klasse und diskutiert mögliche Unterschiede.

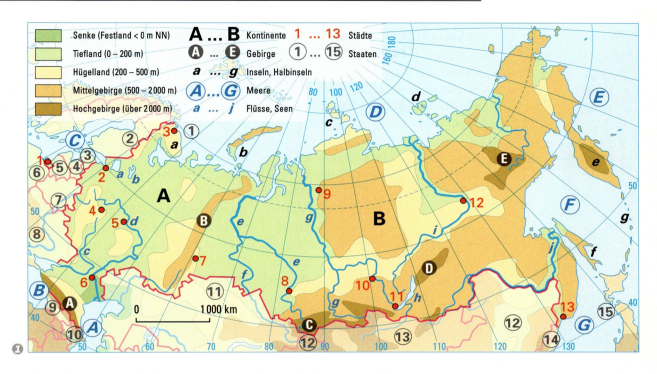

8 Teste deine Topografie-Kenntnisse

Arbeite mit Karte 1 und benenne
a) die Städte 1 bis 13,
b) die Gebirge A bis E,
c) die Flüsse und Seen a bis j,
d) die Inseln und Halbinseln a bis g.

9 Wer kennt sich aus?

Arbeite mit Karte 1 und dem Atlas.
a) Notiere die Ozeane und Meere, die Russland umgeben.
b) Einige Meere sind über Flüsse und Kanäle miteinander verbunden. Nenne einige Beispiele.
c) Mit welchen Staaten hat die Russische Föderation eine gemeinsame Grenze?
d) Suche zwei ganzjährig eisfreie Häfen in Russland.
e) Wie heißen der östlichste, der südlichste und der westlichste Punkt Russlands?

10 Von der Quelle zur Mündung

a) Benenne für die Flüsse c bis j jeweils das Quellgebiet und das Mündungsgebiet. Fertige dazu eine Tabelle an:

Fluss	Quelle im	Mündung im

b) Die Wolga ist der längste Strom Europas. In Russland liegt sie jedoch nur an 5. Stelle. Begründe diese Feststellung.
c) Notiere die Namen der vier Ströme, die länger als die Wolga sind, und bestimme ihre Länge (Atlas).
d) Nur drei dieser Ströme werden von der Transsib überquert. Welcher nicht?

11 Zum Knobeln

Egal ob ich nach Norden, Westen oder Süden fliege, nach 1 000 Kilometern erreiche ich jeweils ein Meer. Wo wohne ich?

Anhang

Bundesrepublik Deutschland in Zahlen [1]

Fläche: 357 021 km²
Bevölkerung: 82 300 000 Einwohner
Bevölkerungsdichte: 230 Einw. je km²
Gegründet: 1949

Zu den 82 300 000 Einwohnern gehören auch 7 300 000 Ausländer, davon:

1 948 000	Türken
628 000	Jugoslawen
616 000	Italiener
363 000	Griechen
310 000	Polen
224 000	Kroaten

Einwohnerzahlen der größten Städte

Berlin (Hauptstadt)	3 386 000 Einw.
Hamburg	1 704 000 Einw.
München	1 194 000 Einw.
Köln	969 000 Einw.
Frankfurt	644 000 Einw.
Essen	600 000 Einw.
Dortmund	585 000 Einw.
Stuttgart	582 000 Einw.
Düsseldorf	569 000 Einw.
Bremen	540 000 Einw.
Duisburg	520 000 Einw.
Hannover	515 000 Einw.
Leipzig	490 000 Einw.
Nürnberg	487 000 Einw.
Dresden	477 000 Einw.

Die größten Verdichtungsräume

Rhein-Ruhr	11,1 Mio. Einw.
Berlin	4,5 Mio. Einw.
Rhein-Main	2,8 Mio. Einw.
Stuttgart	2,6 Mio. Einw.
Hamburg	2,0 Mio. Einw.
München	1,9 Mio. Einw.
Rhein-Neckar	1,3 Mio. Einw.
Nürnberg/Fürth/Erl.	1,1 Mio. Einw.
Halle-Leipzig	1,0 Mio. Einw.

Die längsten Flüsse

Rhein	865 km	(insgesamt 1 320 km)
Elbe	700 km	(insgesamt 1 165 km)
Donau	647 km	(insgesamt 2 858 km)
Main	524 km	
Weser	440 km	
Ems	371 km	
Neckar	367 km	
Mosel	242 km	(insgesamt 545 km)
Oder	162 km	(insgesamt 866 km)
Inn	130 km	(insgesamt 515 km)

Die größten Seen

Bodensee	572 km²
Müritz	110 km²
Chiemsee	80 km²

Flächengröße der Bundesländer

Baden-Württemberg	35 751 km²
Bayern	70 548 km²
Berlin	892 km²
Brandenburg	29 477 km²
Bremen	404 km²
Hamburg	755 km²
Hessen	21 114 km²
Mecklenburg-Vorpommern	23 173 km²
Niedersachsen	47 616 km²
Nordrhein-Westfalen	34 081 km²
Rheinland-Pfalz	19 847 km²
Saarland	2 569 km²
Sachsen	18 413 km²
Sachsen-Anhalt	20 446 km²
Schleswig-Holstein	15 763 km²
Thüringen	16 172 km²

Die größten Inseln

Rügen	930 km²
Usedom (deutscher Anteil)	354 km²
Fehmarn	185 km²
Sylt	99 km²

[1] Die Zahlenangaben beziehen sich auf das Jahr 2001

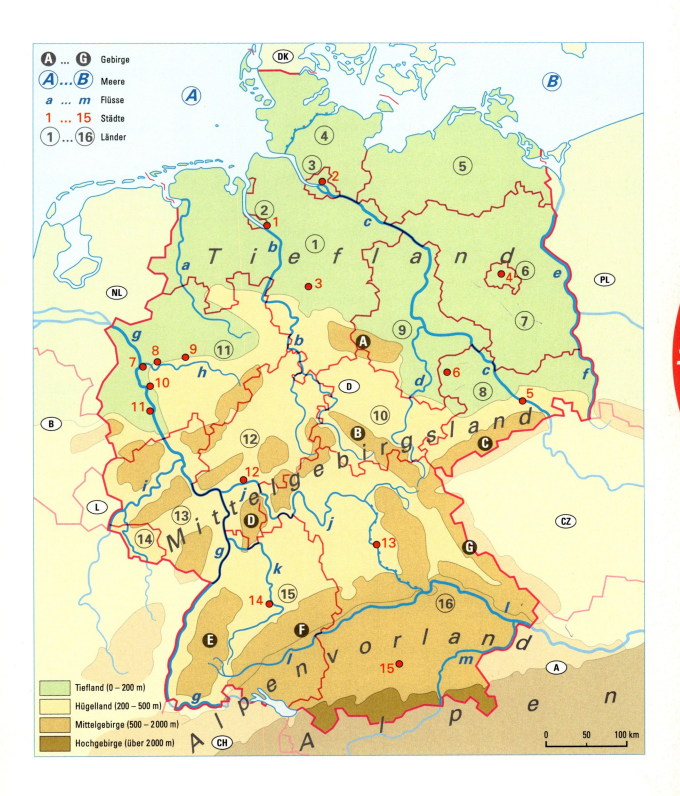

Anhang

Europa in Zahlen

Fläche: 10 532 000 km²
Bevölkerung: 715 000 000 Einwohner
(11,7 % der Erdbevölkerung)
Die Europäische Union zum Vergleich:
Fläche: 3 232 000 km²
Bevölkerung: 375 000 000 Einwohner

Die flächengrößten Staaten

Russland (einschließlich asiatischer Teil)
17 075 000 km²   145 500 000 Einw.
Ukraine
   604 000 km²   48 700 000 Einw.
Frankreich
   544 000 km²   59 000 000 Einw.
Spanien
   505 000 km²   40 000 000 Einw.
Schweden
   450 000 km²   8 800 000 Einw.
Deutschland
   357 000 km²   83 000 000 Einw.

Die größten Verdichtungsräume und-Städte (Einwohner in Mio.)

	Verdichtungsraum	Stadt
Moskau	13,2	10,0
London	11,8	6,6
Istanbul	10,7	8,3
Paris	9,7	2,1
St. Petersburg	5,5	4,2
Berlin	4,5	3,4
Mailand	3,8	1,3
Madrid	5,1	3,0
Athen	3,1	0,8
(Rhein-Ruhr	11,1)	

Die häufigsten Sprachen in Europa

Russisch	160 Mio. Menschen
Deutsch	94 Mio. Menschen
Französisch	60 Mio. Menschen
Englisch	60 Mio. Menschen
Italienisch	60 Mio. Menschen
Spanisch	42 Mio. Menschen

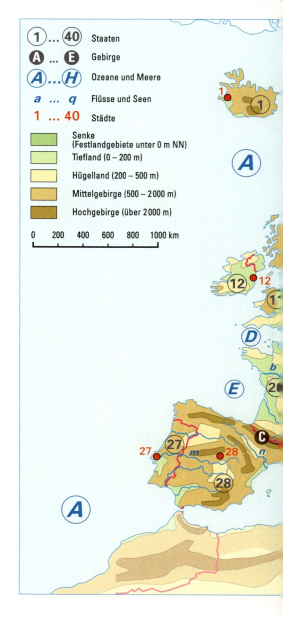

Die höchsten Berge

Alpen: Mont Blanc	4 807 m
Ätna:	3 323 m
Pyrenäen: Pico de Aneto	3 404 m
Apenninen: Gran Sasso	2 914 m
Karpaten: Gerlsdorfer Spitze	2 655 m
Dinarisches Gebirge: Durmitor	2 522 m
Skandinavisches Gebirge: Galdhøpiggen	2 489 m
Ural: Norodnaja	1 894 m

Die längsten Flüsse

Wolga	3 531 km
Donau	2 858 km
Ural	2 428 km
Dnipro/Dnjepr	2 201 km

Die größten Seen

Ladogasee (Russland)	17 703 km²
Onegasee (Russland)	9 720 km²
Vänersee (Schweden)	5 585 km²

Die größten Inseln

Großbritannien	228 300 km²
Island	103 000 km²
Irland	84 500 km²
Spitzbergen (Norwegen)	39 000 km²
Sizilien (Italien)	25 400 km²
Sardinien (Italien)	23 300 km²
Zypern	9 300 km²
Korsika (Frankreich)	8 700 km²
Kreta (Griechenland)	8 300 km²

Anhang

Klimastationen

		J	F	M	A	M	J	J	A	S	O	N	D	Jahr
Deutschland														
List/Sylt, 26 m	°C	1	1	3	6	11	14	16	16	14	10	6	3	8,5
	mm	57	35	45	40	42	56	62	72	83	89	96	72	727
Hamburg, 16 m	°C	1	1	4	7	12	16	17	17	14	10	5	2	9
	mm	61	42	56	51	56	74	83	70	71	63	72	72	771
Berlin, 49 m	°C	1	2	5	9	14	17	19	19	14	10	5	2	10
	mm	37	31	37	34	51	66	53	61	42	35	41	52	540
Frankfurt/Main, 113 m	°C	1	1	6	9	14	17	18	19	15	10	5	1	10
	mm	44	40	51	51	61	70	63	66	48	52	58	54	658
Stuttgart, 314 m	°C	1	2	5	9	13	16	18	18	15	10	5	2	10
	mm	38	35	39	54	84	93	63	76	53	41	48	41	665
Alpen														
Zugspitze, 2 963 m	°C	−11	−11	−10	−7	−3	0	2	2	1	−2	−7	−9	−5
(Deutschland)	mm	185	154	186	197	172	185	183	170	115	105	156	183	1991
Sonnblick, 3 107 m	°C	−13	−13	−11	−8	−4	−1	2	2	0	−3	−8	−11	−6
(Österreich)	mm	128	107	141	154	159	143	157	161	114	100	133	132	1629
Chur, 555 m	°C	−2	0	4	8	13	15	17	16	14	9	3	0	8
(Schweiz)	mm	41	36	44	43	61	79	111	108	70	62	50	51	756
San Bernardino, 1 639 m	°C	−6	−5	−3	1	5	9	11	11	8	4	0	−4	3
(Schweiz)	mm	66	79	106	131	173	178	192	210	176	186	132	95	1724
Lugano, 273 m	°C	3	4	7	11	15	19	20	20	17	12	7	3	11,5
(Schweiz)	mm	57	67	125	159	204	186	181	193	158	181	130	92	1733
Nordeuropa														
Reykjavik, 61 m	°C	−1	0	1	3	6	9	11	10	7	4	1	0	4
(Island)	mm	76	81	83	58	44	51	51	62	67	86	73	78	810
Bergen, 36 m	°C	2	1	3	6	10	13	15	15	12	8	6	3	8
(Norwegen)	mm	179	139	109	140	83	126	141	167	228	236	207	203	1958
Tromsø, 10 m	°C	−4	−4	−2	1	5	9	12	11	7	3	−1	−3	3
(Norwegen)	mm	81	86	64	60	48	53	72	82	94	125	104	104	973
Stockholm, 52 m	°C	−3	−3	0	4	11	16	17	16	11	8	3	−1	7
(Schweden)	mm	39	27	26	31	31	46	71	65	55	50	53	46	540
Helsinki, 56 m	°C	−7	−7	−3	3	10	15	17	15	10	5	0	−4	5
(Finnland)	mm	41	31	34	37	35	44	73	80	73	73	72	58	651
Westeuropa														
Valentia, 2 m	°C	7	7	8	9	11	13	15	15	14	12	9	8	11
(Irland)	mm	164	123	121	77	89	80	73	112	125	154	147	159	1424
London, 62 m	°C	4	4	6	8	11	14	16	16	14	11	7	5	10
(Großbritannien)	mm	78	53	60	54	55	58	44	55	67	73	76	80	753
Straßburg, 36 m	°C	1	2	6	9	14	17	19	18	15	10	5	2	10
(Frankreich)	mm	32	34	36	46	74	72	55	67	55	41	46	42	600
Marseille, 36 m	°C	6	8	10	13	17	21	24	23	20	16	11	7	15
(Frankreich)	mm	46	54	43	46	42	28	14	27	47	78	57	52	534

		J	F	M	A	M	J	J	A	S	O	N	D	Jahr
Südeuropa														
Lissabon, 95 m	°C	11	12	14	15	18	21	23	23	22	19	15	12	17
(Portugal)	mm	79	96	69	67	53	13	5	7	21	81	118	102	711
Madrid, 667 m	°C	6	7	10	12	16	21	24	24	21	15	9	6	14
(Spanien)	mm	46	46	33	54	41	27	13	9	30	45	64	51	459
Palma de Mallorca, 8 m	°C	9	10	11	13	16	21	24	24	22	18	13	11	16
(Spanien)	mm	37	35	36	39	30	14	9	20	50	63	47	44	424
Messina, 51 m	°C	12	12	13	15	19	23	26	26	24	20	16	13	18
(Italien)	mm	117	95	84	60	33	15	19	26	56	98	106	114	823
Athen, 107 m	°C	9	10	12	15	20	25	27	27	23	18	15	11	18
(Griechenland)	mm	44	48	42	29	18	10	3	4	12	50	51	66	377
Istanbul, 40 m	°C	5	6	8	12	17	21	23	23	20	15	12	8	14
(Türkei)	mm	99	67	62	49	31	22	19	26	41	71	89	122	698
Östliches Mitteleuropa														
Warschau, 107 m	°C	−3	−2	2	8	13	17	18	17	13	8	3	−1	8
(Polen)	mm	22	21	28	32	59	72	67	63	43	38	42	32	519
Prag, 197 m	°C	−2	−1	3	8	13	16	18	17	13	8	3	−1	8
(Tschechische Republik)	mm	23	23	28	38	77	73	66	70	40	30	32	26	526
Budapest, 120 m	°C	−2	2	7	12	17	20	22	21	17	11	5	0	11
(Ungarn)	mm	32	39	35	42	62	69	45	56	39	34	52	40	545
Siliac, 318 m	°C	−4	−1	3	9	14	17	18	17	13	8	3	−2	8
Slowakei)	mm	44	45	43	47	63	86	59	71	58	50	67	56	689
Osteuropa														
Archangelsk, 13 m	°C	−15	−12	−6	0	7	13	16	13	8	2	−5	−10	1
(Russland)	mm	32	26	27	30	40	54	57	67	60	60	51	41	545
Moskau, 156 m	°C	−9	−8	−2	6	13	17	18	16	11	5	−1	−6	5
(Russland)	mm	45	37	34	40	58	76	92	74	64	58	58	52	688
Kasan, 64 m	°C	−13	−12	−5	5	13	17	19	17	11	4	−3	−9	4
(Russland)	mm	33	28	26	36	37	70	69	67	46	47	46	37	542
Minsk, 234 m	°C	−7	−6	−2	6	13	16	17	17	12	6	1	−4	6
(Weißrussland)	mm	40	33	41	44	60	79	85	72	58	46	51	53	662
Kiew, 179 m	°C	−5	−4	1	9	15	18	19	19	14	8	2	−2	8
(Ukraine)	mm	46	46	38	48	52	69	87	67	43	39	50	47	632
Südosteuropa														
Bukarest, 90 m	°C	−2	1	6	12	17	21	22	22	17	12	7	2	12
(Rumänien)	mm	47	39	42	48	78	73	57	52	43	47	54	48	628
Belgrad, 132 m	°C	0	3	7	12	17	20	22	21	18	12	7	2	12
(Jugoslawien)	mm	49	44	51	59	70	91	66	53	52	41	56	58	690
Sofia, 595 m	°C	−2	1	5	10	14	18	20	19	16	10	5	1	10
(Bulgarien)	mm	27	33	38	50	73	72	56	52	39	37	47	39	563
Split, 128 m	°C	8	8	10	14	19	23	25	25	21	17	12	9	16
(Kroatien)	mm	79	68	75	66	56	52	28	48	60	78	110	105	825

→ **Anhang**

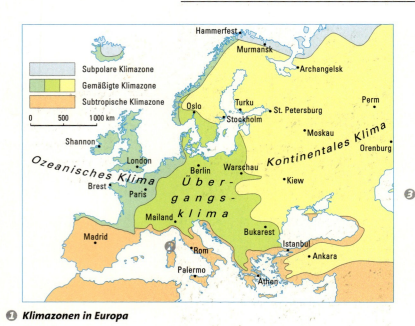

① *Klimazonen in Europa*

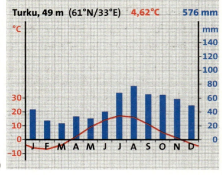
③

Vegetation und Klima in Europa

②
④

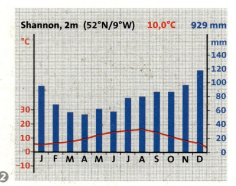

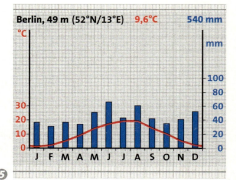
⑤

Von Nord nach Süd verändert sich das Klima Europas in starkem Maße. Die gürtelartig angeordnete Gebiete mit ähnlichen Klimamerkmalen werden als **Klimazonen** bezeichnet.
Weil sich die Pflanzen dem Klima sehr stark anpassen, haben sich natürliche **Vegetationszonen** ausgebildet.

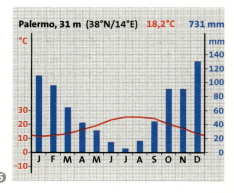
⑥

In der Zone der **Tundra** (8)
Rentierflechte (weiß), Zwergbirke, Heidelbeere (rot), Gräser, Moose: Zwergwuchs nutzt die Bodenwärme und schützt vor Austrocknung und Wind.
In der **Nadelwaldzone** (9)
Fichten, Tannen, Kiefern: Immergrüne Nadeln nutzen früh die Sonnenstrahlen. Abhärten der Nadeln im Herbst schützt vor Frost und Austrocknung im Winter.

Kaum zu glauben
Europa im März: Während die Schüler in Nordfinnland bei −20 °C noch Ski fahren, blühen in Süditalien bei +20 °C die Bäume.

In der **Laubwaldzone** (10)
Buchen, Eichen: werfen Herbstlaub ab, entfalten neues Laub, nehmen Licht, deshalb kaum Unterholz.
In der Zone der **Hartlaubgewächse** (11)
Olivenbaum: immergrünes, kleinblättriges Hartlaub; Agaven und Feigenkakteen speichern Wasser in dickfleischigen Blättern.

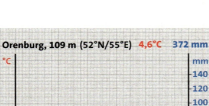
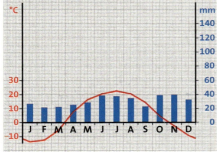

Die West-Ost-Gliederung der gemäßigten Klimazone entsteht, weil die ausgleichende Wirkung des Meeres auf das Klima nach Osten immer weiter abnimmt.

Anhang

Wichtige Internetadressen

Planeten

www.solarsystem.dlr.de
Bilder, Daten und Hintergründe zu den Missionen der NASA und des Deutschen Zentrums für Luft- und Raumfahrt
www.astrolink.de
Wissenswertes über alle Planeten und Raumfahrt-Missionen
www.solarviews.com/germ/homepage.html
Statistiken und Bilder über alle Planeten
www.nasa.gov
Offizielle Homepage der NASA, Satellitenbilder, Projekte etc.
www.esa.int
Offizielle Homepage der ESA, aktuelle Themen, Bilder etc.

Erde

www.maps.ethz.ch
Digitale Landkarten aus aller Welt
www.spiegel.de/almanach
Zahlen und Fakten über alle Staaten der Erde
www.cia.gov/cia/publications/factbook
Zahlen und Fakten über alle Staaten der Erde; englisch

Kontinente, Ozeane

www.marum.de
Wissenschaftliche Themen gut aufbereitet
www.g-o.de
Wissenschaftliche Themen gut aufbereitet; Materialien

Deutschland, Überblick

www.v-g-t.de
Präzise und aktuelle geographische Themen über Deutschland
www.destatis.de
Statistisches Bundesamt
www.deutschland.de
Offizielles Portal der Bundesregierung; noch im Aufbau, ab Herbst 2002 online
www.bundesregierung.de
Offizielle Informationen und Pressemitteilungen der Bundesregierung
www.dwd.de
Deutscher Wetterdienst
www.bpb.de
Bundeszentrale für politische Bildung

Allgemeine Informationen zu Hessen:

www.hessen.de
www.meinestadt.de/Hessen
www.bildung.hessen.de
Bildungsserver Hessen, alles zum Thema Bildung in Hessen
www.hsl.de
Hessisches Statistisches Landesamt
www.hlz.hessen.de
Landeszentrale für politische Bildung

Regionen in Hessen:

www.hessenatlas.de
Geographisches Informationsportal mit Karten zu allen wichtigen Themen
www.hessen-tourismus.de
Informationen zum Reiseland Hessen
www.bergstrasse.de
www.odenwald.de
www.hochtaunus.de
www.rheingau.de
www.biosphaerenreservat-rhoen.de
www.vogelsberg.de
www.fulda-online.de
www.frankfurt.de

Versorgung und Entsorgung
www.sauberhaftes-hessen.de
Aktionen und Hilfen zum Müllproblemen in Hessen
www.mulf.hessen.de
Homepage des Hessischen Ministeriums für Umwelt, Landwirtschaft und Forsten
www.aktionsauberelandschaft.de
www.gruener-punkt.de
Alles über das Duale System
www.plasticker.de
Hintergründe und Berichte über Recycling-Betriebe
www.umweltbundesamt.de
www.bmu.de
Homepage des Bundesministeriums für Umwelt, Naturschutz und Reaktorsicherheit mit vielen Themen und Links

Landwirtschaft
www.gutes-vom-bauernhof.de
Bundesministerium für Verbraucherschutz, Ernährung und Landwirtschaft mit Links zu Online-Datenbanken mit Adressen und Homepages von Direktvermarktern
www.bio-landbau.info
Internetportal der Zentralstelle für Agrardokumentation und -information zum Thema Ökologischer Landbau
www.bml.de
Homepage des Bundesministeriums für Ernährung, Landwirtschaft und Forsten mit Informationsmaterial für Verbraucher, Verwaltung und Wissenschaft
www.mulf.hessen.de
Homepage des Hessischen Ministeriums für Umwelt, Landwirtschaft und Forsten
www.fnr.de
Informationen und Projekte zu nachwachsenden Rohstoffen
www.bba.de
Biologische Bundesanstalt für Land-und Forstwirtschaft

Nordsee und Ostsee
www.bsh.de/Meereskunde/Gezeiten
Entstehung der Gezeiten und Gezeitenvorausberechnungen
www.wattenmeer-nationalpark.de
Homepage des Nationalparks Schleswig-Holsteinisches Wattenmeer
www.hafen-hamburg.de
Aktuelle Informationen und Daten über den Hafen Hamburg

Alpen
www.alpen-in-not.de
Überblicksseite über die Gefährdung der Alpen
www.weltderberge.de
Überblick über die höchsten Berge der Alpen und der Welt
www.kalkalpen.at
www.nationalpark.at

Links zum Thema Erdbeben
www.erdkunde.com/info/erdbeben.htm
www.iaag.geo.uni-muenchen.de/sammlung/geoforum.html

Klimadaten und Klimadiagramme
www.wetterzentrale.de/klima
www.klimadiagramme.de

Dein Schulbuch im Internet
www.klett-verlag.de/geographie/terra-extra

Anhang

Testlösungen

Seiten 16/17:
1 b) Oslo: 60°N/10°O
   St. Petersburg: 60°N/30°O
   Kairo: 30°N/32°O
   Durban: 30°S/32°O
2 a) Nordamerika grenzt im Westen an den Pazifik, im Osten an den Atlantik und im Norden an das Nordpolarmeer.
   b) Australien grenzt im Westen an den Indischen Ozean, im Osten an den Pazifik und im Norden an die Arafurasee.
   c) Europa grenzt im Westen an den Atlantik, im Osten an das Schwarze Meer und im Norden an das Europäische Nordmeer.
5 b) Längenhalbkreis: Von Norden nach Süden verlaufende Halbkreise.

Seiten 38/39:
1 a) 1 = Wald   L
     2 = Wiese   E
     3 = Radweg   G
     4 = Bundesstraße E
     5 = Eisenbahn   N
     6 = Stadion   D
     7 = Kirche   E
2 ca. 2000m
3 192m

Seiten 54/55:
2 Fruchtwechselwirtschaft; Gülle; Stall; Weiden; Schlepper; Sonderkulturen: Wein, Tabak, Gemüse usw.
3 1 = Schlepper; 2 = Sämaschine; 3 = Mähdrescher; 4 = Wendepflug; 5 = Spritze; 6 = Egge; 7 = Walze
6 Mastvieh: Tiere, die in möglichst kurzer Zeit möglichst viel Gewicht erreichen sollen: durch Mast, also besonderes und viel Futter. Wenn das Gewicht dann erreicht ist, werden die Tiere geschlachtet.

Seiten 74/75:
2 – Pendler
  – Mischgebiet
5 c) Umland: Durch Pendlerbewegungen gekennzeichnete Umgebung einer Stadt
  a) Früher Morgen (Schulbeginn, Arbeitsbeginn)

Seiten 116/117
1 e) NL = Niederlande; DK = Dänemark; PL = Polen
5 a) = Küstenschutz: Alle Maßnahmen zum Schutz der Küste vor deren Zerstörung durch Wasser und Wind sowie menschliche Tätigkeiten. Dazu gehören z.B. Bau von Buhnen, das Bepflanzen von Dünen oder das Aufspülen von Sand.
  b) = Wattenmeer: Das vom Meer überspülte Watt, welches durch niedrige Inseln vom offenen Meer abgetrennt ist.
  c) = Sturmflut: Sehr hohe Flut, die vor allem durch starke Stürme vom Meer auf die Küste verstärkt wird.
7 – Den Zeitraum zwischen niedrigstem und höchstem Wasserstand nennt man Flut.
  – An der Ostsee gibt es zahlreiche Sandstrände.

Seiten 144/145
1 c) a = Rhone, b = Genfer See, c = Rhein, d = Bodensee, e = Inn, f = Etsch, g = Gardasee, h = Po
  d) 1 = Fréjus, 2 = St. Gotthard, 3 = San Bernardino, 4 = Brenner, 5 = Tauern
2 A = Schneegrenze, B = Nährgebiet, C = Zehrgebiet, D = Seitenmoräne, E = Gletschertor, F = Gletscherbach

Seiten 186/187

1 c) a = Hebriden; b = Orkney-Inseln; c = Shetland-Inseln; d = Westfriesische Inseln; e = Korsika
d) A = Schottisches Hochland; B = Ardennen; C = Vogesen; D = Alpen; E = Zentralmassiv; F = Pyrenäen

9 a) Begriff a = Polder: Das eingedeichte, dem Meer abgerungene Marschland.

Seiten 202/203

1 c) a = Tejo; b = Ebro; c = Po; d = Arno
A = Atlantischer Ozean; B = Mittelmeer; C = Adriatisches Meer; D = Ägäisches Meer; E = Schwarzes Meer

4 b) Spanien

9 c) Erdbeben: Erschütterungen der Erdoberfläche durch Bewegungen der Gesteinsschichten im Erdinneren. Die Gesteinsschichten bauen Spannungen auf oder verhaken sich. Wenn der Druck zu groß wird, kommt es zu ruckartigen Bewegungen.

Seiten 220/221

1 a) Beginn der Reise in Kopenhagen, der Hauptstadt Dänemarks. Über die Öresundbrücke geht es weiter nach Malmö in Schweden. Wir fahren nach Norden zum Vänersee und von dort weiter nach Norwegen in die Hauptstadt Oslo. Mit dem Schiff geht es weiter über das Europäische Nordmeer nach Island.

5 b) Foto 3 zeigt eine Fjell-Landschaft (Nr. 2 im Profil). Die Landschaft ist sehr karg, nur vereinzelt treten Bäume auf. Der felsige, flachwellige Untergrund, der durch das Inlandeis geformt wurde, ist deutlich zu erkennen.

7 b) Nachhaltige Holzwirtschaft bedeutet, dass nur so viel Holz geschlagen wird, wie auf natürliche Weise nachwachsen kann.

Seiten 234/235

1 c) d = Elbe; B = Sudeten (Riesengebirge)

2 Tschechien, Slowakei, Polen, Slowenien, Ungarn

5 a) Nationalpark: Großräumiges Schutzgebiet mit strengen Bestimmungen, um die dort vorhandene Tier- und Pflanzenwelt in ihrem natürlichen Lebensraum zu erhalten.

Seiten 244/245

1
1 = Ganges	G
2 = Mount Everest	R
3 = Tokyo	O
4 = Baikalsee	S
5 = Dsungarei	S
6 = Marianengraben	E
7 = China	C
8 = Himalaya	H
9 = Vorderindien	I
10 = Transsibirische Eisenbahn	N
11 = Arabien	E
12 = Aralsee	S
13 = Indien	I
14 = Russland	S
15 = Kaspisches Meer	C
16 = Hongkong	H
17 = Tibet	E
18 = Kuala Lumpur	M
19 = Taiga	A
20 = Istanbul	U
21 = Totes Meer	E
22 = Westsibirische Tiefebene	R

3 Hochebene
Becken
Tiefebene
Hochland

→ Anhang

TERRA Lexikon

Alm: Hochweide in den Alpen oder im → Mittelgebirge, auf die im Frühjahr die Jungrinder getrieben werden. Mit Herbstbeginn bringt man die Tiere wieder ins Tal. Die Almen lagen früher nur oberhalb der Waldgrenze auf der Mattenstufe. Inzwischen gibt es sie auch auf der niedriger gelegenen Nadelwaldstufe.

Äquator: Der Erdäquator ist der längste Breitenkreis (Umfang 40 076,59 km), der die Erde in die Nord- und Südhalbkugel teilt.

Ausgleichsküste: Eine fast geradlinig verlaufende Küste. Ehemalige Vorsprünge und Einbuchtungen wurden durch das Meer (Abtragung und Ablagerung) begradigt. Es entstehen → Nehrungen, deren Außensaum schließlich eine ausgeglichene Küstenlinie bewirkt. Eine Voraussetzung ist ein gezeitenarmes Meer.

Bewässerungsfeldbau: Form der landwirtschaftlichen Bodennutzung in Gebieten, die für den Anbau von Nutzpflanzen zu wenig Niederschlag erhalten. Das in niederschlagsarmen Monaten fehlende Wasser wird Flüssen oder dem Grundwasser entnommen und mit Hilfe von Bewässerungsanlagen auf die Felder geleitet.

City: Das Zentrum einer großen Stadt, in dem sich hauptsächlich Geschäfts-, Büro-, Verwaltungs- und Bankgebäude, aber wenige Wohngebäude befinden. In der City arbeiten viele Menschen, vor allem im → Dienstleistungsbereich.

Deich: Künstlich aufgeschütteter Damm an Meeresküsten oder Flussufern zum Schutz vor Überflutungen. Die Höhe des Deiches soll über dem örtlich bekannten Höchstwasserstand liegen.

Diagramm: Zeichnerische Darstellung von Zahlenwerten in einer leicht überschaubaren Form, z. B. als Kurven-, Säulen- und Streifendiagramm.

Dienstleistungen: Alle wirtschaftlichen Tätigkeiten, die der Versorgung mit Gütern und bestimmten Leistungen dienen. Dazu gehören Banken, Versicherungen, Hotels und Gaststätten, Krankenhäuser, Arztpraxen, Film, Fernsehen, Presse, aber auch der Groß- und Einzelhandel, Verkehrsbetriebe, Gerichte, Schulen, Universitäten und Verwaltungen.

Ebbe: Das Fallen des Wassers im Rahmen der → Gezeiten wird als Ebbe bezeichnet. Den niedrigsten Stand des Wassers nennt man Niedrigwasser.

Erdbeben: Erschütterungen an der Erdoberfläche, die durch ruckartige Bewegungen von Gesteinsschichten im Erdinneren hervorgerufen werden.

Europäische Union (EU): Zusammenschluss von 15 europäischen Staaten zur wirtschaftlichen und politischen Zusammenarbeit. Die EU ging aus der Europäischen Gemeinschaft (EG) hervor.

Fjell (Fjeld, Fjäll): Wellige bis hügelige Hochflächen in Skandinavien, die durch das Inlandeis geformt wurden und heute meist mit Tundrenvegetation bewachsen sind.

Fjord: Meeresarm, der häufig weit in das Festland hineinreicht und durch das Eindringen des Meeres in die vom Inlandeis geformten → Trogtäler entstand.

Flöz: Abbauwürdige Schicht von Bodenschätzen, z. B. Braunkohle, die in nicht nutzbares Gestein eingelagert ist.

Flut: Das Ansteigen des Wassers im Rahmen der → Gezeiten. Den Höchststand des Wassers nennt man Hochwasser.

Forstwirtschaft: Bewirtschaftung von Waldflächen, hauptsächlich zur Holzgewinnung. Zu den forstwirtschaftlichen Tätigkeiten gehören Pflanzen, Pflege und Schlagen von Baumkulturen sowie Verkauf des Holzes.

Gezeiten (norddeutsch: Tiden): Regelmäßiges Steigen (Flut) und Fallen (Ebbe) des Meeresspiegels. Den Wasserstandsunterschied zwischen Hochwasser und Niedrigwasser nennt man Tidenhub.

Gletscher: Eisstrom, der durch Anhäufung von Schnee und Druck entsteht und talabwärts fließt. Gletscher bilden sich in den Polargebieten und Hochgebirgen oberhalb der Schneegrenze.

Globus (lateinisch = Kugel): Maßstabsgerechtes und stark verkleinertes Modell (Abbild) der Erdkugel.

Golfstrom (Nordatlantikstrom): Meeresströmung, die wärmeres Wasser aus dem Bereich des Golfes von Mexiko über den Atlantik bis an die Küsten West- und Nordeuropas führt. Sie bedingt ein milderes Klima als in anderen Gebieten dieser Breitenlage.

Gradnetz: Orientierungsnetz der Erde, das aus Linien besteht, die sich rechtwinklig schneiden. Die vom Nordpol zum Südpol verlaufenden Linien nennt man Meridiane oder Längenhalbkreise (es sind 360). Die parallel zum Äquator verlaufenden Linien heißen Breitenkreise (es sind 180). Das Gradnetz dient zur genauen Ortsbestimmung.

Grünlandwirtschaft: Die Art der Landwirtschaft, bei der die Futtergewinnung für das Vieh vorherrscht. Das Grünland wird als Viehweide und/oder zur Grünfutter- und Heugewinnung genutzt.

Halligen: Marsch-Inseln ohne → Deich vor der Westküste Schleswig-Holsteins. Halligen sind aus der Zerstörung großer Marschgebiete durch das Meer entstanden. Es gibt heute noch zehn Halligen vor der nordfriesischen Küste.
Bei Sturmflut sind die Halligen etwa zehnmal im Jahr überflutet. Dann ragen nur noch die auf der Warft (Erdhügel) stehenden Häuser aus dem Wasser heraus. Die Halligen sind als „Wellenbrecher" wichtig für den Küstenschutz. Deshalb müssen sie auch selbst vor den Angriffen des Meeres geschützt werden.

Hartlaubgewächse: Immergrüne Pflanzen, die sich mit lederartigen, harten und oft kleinen Blättern an die sommerliche Trockenheit, z. B. im Mittelmeerraum, angepasst haben.

Hochgebirge: Gebirgsregionen, die eine Höhe von über 2 000 Meter aufweisen. Merkmale sind schroffe Formen mit großen Höhenunterschieden, teilweise vergletschert.

→ Anhang

Höhenlinie: Eine Höhenlinie verbindet auf einer Karte alle Punkte, die in gleicher Höhe über dem Meeresspiegel liegen. Mit Höhenlinien lassen sich die Oberflächenformen einer Landschaft (wie Berge, Täler) darstellen. Je enger die Höhenlinien beieinander liegen, desto steiler ist das Gelände. Werden die Flächen zwischen den Höhenlinien farbig ausgemalt, erhält man Höhenschichten.

Höhenstufen: Die Abfolge unterschiedlicher Vegetation mit zunehmender Höhe. Ursächlich für die Ausbildung der Höhenstufen sind die mit der Höhe abnehmenden Temperaturen und zunehmenden Niederschläge.

Industriegebiet: Ein Raum, in dem sich Industrieanlagen häufen und die Industrie ein wichtiger Teil des Wirtschaftslebens ist.

Karte: Verkleinertes, verebnetes und vereinfachtes Abbild der Erdoberfläche oder eines Teiles davon. Der Maßstab einer Karte gibt den Grad der Verkleinerung an, z. B. 1:100 000 bedeutet: 1 cm auf der Karte entspricht einer wirklichen Entfernung von 1 km. Karten können bestimmte Themen (thematische Karte) zum Inhalt haben, z. B. die Oberflächengestalt oder die Bevölkerungsdichte. Dazu werden Signaturen (Zeichen und Farben) verwendet, die in einer → Legende erklärt werden.

Klima: Durchschnittlicher Wetterablauf über einen längeren Zeitraum an einem Ort oder in einem Gebiet. Das Klima kann man mit einem Klimadiagramm veranschaulichen, in dem Temperatur und Niederschlag in Kurven und Säulen zeichnerisch dargestellt werden.

Kohle: Ein Energieträger, der aus abgestorbenen Pflanzen unter Luftabschluss und hohem Druck in Millionen von Jahren entstanden ist. Die Umwandlung reicht über Braunkohlen und Steinkohlen bis hin zu Anthrazitkohle, wobei der Anteil an brennbarem Kohlenstoff ansteigt.

Kontinentalklima: Klima, das in größerer Entfernung vom Ozean im Innern der Kontinente vorherrscht. Weil die ausgleichende Wirkung des Meeres fehlt, kennzeichnen dieses Klima geringe Niederschläge und wärmere Sommer sowie kalte bis sehr kalte Winter.

Kraftwerk: Anlage zur Erzeugung von elektrischer Energie mit Hilfe von Turbinen und Generatoren. In Wärmekraftwerken gewinnt man die Energie zum Antrieb der Turbinen durch das Verbrennen von Kohle, Heizöl oder Erdgas. Bei Laufwasserkraftwerken nutzt man die Energie des strömenden Flusswassers, bei Speicherkraftwerken dagegen den großen Höhenunterschied zwischen Stausee und Turbinenhaus, um mit dem herabströmenden Wasser Turbinen anzutreiben. Speicherkraftwerke dienen dazu, Schwankungen des Strombedarfs im Tagesablauf oder innerhalb eines Jahres auszugleichen.

Küstenschutz: Maßnahmen, um das tief gelegene Küstenland gegen Zerstörung durch das Meer (Brandung, Sturmflut) zu schützen. Dies geschieht hauptsächlich durch → Deiche, aber auch durch Buhnen (Pfahlreihen), Steinwälle, Mauern, Sträucher sowie durch aufgespülte Sandbänke. → Halligen spielen als Wellenbrecher in der Nordsee eine besondere Rolle beim Küstenschutz.

Lava: Bei einem Vulkanausbruch tritt das →Magma an die Erdoberfläche und wird dann als Lava bezeichnet.

Legende: Erläuterung aller in einer → Karte verwendeten Zeichen, Symbole, Abkürzungen und Farben.

Magma: Etwa 1 000 °C heiße, glutflüssige Gesteinsschmelze im Erdinnern.

Massentourismus: Form des Fremdenverkehrs, an dem eine große Anzahl von Touristen teilnimmt, z. B. Badeferien am Mittelmeer oder Wintersporturlaub in den Alpen. Treten zu viele Touristen in einem Fremdenverkehrsgebiet auf, führt dies zu hoher Belastung der Umwelt.

Metropole: Großstadt, die politischer, wirtschaftlicher und gesellschaftlicher Mittelpunkt eines Staates ist und alle anderen Großstädte an Größe und Bedeutung weit überragt.

Mittelgebirge: Alle Gebirgsregionen mit Höhen von 500 bis 2 000 Meter. Bereiche zwischen 200 und 500 Meter werden als Hügelland oder als Mittelgebirgsvorland bezeichnet.

Moräne: Der von →Gletschern zunächst mitgeführte und später abgelagerte Gesteinsschutt. Dieser Gesteinsschutt kann kantig oder kantengerundet sein. Auch die dadurch entstandene Geländeform wird als Moräne bezeichnet.

Mure: Ein Gemisch aus Wasser, Boden und Gesteinsblöcken, das sich im Hochgebirge nach Starkregen oder Schneeschmelzen an Berghängen meist sehr rasch zu Tal bewegt. Häufig verschüttet der Schlammstrom Straßen, Siedlungen, Felder und Wiesen im Tal.

Nationalpark: Großräumiges Schutzgebiet, das wegen seiner Schönheit, Eigenart bzw. Einmaligkeit als besonders schützenswert gilt. Es bestehen strenge Schutzbestimmungen, um die vorhandene Tier- und Pflanzenwelt in ihrem natürlichen Lebensraum zu erhalten.

Nehrung: Eine schmale, langgestreckte Landzunge, die eine Meeresbucht ganz oder teilweise abschließt. Sie entsteht durch die Verlagerung von Küstenmaterial. Die Meeresseite bildet ein Strand mit Dünen und die eingeschlossene Meeresbucht, das Haff, weist feinen Schlick auf.

Nördlicher Nadelwald: → Vegetationszone, in der aufgrund der langen, kalten Winter ein artenarmer Nadelwald (Fichten, Tannen, Kiefern, Lärchen) als natürliche Vegetation vorherrscht.

Nullmeridian: Der Längenhalbkreis, der die Grundlage für die Zählung aller 360 Meridiane bildet. Seit der Vereinbarung von 1911 gilt der Ortsmeridian von Greenwich als Nullmeridian.

Ozeanisches Klima: Vom Meer beeinflusstes, ausgeglichenes Klima. Im Gegensatz zum → Kontinentalklima sind die Merkmale: hohe Niederschläge, die landeinwärts abnehmen, milde Winter, kühle Sommer bei geringen jährlichen und täglichen Temperaturschwankungen.

Pendler: Personen, die regelmäßig eine größere Entfernung zurücklegen müssen, um von ihrem Wohnort zu ihrem Arbeitsort (= Berufspendler), ihrer Schule (= Ausbildungspendler) oder einem Einkaufsort (= Einkaufspendler) zu gelangen.

→ Anhang

Planet: Großer Himmelkörper, der sich auf einer Bahn um die Sonne bewegt und von ihr beschienen wird. Neun Planeten kreisen um die Sonne. Die Planeten haben Monde, die diese umkreisen.

Polarnacht/Polartag: Erscheinungen in den Polargebieten, die durch die Schrägstellung der Erdachse gegenüber der Erdbahnebene entstehen. In der Zeit der Polarnacht bleibt die Sonne ständig unter dem Horizont, in der Zeit des Polartages über dem Horizont.

Rohstoff: Naturstoff, der dem Menschen zur Herstellung von Gebrauchsgütern oder zur Gewinnung von Energie dient. Nach ihrer Herkunft bzw. Entstehung unterscheidet man mineralische (bergbauliche), pflanzliche und tierische Rohstoffe. Mineralische Rohstoffe werden auch Bodenschätze genannt.

Rotation: Drehung der Erde um die Erdachse, wodurch der Wechsel von Tag und Nacht bedingt ist.

Saison: Hauptgeschäfts- oder Hauptreisezeit. In den Fremdenverkehrsgebieten unterscheidet man eine Sommer- und eine Wintersaison.

Schäre: Vom Inlandeis abgeschliffene und überformte Felsinsel vor der Küste Norwegens, Schwedens und Finnlands.

Sonderkultur: Bezeichnung für eine Form der landwirtschaftlichen Bodennutzung. Diese erfordert einen hohen Arbeits- und Kostenaufwand, eine spezielle Pflege der Kulturpflanzen und besondere Anforderungen an Boden und Klima. Zu den Sonderkulturen gehören der Anbau von Beeren, Obst und Wein, Hopfen, Spargel und anderem Feldgemüse.

Speicherkraftwerk: → Kraftwerk

Stadtviertel: Teilgebiete einer Stadt, die sich durch Nutzung und Aussehen unterscheiden. So gibt es Wohngebiete, Geschäftsviertel, Industrie- und Gewerbegebiete, Erholungsgebiete und Mischgebiete.

Steppe: Ein Gebiet, dessen Pflanzendecke von Gräsern bestimmt wird und baumarm bis baumfrei ist. Typisch für die Steppe ist die sommerliche Trockenzeit und der geringe Jahresniederschlag von etwa 400–600 mm.

Strukturwandel: In Regionen wie dem Ruhrgebiet arbeiteten früher viele Menschen im Bergbau und in der Schwerindustrie. Heute lohnt es sich kaum noch, die schwer zugänglichen → Rohstoffe abzubauen und weiterzuverarbeiten. Da immer weniger Arbeitsplätze in diesem Wirtschaftszweig zur Verfügung stehen, müssen neue in anderen Bereichen geschaffen werden. Dies wird vor allem im Bereich der Dienstleistungen versucht. Eine solche lang dauernde und grundsätzliche Veränderung der Wirtschaftsstruktur nennt man Strukturwandel.

Sturmflut: Außergewöhnlich hoher Wasserstand bei Flut. Dieser entsteht hauptsächlich dadurch, dass zur Flutzeit ein starker Wind (Sturm, Orkan) in Richtung Küste weht. Hierbei sind Flachküsten wie die Nordseeküste besonders überschwemmungsgefährdet.

Subtropisches Klima: Klima zwischen der Gemäßigten Zone und der Tropischen Zone. Merkmale des Subtropischen Klimas sind: heiße und im Mittelmeergebiet trockene Sommer sowie feuchte, milde Winter.

Transitverkehr: Personen- oder Güterverkehr durch ein Land, das weder Ausgangsort noch Zielort der Fahrt ist. So führt der Verkehr von Deutschland nach Italien durch die Transitländer Österreich, Schweiz oder Frankreich.

Trockenfeldbau: Ackerbau, bei dem der Wasserbedarf der Pflanzen ausschließlich aus den Niederschlägen gedeckt wird und keine künstliche Bewässerung stattfindet.

Trogtal: Ehemaliges Tal mit einem V-förmigen Querschnitt, das von Gletschern ausgetieft und U-förmig ausgeweitet wurde.

Umland: Allgemeine Bezeichnung für die Umgebung einer Stadt. Von dort fahren viele Menschen in die Stadt, um zu arbeiten, einzukaufen oder zur Schule zu gehen. Man spricht auch vom Einzugsgebiet einer Stadt.

Vegetationszone: Pflanzengürtel der Erde, der durch die Verbreitung einer bestimmten Vegetation gekennzeichnet ist, z. B. durch Nadelwald. Man bezeichnet diese Zone dann als → „Nördliche Nadelwaldzone".

Verdichtungsraum: Gebiet, das größer als 100 km² ist und in dem über 150 000 Einwohner bei einer Bevölkerungsdichte von mehr als 1 000 Einwohner/km² leben. Dieses weist viele Industrie- und Gewerbebetriebe, Siedlungs- und Verkehrsanlagen auf engen Raum auf.

Vulkan: Schild- oder kegelförmiger Berg, der durch den Austritt von Magma und Asche entstanden ist. Beim Vulkanausbruch werden flüssige und feste Materialien an die Erdoberfläche befördert: → Lava, Lavabrocken, Asche, Giftgase, Wasser.

Wattenmeer: Derjenige Bereich einer flachen Gezeitenküste, der bei Ebbe trocken fällt und bei Flut vom Meerwasser bedeckt ist. Den bei Niedrigwasser freigelegten Meeresboden bezeichnet man als Watt. Dieses ist durchzogen von kleinen (Priele), mittleren (Rinnen) und großen (Tiefs) Wasserläufen.

Wetter: Ist das Zusammenwirken von Temperatur, Luftdruck, Bewölkung, Windgeschwindigkeit und Niederschlag zu einem bestimmten Zeitpunkt an einem bestimmten Ort.

Anhang

Sachverzeichnis

Alle **fett** gedruckten Begriffe sind im TERRA-Lexikon erläutert

Agrardreieck	255
Alm	**140**
Altstadt	58
Alpentransversale	132
Äquator	**15**
Artgerechte Tierhaltung	46
Atlas	34
Aufschüttungsebene	191
Ausgleichsküste	**224**
Ballungsraum	242
Basistunnel	132
Becken	166, 224, 225, 240
Berglandwirtschaft	140, 141
Bewässerungsfeldbau	**194**
Binnenmeer	148
Blattfrucht	42
Bodenbelastung	46
Bodenschatz	88
Breitenkreis	15
Bundesland	82
City	**60**
Container	68, 114, 115
Dauerfrostboden	263
Dauerkultur	193
Deich	**107**
Deponie	69
Dienstleistung	**62, 90, 92, 230**
Ebbe	**96, 97**
Ebene	224, 240, 241
Entsorgung	66
Erdachse	9, 11
Erdbeben	**198, 199**
Erholungsgebiet	61
Europäische Kommission	160
Europäisches Parlament	161

Europäische Union (EU)	**158, 159, 161**
Eurotunnel	178
Exportüberschuss	182
Faltengebirge	120
Fischfarm	217
Fjell (Fjeld, Fjäll)	**209**
Fjord	**208, 209**
Flöz	**89**
Flut	**96, 97**
Förde	105
Fruchtfolge	42
Fruchtwechselwirtschaft	42
Galaxie	8
Geest	104, 105
Genossenschaft	49
Gezeiten	**96, 97**
Gletscher	**124, 125, 127**
Globus	**10, 11, 13**
Golfstrom	**170, 211**
Gradnetz	**14, 15**
Großlandschaft	78
Grünanlage	58
Gründüngung	42
Grünlandwirtschaft	**44**
Gülle	46
Güterumschlag	114, 115
Haff	224, 235
Hallig	**104, 107**
Halmfrucht	42
Hartlaubgewächs	**155, 193, 275**
Highland	168, 169
Himmelsrichtung	28
Hochebene	241
Hochgebirge	**120, 142, 143, 232, 241**
Hochland	240
Höhenlinien	**32, 33**
Höhenprofil	32, 33
Höhenschichten	32, 33
Höhenstufe	**122, 123**
Holz verarbeitende Industrie	212

Industrialisierung	176, 177	Mittelmeerklima	192
Industriegebiet	**58, 60**	Müll	68, 69
		Moräne	**124**
Kältegrenze	255	**Mure**	**139**
Karte	**22, 24, 25, 35, 36, 37, 80, 81**		
Kartierung	62, 63	Nachhaltige Holzwirtschaft	212, 262
Kartogramm	230, 231	Nährgebiet	125
Klima	**152**	**Nationalpark**	**87, 100, 101, 232, 233**
Klimadiagramm	152-154, 171, 192, 210	Naturpark	86, 87
Klimazone	154	Nebenmeer	148
Kohle	**88, 89**	**Nehrung**	**224**
Kombinat	260	Niederschlag	152
Kompass	28, 29	**Nördlicher Nadelwald**	**210**
Kompostierung	68	Nordpol	11
Kontinent	10, 12, 13, 148, 149	**Nullmeridian**	**15**
Kontinentalität	154, 238, 255		
Kontinentales Klima	**154, 254**	Ozean	10, 12, 13
Kraftfutter	46	**Ozeanisches Klima**	**170**
Kraftwerk	**91, 126**		
Küstenfischerei	109	Parklandschaft	168
Küstenschutz	**106, 107**	Passstraße	130, 133
		Pendler	**64**
Landeshauptstadt	82	**Planet**	**8, 9**
Längenhalbkreis	15	**Polarnacht**	**206, 207**
Längsküste	191	**Polartag**	**206, 207**
Laub- und Mischwald	86, 210	Polder	166
Lava	**196**		
Lawine	128, 129	Querküste	191
Legende	**22, 25**		
Löss	42, 224	Randmeer	148
Lowland	168, 169	Recycling	69
		Relief	78, 150
Magma	**196**	Rindermastbetrieb	46
Mähweide	46	**Rohstoff**	**90**
Marschland	96	**Rotation**	**9**
Massentierhaltung	46		
Massentourismus	**134, 200**	**Saison**	**110, 134, 135**
Maßstab	24, 25	**Schäre**	**208, 209**
Meeresverschmutzung	101, 103	Schichtvulkan	196, 197
Meridian	15	Schneegrenze	124, 125
Metropole	**180, 181**	Seehafen	114
Mischgebiet	59	Seenplatte	209
Mittelgebirge	**86, 225**	Seismograf	199
Mittelmeer	148, 192, 200, 201	Seitenmoräne	124

Anhang

Silage	44
Sonderkultur	**48**
Speicherkraftwerk	126, 127
Staatenbündnis	158
Stadtplan	26, 27
Stadtviertel	**58**
Steppe	**255, 256**
Strukturwandel	**90**
Sturmflut	**104, 106**
Subtropisches Klima	**192**
Südpol	11
Tag / Nacht	9
Taiga	254, 262, 263
Temperatur	152
Tiefebene	241
Tiefland	224, 240, 241
Transitverkehr	**130, 131, 132, 133**
Trockenfeldbau	**193, 255**
Trockengrenze	255
Trogtal	**124, 208**
Tundra	155, 210
Überdüngung	46
Umland	**64, 65**
Vegetationszone	**210**
Verdichtungsraum	243
Verkehrsknoten	70
Versorgung	66
Vulkan	**196**
Wanderungsbewegung	156
Watt	96
Wattenmeer	**96, 100-103**
Wetter	**152**
Wiederverwertung	68
Witterung	152
Wohnviertel	58, 60
Zehrgebiet	124
Zeitzone	239, 251

Kartennachweis

23.4, 24.6: Innenstadt Fulda. Kartengrundlage: Vergrößerung 1:10 000 der Topographischen Karte 1:25 000 (TKV 10), mit Genehmigung des Hessischen Landesvermessungsamtes, Wiesbaden, vervielfältigt. Vervielfältigungsnr.: 2002-1-44.

24.7: Blatt L 5424, Fulda NW, Ausgabe mit Wanderwegen. Kartengrundlage: Topographische Karte 1:50 000 (TK 50) mit Genehmigung des Hessischen Landesvermessungsamtes, Wiesbaden, vervielfältigt. Vervielfältigungsnr.: 2002-1-44.

24.8: Ausschnitt aus der Straßenkarte 1:200 000, Pocket Nr. 13. Mairs Geographischer Verlag, Ostfildern

33.2: Blatt 7522 Bad Urach, Ausgabe mit Wanderwegen. Kartengrundlage: Topographische Karte 1:25 000, Ausschnitt aus Blatt 7522. © Landesvermessungsamt Baden-Württemberg (http://www.lv-bw.de), 16.09.02, AZ.: 2851.3-A/306.

Ausschnitt aus Topographischen Karte, vervielfältigt mit Genehmigung des Landesvermessungsamtes Baden-Württemberg, Stuttgart, © Landesvermessungsamt Baden-Württemberg (http://www.lv-bw.de), Az.:

38.1: Blatt L 5720, Gelnhausen. Kartengrundlage: Topographische Karte 1: 50 000 (TK 50) mit Genehmigung des Hessischen Landesvermessungsamtes, Wiesbaden, vervielfältigt. Vervielfältigungsnr.: 2002-1-44.

Quellennachweis

256.1: Nach Amanjew, Andrej: Ein Meer stirbt. Sowjetunion heute. H 5 (1989). S. 18.

Bildnachweis

Landesmedienzentrum Baden-Württemberg (Brugger), Stuttgart: Titelbild

Allan Cash Ltd., London: 165.1
ALLB Ilshofen (Arnold), Schwäbisch Hall: 47.4
Anthony, Starnberg: 216.4
Archiv Naturpark Hochtaunus: 87.2, 87.3, 87.5
ARBED S.A. und Profil ARBED, Luxemburg: 91.4
ARLL Darmstadt (Groos), Darmstadt: 41.5, 48.2
Astrofoto, Sörth: 6.1 (van Ravenswaay), 8.2 (Numazawa/Koch), 13.4, 13.5
Bierwirth, Neu-Anspach: 87.6
Bünstorf, Altenberge: 41.4
Christophersen, Marienau: 95.6
Colour Library Books Ltd. (Guildford): 174.2
Comet Photoshopping GmbH, Zürich: 130.1
Comma Pictures, Helsinki: 212.1
Commission Européenne, Brüssel: 160.4
Corbis Digital Stock, : 173.5
Corbis (Kaehler), Düsseldorf: 253.3
Das Fotoarchiv, Essen: 175.4 (Schmidt), 217.6 (Mayer)
DEBRIV, Köln: 90.3
Deuringer, Moskau: 248.1, 264.2
Das Luftbild-Archiv, Kasseburg: 78.2
Deutsches Meeresmuseum, Stralsund: 113.3, 113.4, 113.5, 113.6
dpa (Poguntke), Frankfurt: 97.2
dpa, Frankfurt: 198.1
Eckenfelder, Wenigenlupnitz: 189.2
edition utkiek, Bremen: 95.4
Ehrensperger, Weinsberg: 122.2, 122.3, 122.4, 122.5
Enkelmann, Filderstadt: 79.4, 113.2, 117.3
Europa-Farbbildarchiv Klammet, Ohlstadt: 79.5, 166.4
Eurotunnel, Folkestone: 179.3
FAG, Frankfurt: 239.5
Fischer, Eisenach: 221.3
Focus, Hamburg: 72.2 (Lux/Wache), 142.2 (Fischbeck), 143.5 (Leszcynski), 206.2 (Alexander), 242.2(Yameshira)
foto-presse Timmermann, Möhrendorf: 190.2
Frank, München: 52.1, 226.1
Fremdenverkehrsverband, Serfaus: 134.2, 135.4
Geiger, Landau: 11.4, 129.8, 155.9, 275.11
Geiger, Merzhausen: 129.6, 141.3, 182.2, 182.3, 194.3, 195.4
Germanisches Nationalmuseum, Nürnberg: 10.2
Gesamtverband des deutschen Steinkohlebergbaus, Essen: 91.5
Getty (Husmo), München: 206.1
Google: 259.2, 259.3, 259.4
Großglockner Hochalpenstraße AG, Salzburg: 120.4, 150.2
Gühl, Weinbach: 59.3, 59.4, 59.5, 59.6
Guignard, Paris: 165.2
Hafen Hamburg Marketing e.V., Hamburg (www.hafen-hamburg.de): 94.3, 114.1, 117.2
Hahn, Stuttgart: 150.1
HB-Verlag, Ostfildern: 180.8
Heers, Oldenburg: 96.1, 100.1, 108.2
Hessisches Landesvermessungsamt, Wiesbaden (AZ: 5670-LA122-179/02): 23.3
Hoch, Hamburg: 41.7, 45.2
i.m.a., Bonn: 41.2, 44.1
IFA Bilderteam (Nägele), München: 208.2
IKEA Deutschland, Hofheim-Wallau: 214.3
Info-Zentrum Schokolade, Leverkusen: 50.2, 50.3, 50.4, 50.5, 51.6, 51.7, 51.8, 51.9, 51.10
International Society for Educational Information, Tokyo: 243.4

Itar Tass, Moskau: 252.3, 253.1
Janicke, München: 222.1, 232.2
Jätzold, Trier: 155.6, 275.8
Joachim, Leipzig: 46.1
Jürgens Ost + Europa Photo, Berlin: 240.2, 255.3, 255.4, 255.5, 262.0
Kalla, Spenge: 53.4, 53.5, 53.7
Karpe, Künzell: 22.2
Klett-Archiv: 128.3, 129.7, 172.2, 173.8
Klingwalls Geografiska Färgfotos, Sala: 255.6
Köhler, Riechheim: 87.4
Kommunalverband Ruhrgebiet, Essen: 90.1
Kurverwaltung, Binz: 110.0
Laif (Specht), Köln: 175.6
Lange, Bad Lausick: 110.2
Leicht, Mutlangen: 145.4, 145.5
Mauritius, Mittenwald: 30.3 (Fritz), 78.3 (Pöhlmann), 125.3 (Reichart), 128.1 (Freitag), 184.1 (Bach), 200.2 (Pearce), 225.5
Mc Donald Deutschland Inc., München: 40.1
Meier, Bad Salzuflen: 218.1
MEV Verlag GmbH, Augsburg: 86.0, 161.7, 172.4, 173.9
Meyer-Werft, Papenburg: 252.4
Militz, Waldbröhl: 211.7
Mühr, Karlsruhe: 121.5
Obermann, Ettlingen: 113.1, 257.3
Paul, Asperg: 21.2, 204.1
PhotoDisc: 150.3, 168.3, 172.1, 173.6, 180.5, 180.7
Picture Press, Hamburg: 176.2 (Corbis/Bethmann), 205.2 (Corbis/Woolfitt)
Pries, Buchholz: 106.5, 106.6, 106.7
Pyritz, Schloß Holte-Stukenbrock: 61.1, 61.2, 61.3, 61.4, 61.5, 63.1
Quedens, Norddorf / Amrum: 94.1, 95.5, 109.2
Rausch, Linsenhofen: 11.3, 29.5, 90.2, 150.4, 155.8, 190.1, 190.3, 202.2, 203.3, 275.10
Realistic Photo Graphics, London: 169.4, 172.3, 173.7
Richter, VS-Villingen: 127.3, 140.1
Rother, Schwäbisch Gmünd: 30.1, 30.4, 31.5, 32.1, 41.6, 47.2, 50.1, 72.1, 72.3, 72.4, 73.5, 73.6, 73.7, 73.8, 120.3, 180.6, 189.1, 211.5, 241.4, 241.5
Schmidt, Dossenheim: 41.3, 53.2, 53.3, 53.6
Schulte, Arnsberg: 250.1, 252.2, 262.1, 264.1, 265.3
Schulz, Schwäbisch Gmünd: 155.7, 211.6, 275.9
Schweizer, Obersulm: 187.3
Seeger, Stuttgart: 49.3
Skoda, Mlada Bloleslav: 228.2
Skoda, Weiterstadt: 223.2
Stora Enso AG, Varkaus: 213.3
Studio X (Gamma / Kuku Karita), Limours: 242.3
Thomas, Aachen: 166.5, 167.6, 167.7, 182.1, 187.4
Tourist-Information, Wetzlar: 58.1
Transglobe, Hamburg: 142.1 (Hackenberg), 143.4 (Mallaun), 209.5 (Merten), 225.4 (Kanicki)
Ullstein Bilder, Berlin: 14.0
van Bernem, Geesthacht: 94.2
v.d.Ruhren, Aachen: 240.3, 261.3
Visum (Steche), Hamburg: 115.3
Wagener, Hofgeismar: 67.2
Wittig, Bielefeld: 60.0
Wostock, Köln: 256.1
Wostok-Verlag, Berlin: 252.1
Yamamoto, Osaka: 257.4
Zefa, Frankfurt: 242.1

Deutschland

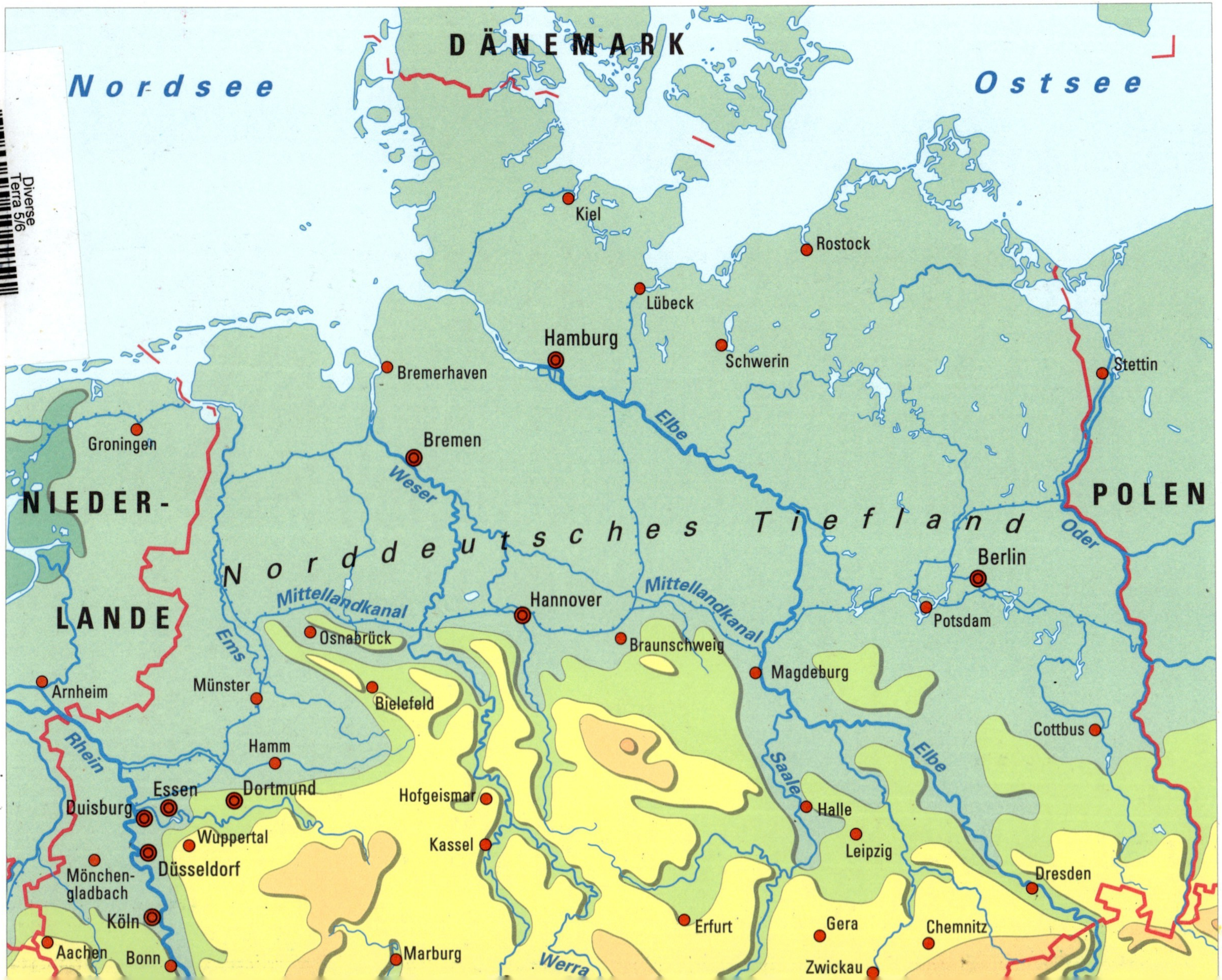